प्रस्तावना

आपकी पायथन यात्रा में आपका स्वागत है!
पायथन सिर्फ एक प्रोग्रामिंग भाषा नहीं है; यह एक उपकरण है जो आपको अद्‌भुत चीजें करने के लिए सशक्त बना सकता है - चाहे वह दोहराए जाने वाले कार्यों को स्वचालित करना हो, डेटा के बड़े सेट का विश्लेषण करना हो, अपनी खुद की वेबसाइट बनाना हो, या यहां तक कि अपने स्वयं के कृत्रिम बुद्धिमत्ता मॉडल बनाना हो। पायथन की बहुमुखी प्रतिभा और उपयोग में आसानी इसे दुनिया की सबसे प्रिय प्रोग्रामिंग भाषाओं में से एक बनाती है।

इस पुस्तक का लक्ष्य आपकी पायथन प्रोग्रामिंग यात्रा पर आपका व्यापक मार्गदर्शक बनना है। चाहे आप पूरी तरह से शुरुआती हों या एक अनुभवी डेवलपर जो अपने पायथन ज्ञान को गहरा करना चाहते हों, हमारे पास हर किसी के लिए कुछ न कुछ है। व्यावहारिक उदाहरणों, वास्तविक दुनिया की परियोजनाओं और पायथन की विशेषताओं और क्षमताओं की गहन खोज के साथ, यह पुस्तक एक ट्यूटोरियल और संदर्भ दोनों के रूप में काम करेगी।

यह पुस्तक क्या कवर करती है
आधार: सिंटैक्स, वेरिएबल और बुनियादी प्रकार सीखें जो पायथन बनाते हैं।
नियंत्रण संरचनाएँ: यदि-अन्यथा कथनों और लूपों के साथ निर्णय लेने और दोहराव की कला में महारत हासिल करें।
डेटा संरचनाएं: सूचियों और टुपल्स से लेकर शब्दकोशों और सेटों तक, समझें कि डेटा को प्रभावी ढंग से कैसे व्यवस्थित और हेरफेर किया जाए।
फ़ंक्शंस और ओओपी: मॉड्यूलरिटी, फ़ंक्शंस और ऑब्जेक्ट-ओरिएंटेड प्रोग्रामिंग की एक मजबूत समझ हासिल करें।
पुस्तकालय और फ्रेमवर्क: पायथन पुस्तकालयों के विशाल पारिस्थितिकी तंत्र का परिचय, जिसमें संख्यात्मक संचालन के लिए NumPy, डेटा हेरफेर के लिए पांडा और वेब विकास के लिए Django जैसे ढांचे शामिल हैं।
उन्नत विषय: डेकोरेटर, संदर्भ प्रबंधक, मेटाक्लास और अतुल्यकालिक प्रोग्रामिंग जैसे विषयों में गोता लगाएँ।

अनुक्रमणिका

अध्याय 1: पायथन का परिचय

पायथन एक बहुमुखी और शुरुआती-अनुकूल प्रोग्रामिंग भाषा है जिसने अपनी सादगी और पठनीयता के लिए काफी लोकप्रियता हासिल की है। इसका सीधा वाक्यविन्यास और गतिशील टाइपिंग इसे सीखना और उपयोग करना आसान बनाती है, जिससे यह प्रोग्रामिंग में नए व्यक्तियों के लिए एक उत्कृष्ट विकल्प बन जाता है। पायथन का मूल दर्शन, जिसे अक्सर "ज़ेन ऑफ़ पायथन" कहा जाता है, पठनीयता और एक स्वच्छ, सुरुचिपूर्ण कोडिंग शैली पर जोर देता है। यह कोड ब्लॉक को परिभाषित करने के लिए इंडेंटेशन के उपयोग और अर्धविराम की अनुपस्थिति से स्पष्ट है। पायथन पूर्णांक, फ्लोट्स, स्ट्रिंग्स और बूलियन सहित विभिन्न डेटा प्रकारों का समर्थन करता है, और इसकी गतिशील प्रकृति चर को रनटाइम के दौरान प्रकार बदलने की अनुमति देती है। if-elif-else स्टेटमेंट और लूप (for and while) जैसी नियंत्रण संरचनाएं प्रोग्राम प्रवाह को निर्देशित करती हैं, जबकि फ़ंक्शन मॉड्यूलर और पुन: प्रयोज्य कोड को सक्षम करते हैं। पायथन की व्यापक मानक लाइब्रेरी, कई तृतीय-पक्ष लाइब्रेरी के साथ, वेब विकास और डेटा विश्लेषण से लेकर मशीन लर्निंग और ऑटोमेशन तक के कार्यों की सुविधा प्रदान करती है। कुल मिलाकर, पायथन की उपयोगकर्ता-अनुकूल प्रकृति और अनुप्रयोगों की विस्तृत श्रृंखला इसे इच्छुक प्रोग्रामर के लिए एक आदर्श प्रारंभिक बिंदु बनाती है।

पायथन एक अत्यधिक लचीली और सुलभ प्रोग्रामिंग भाषा है जिसने अपने उपयोगकर्ता के अनुकूल डिजाइन और कोड पठनीयता के लिए व्यापक प्रशंसा प्राप्त की है। इसका सुव्यवस्थित वाक्यविन्यास और संरचना कोड के लिए जटिल नियमों की कमी इसे प्रोग्रामिंग की दुनिया में कदम रखने वाले शुरुआती लोगों के लिए एक आदर्श विकल्प बनाती है। पायथन की असाधारण विशेषताओं में से एक इसका "ज़ेन" है, जो सूत्रों का एक सेट है जो कोड में सरलता और स्पष्टता की वकालत करता है।

पायथन को गतिशील रूप से टाइप किया गया है, जिससे डेवलपर्स को तुरंत परिवर्तनीय प्रकार बदलने की अनुमति मिलती है, जिससे इसके उपयोग में आसानी होती है। इसके नियंत्रण प्रवाह तंत्र, जैसे कि यदि-अन्यथा स्थितियाँ और लूप निर्माण जैसे कि जबकि और के लिए, सीधे हैं, सहज प्रोग्राम डिज़ाइन में सहायता करते हैं। पायथन में फ़ंक्शंस कोड पुन: प्रयोज्य की सुविधा प्रदान करते हैं, और इसकी ऑब्जेक्ट-ओरिएंटेड प्रकृति इसे जटिल अनुप्रयोग विकास के लिए उपयुक्त बनाती है।

जो बात Python को अलग करती है, वह इसकी विशाल मानक लाइब्रेरी है जो फ़ाइल हेरफेर से लेकर नेटवर्क प्रोग्रामिंग तक कार्यों की एक विस्तृत श्रृंखला को कवर करती है। इसके अतिरिक्त, भाषा का पारिस्थितिकी तंत्र तृतीय-पक्ष पैकेजों की विस्तृत श्रृंखला से समृद्ध है, जो डेटा विज्ञान, मशीन लर्निंग और वेब एप्लिकेशन विकास जैसे विशेष क्षेत्रों में सहायक हैं।

संक्षेप में, पायथन का स्वच्छ वाक्यविन्यास, व्यापक मानक पुस्तकालय, और विभिन्न प्रकार के कार्यों के लिए इसकी अनुकूलनशीलता इसे सभी कौशल स्तरों के डेवलपर्स के लिए एक आसान भाषा बनाती है।

पायथन क्या है?

पायथन एक उच्च स्तरीय, पठनीय प्रोग्रामिंग भाषा है जो अपनी बहुमुखी प्रतिभा के लिए प्रसिद्ध है। इसे 1991 में गुइडो वैन रोसुम द्वारा बनाया गया था और तब से इसे काफी लोकप्रियता मिली है। इंडेंटेशन के माध्यम से पठनीयता पर ध्यान देने के साथ, पायथन का सीधा वाक्यविन्यास इसे शुरुआती और विशेषज्ञों के बीच पसंदीदा बनाता है। इसके व्यापक अनुप्रयोगों में वेब विकास, डेटा विश्लेषण, एआई, मशीन लर्निंग और ऑटोमेशन शामिल हैं। "ज़ेन ऑफ़ पायथन" दर्शन स्पष्टता और सरलता को बढ़ावा देते हुए इसके डिज़ाइन सिद्धांतों को रेखांकित करता है। पायथन की समृद्ध मानक लाइब्रेरी पूर्व-निर्मित मॉड्यूल प्रदान करती है, जो कार्यों को और सरल बनाती है। इसकी व्हॉट्सएप-संचालित संरचना कोड स्थिरता को बढ़ाती है। कुल मिलाकर, पायथन की अनुकूलनशीलता, पठनीयता और सक्रिय समुदाय इसके व्यापक उपयोग और अपील में योगदान करते हैं।

भाषा न केवल पढ़ने योग्य है, बल्कि उल्लेखनीय रूप से बहुमुखी भी है, जो वेब डेवलपमेंट, डेटा एनालिटिक्स, आर्टिफिशियल इंटेलिजेंस और रोबोटिक्स जैसे विभिन्न डोमेन में एप्लिकेशन ढूंढती है। पायथन की विस्तृत मानक लाइब्रेरी लगभग हर कल्पनीय कार्य के लिए मॉड्यूल प्रदान करती है, जो इसे प्रोग्रामर्स के लिए स्विस आर्मी चाकू बनाती है। लाइब्रेरी के पहले से मौजूद मॉड्यूल नए लोगों और अनुभवी कोडर्स दोनों के लिए काम को कुशलतापूर्वक पूरा करना आसान बनाते हैं।

पायथन की असाधारण विशेषताओं में से एक इसकी संरचना में स्थिरता है, जिसका श्रेय इसके व्हाइटस्पेस और इंडेंटेशन के उपयोग को जाता है, जो सभी परियोजनाओं में कोड के स्वरूप और अनुभव को मानकीकृत करता है। यह, एक सक्रिय वैश्विक समुदाय और तृतीय-पक्ष पुस्तकालयों की बहुतायत के साथ, पायथन को एक अत्यधिक अनुकूली और लगातार विकसित होने वाली भाषा बनाता है, जो नौसिखियों और विशेषज्ञों दोनों के लिए उपयुक्त है।

1.1 पायथन का इतिहास

पायथन की कल्पना गुइडो वैन रोसुम ने 1980 के दशक के अंत में की थी और इसका विकास दिसंबर 1989 में शुरू हुआ था। पायथन 0.9.0 को फरवरी 1991 में रिलीज़ किया गया था, जो इसकी आधिकारिक शुरुआत थी। भाषा का नाम ब्रिटिश कॉमेडी

ग्रुप मोंटी पाइथॉन से प्रेरित था। Python 1.0 को नई सुविधाओं और बेहतर क्षमताओं के साथ जनवरी 1994 में जारी किया गया था।
2000 में जारी पायथन 2.0, सूची समझ और यूनिकोड समर्थन लेकर आया। बाद के वर्षों में पायथन ने अपनी पठनीयता और बहुमुखी प्रतिभा के कारण लोकप्रियता हासिल की। 2008 में जारी पायथन 3.0 ने महत्वपूर्ण बदलाव पेश किए, जिसमें एक पुन: डिज़ाइन किया गया प्रिंट फ़ंक्शन और बेहतर यूनिकोड समर्थन शामिल था।
प्रारंभिक प्रतिरोध के बावजूद, पायथन 3 को धीरे-धीरे अपनाया गया, जिससे पायथन 2 और 3 का सह-अस्तित्व बढ़ गया। 2020 में, पायथन 2 का आधिकारिक समर्थन समाप्त हो गया, जिससे ध्यान पूरी तरह से पायथन 3 पर स्थानांतरित हो गया।
पायथन की सफलता का श्रेय उसके सक्रिय समुदाय, विशाल मानक पुस्तकालय और Google और NASA जैसे तकनीकी दिग्गजों द्वारा अपनाए जाने को दिया जा सकता है। इसका उपयोग वेब विकास, डेटा विज्ञान, एआई और अन्य सहित विविध क्षेत्रों में किया जाता है। लगातार अपडेट और सुधारों के साथ, पायथन का विकास जारी है, जिससे एक प्रमुख प्रोग्रामिंग भाषा के रूप में इसकी स्थिति मजबूत हो गई है।

1.2 पायथन की विशेषताएं

पढ़ने योग्य और स्पष्ट सिंटेक्स:पायथन का सरल और साफ सिंटैक्स कोड पठनीयता पर जोर देता है, जिससे शुरुआती और अनुभवी प्रोग्रामर दोनों के लिए कोड को समझना और बनाए रखना आसान हो जाता है।
गतिशील टाइपिंग: पायथन डायनामिक टाइपिंग का उपयोग करता है, जिससे वेरिएबल्स को रनटाइम के दौरान डेटा प्रकार बदलने की अनुमति मिलती है। यह कोडिंग को सरल बनाता है और भाषा को अधिक लचीला बनाता है।
व्हाइटस्पेस इंडेंटेशन:पायथन कोड ब्लॉक को परिभाषित करने के लिए इंडेंटेशन का उपयोग करता है, जिससे ब्रेसिज़ या अर्धविराम की आवश्यकता समाप्त हो जाती है। यह सुसंगत स्वरूपण को लागू करता है और कोड स्पष्टता को बढ़ाता है।
बड़ी मानक लाइब्रेरी:पायथन की व्यापक मानक लाइब्रेरी पूर्व-निर्मित मॉड्यूल और फ़ंक्शंस की एक विस्तृत श्रृंखला प्रदान करती है जो फ़ाइल हैंडलिंग से लेकर वेब विकास तक विभिन्न प्रोग्रामिंग कार्यों को सरल बनाती है।
क्रॉस-प्लेटफ़ॉर्म संगतता:पायथन विंडोज, मैकओएस और लिनक्स सहित विभिन्न प्लेटफार्मों पर उपलब्ध है, यह सुनिश्चित करता है कि कोड विभिन्न प्रणालियों पर लगातार चल सके।
ऑब्जेक्ट-ओरिएंटेड प्रोग्रामिंग (ओओपी):पायथन ऑब्जेक्ट-ओरिएंटेड प्रोग्रामिंग प्रतिमानों का समर्थन करता है, जिससे उपयोगकर्ता कक्षाओं और ऑब्जेक्ट का उपयोग करके पुन: प्रयोज्य और संरचित कोड बना सकते हैं।
व्याख्या की गई भाषा:पायथन एक व्याख्या की गई भाषा है, जिसका अर्थ है कि कोड को दुभाषिया द्वारा पंक्ति दर पंक्ति निष्पादित किया जाता है। यह संकलन की आवश्यकता के बिना त्वरित विकास और परीक्षण को सक्षम बनाता है।
व्यापक तृतीय-पक्ष पुस्तकालय:पायथन तीसरे पक्ष के पुस्तकालयों और रूपरेखाओं के एक विशाल पारिस्थितिकी तंत्र का दावा करता है जो वेब विकास (Django, फ्लास्क), डेटा विज्ञान (NumPy, Pandas), और अधिक जैसे विभिन्न एप्लिकेशन डोमेन को पूरा करते हुए अपनी क्षमताओं का विस्तार करता है।
समुदाय और समर्थन:पायथन में डेवलपर्स का एक जीवंत और सक्रिय समुदाय है, जो साथी प्रोग्रामर को संसाधन, ट्यूटोरियल और सहायता प्रदान करता है। यह समुदाय-संचालित वातावरण पायथन के विकास और सुधार में योगदान देता है।
विभिन्न अनुप्रयोगों के लिए प्लेटफार्म:पायथन वेब विकास, डेटा विश्लेषण, वैज्ञानिक कंप्यूटिंग, कृत्रिम बुद्धिमत्ता, मशीन लर्निंग, स्वचालन और बहुत कुछ सहित अनुप्रयोगों की एक विस्तृत श्रृंखला के लिए उपयुक्त है।
पोर्टेबिलिटी:पायथन कोड को इसकी व्याख्या की गई प्रकृति और क्रॉस-प्लेटफ़ॉर्म अनुकूलता के कारण विभिन्न प्लेटफार्मों के बीच आसानी से पोर्ट किया जा सकता है।
स्केलेबिलिटी:हालाँकि पायथन कुछ निचले स्तर की भाषाओं की तरह प्रदर्शन करने वाला नहीं हो सकता है, लेकिन यह अनुप्रयोगों को अनुकूलित और स्केल करने के विभिन्न तरीके प्रदान करता है, जिसमें सी जैसी संकलित भाषाओं के साथ एकीकरण और समवर्ती पुस्तकालयों का उपयोग शामिल है।

1.3 पायथन भाषा के लाभ और अनुप्रयोग

पायथन के फायदे

पढ़ने योग्य और स्पष्ट सिंटेक्स:पायथन का सरल और साफ सिंटैक्स कोड पठनीयता पर जोर देता है, जिससे शुरुआती और अनुभवी प्रोग्रामर दोनों के लिए कोड को समझना और बनाए रखना आसान हो जाता है।
गतिशील टाइपिंग:पायथन डायनामिक टाइपिंग का उपयोग करता है, जिससे वेरिएबल्स को रनटाइम के दौरान डेटा प्रकार बदलने की अनुमति मिलती है। यह कोडिंग को सरल बनाता है और भाषा को अधिक लचीला बनाता है।
व्हाइटस्पेस इंडेंटेशन:पायथन कोड ब्लॉक को परिभाषित करने के लिए इंडेंटेशन का उपयोग करता है, जिससे ब्रेसिज़ या अर्धविराम की आवश्यकता समाप्त हो जाती है। यह सुसंगत स्वरूपण को लागू करता है और कोड स्पष्टता को बढ़ाता है।

बड़ी मानक लाइब्रेरी:पायथन की व्यापक मानक लाइब्रेरी पूर्व-निर्मित मॉड्यूल और फ़ंक्शंस की एक विस्तृत श्रृंखला प्रदान करती है जो फ़ाइल हैंडलिंग से लेकर वेब विकास तक विभिन्न प्रोग्रामिंग कार्यों को सरल बनाती है।

क्रॉस-प्लेटफ़ॉर्म संगतता:पायथन विंडोज, मैकओएस और लिनक्स सहित विभिन्न प्लेटफार्मों पर उपलब्ध है, यह सुनिश्चित करता है कि कोड विभिन्न प्रणालियों पर लगातार चल सके।

ऑब्जेक्ट-ओरिएंटेड प्रोग्रामिंग (ओओपी):पायथन ऑब्जेक्ट-ओरिएंटेड प्रोग्रामिंग प्रतिमानों का समर्थन करता है, जिससे उपयोगकर्ता कक्षाओं और ऑब्जेक्ट का उपयोग करके पुन: प्रयोज्य और संरचित कोड बना सकते हैं।

व्याख्या की गई भाषा:पायथन एक व्याख्या की गई भाषा है, जिसका अर्थ है कि कोड को दुभाषिया द्वारा पंक्ति दर पंक्ति निष्पादित किया जाता है। यह संकलन की आवश्यकता के बिना त्वरित विकास और परीक्षण को सक्षम बनाता है।

व्यापक तृतीय-पक्ष पुस्तकालय: पायथन में तृतीय-पक्ष पुस्तकालयों और रूपरेखाओं का एक विशाल पारिस्थितिकी तंत्र है जो इसकी क्षमताओं का विस्तार करता है, वेब डेवलपमेंट (Django, फ्लास्क), डेटा साइंस (NumPy, Pandas) और अन्य जैसे विभिन्न एप्लिकेशन डोमेन को पूरा करता है।

समुदाय और समर्थन:पायथन में डेवलपर्स का एक जीवंत और सक्रिय समुदाय है, जो साथी प्रोग्रामर को संसाधन, ट्यूटोरियल और सहायता प्रदान करता है। यह समुदाय-संचालित वातावरण पायथन के विकास और सुधार में योगदान देता है।

विभिन्न अनुप्रयोगों के लिए प्लेटफार्म:पायथन वेब विकास, डेटा विश्लेषण, वैज्ञानिक कंप्यूटिंग, कृत्रिम बुद्धिमत्ता, मशीन लर्निंग, स्वचालन और बहुत कुछ सहित अनुप्रयोगों की एक विस्तृत श्रृंखला के लिए उपयुक्त है।

पोर्टेबिलिटी:पायथन कोड को इसकी व्याख्या की गई प्रकृति और क्रॉस-प्लेटफ़ॉर्म अनुकूलता के कारण विभिन्न प्लेटफार्मों के बीच आसानी से पोर्ट किया जा सकता है।

स्केलेबिलिटी:हालाँकि पायथन कुछ निचले स्तर की भाषाओं की तरह प्रदर्शन करने वाला नहीं हो सकता है, लेकिन यह अनुप्रयोगों को अनुकूलित और स्केल करने के विभिन्न तरीके प्रदान करता है, जिसमें सी जैसी संकलित भाषाओं के साथ एकीकरण और समवर्ती पुस्तकालयों का उपयोग शामिल है।

पायथन के नुकसान

प्रदर्शन:पायथन एक व्याख्या की गई भाषा है, जो C या C++ जैसी संकलित भाषाओं की तुलना में धीमी निष्पादन गति का कारण बन सकती है।

ग्लोबल इंटरप्रेटर लॉक (जीआईएल):पायथन का जीआईएल एक ही प्रक्रिया में कई थ्रेड्स के निष्पादन को प्रतिबंधित करता है, कुछ मामलों में वास्तविक समानता को सीमित करता है।

मेमोरी खपत:पायथन की गतिशील टाइपिंग और मेमोरी प्रबंधन अधिक कठोर मेमोरी नियंत्रण वाली भाषाओं की तुलना में अधिक मेमोरी खपत का कारण बन सकता है।

मोबाइल विकास के लिए आदर्श नहीं:हालाँकि पायथन का उपयोग मोबाइल ऐप विकास के लिए किया जा सकता है, लेकिन इसका उपयोग आमतौर पर स्विफ्ट या कोटलिन जैसी भाषाओं में नहीं किया जाता है।

मोबाइल और गेम डेवलपमेंट में सीमित:पायथन उच्च-प्रदर्शन वाले गेमिंग या मोबाइल ऐप्स के लिए कम उपयुक्त है जिनके लिए संसाधन-गहन संचालन की आवश्यकता होती है।

निम्न-स्तरीय प्रोग्रामिंग के लिए कम उपयुक्त:पायथन की उच्च-स्तरीय प्रकृति इसे ऑपरेटिंग सिस्टम या डिवाइस ड्राइवर विकसित करने जैसे निम्न-स्तरीय प्रोग्रामिंग कार्यों के लिए कम उपयुक्त बनाती है।

पैकेजिंग और वितरण चुनौतियाँ:निर्भरता और संस्करण संगतता के कारण पायथन अनुप्रयोगों की पैकेजिंग और वितरण चुनौतीपूर्ण हो सकता है।

सीमित ब्राउज़र समर्थन:जबकि पायथन का उपयोग वेब विकास के लिए किया जा सकता है, लेकिन जावास्क्रिप्ट जैसी भाषाओं की तुलना में इसका उपयोग आमतौर पर फ्रंट-एंड वेब विकास के लिए नहीं किया जाता है।

पायथन के अनुप्रयोग

वेब विकास:गतिशील और इंटरैक्टिव वेबसाइट बनाने के लिए पायथन का व्यापक रूप से उपयोग किया जाता है। Django और फ्लास्क जैसे फ्रेमवर्क तेजी से विकास, उपयोगकर्ता डेटा की सुरक्षित हैंडलिंग और कुशल डेटाबेस प्रबंधन के लिए उपकरण प्रदान करते हैं। Instagram, Pinterest और Spotify जैसे प्लेटफ़ॉर्म अपने बैकएंड वेब विकास के लिए Python का उपयोग करते हैं।

डेटा विश्लेषण और विज़ुअलाइज़ेशन:पांडास, न्यूमपाइ और मैटप्लोटलिब जैसी पायथन लाइब्रेरी इसे डेटा विश्लेषण और विज़ुअलाइज़ेशन के लिए एक लोकप्रिय विकल्प बनाती हैं। शोधकर्ता, विश्लेषक और डेटा वैज्ञानिक निर्णय लेने के लिए मूल्यवान अंतर्दृष्टि निकालने के लिए डेटा को साफ करने, हेरफेर करने और कल्पना करने के लिए पायथन का उपयोग करते हैं। NASA और Netflix जैसी कंपनियाँ डेटा-संचालित अंतर्दृष्टि के लिए Python का उपयोग करती हैं।

मशीन लर्निंग और आर्टिफिशियल इंटेलिजेंस:टेन्सरफ्लो, केरास और स्किकिट-लर्न जैसी पायथन की लाइब्रेरी डेवलपर्स और शोधकर्ताओं को मशीन लर्निंग मॉडल और एआई एप्लिकेशन बनाने के लिए सशक्त बनाती हैं। पायथन का लचीलापन और व्यापक

पुस्तकालय छवि पहचान, प्राकृतिक भाषा प्रसंस्करण और अनुशंसा प्रणाली जैसे कार्यों को सुविधाजनक बनाते हैं। सेल्फ-ड्राइविंग कार और वॉयस असिस्टेंट जैसे एप्लिकेशन पायथन-आधारित एआई का उपयोग करते हैं।

वैज्ञानिक कंप्यूटिंग और अनुसंधान:

सिमुलेशन, संख्यात्मक विश्लेषण और जटिल गणितीय गणना जैसे कार्यों के लिए पायथन वैज्ञानिक समुदायों में लोकप्रिय है। SciPy और SymPy जैसे पुस्तकालयों का उपयोग भौतिकी, जीव विज्ञान और खगोल विज्ञान जैसे अनुसंधान क्षेत्रों में किया जाता है। CERN में लार्ज हैड्रॉन कोलाइडर कण भौतिकी डेटा का विश्लेषण करने के लिए पायथन का उपयोग करता है।

स्वचालन और स्क्रिप्टिंग:

पायथन की सरलता और पठनीयता इसे दोहराए जाने वाले कार्यों को स्वचालित करने और स्क्रिप्ट लिखने के लिए एक उत्कृष्ट विकल्प बनाती है। इसका उपयोग आमतौर पर डेटा स्क्रैपिंग, फ़ाइल हेरफेर और प्रक्रिया स्वचालन जैसे कार्यों के लिए किया जाता है। सिस्टम प्रशासक सर्वर कार्यों को प्रबंधित और स्वचालित करने के लिए पायथन का उपयोग करते हैं, जबकि सामग्री निर्माता सोशल मीडिया पोस्ट को स्वचालित कर सकते हैं।

1.4 पायथन के साथ शुरुआत करना

आप जो प्रोग्रामिंग भाषा सीखेंगे वह पायथन है। पायथन एक उच्च स्तरीय भाषा का एक उदाहरण है; अन्य उच्च-स्तरीय भाषाएँ जिनके बारे में आपने सुना होगा वे हैं C++, PHP और Java। जैसा कि आप उच्च-स्तरीय भाषा के नाम से अनुमान लगा सकते हैं, निम्न-स्तरीय भाषाएँ भी होती हैं, जिन्हें कभी-कभी मशीनी भाषाएँ या असेंबली भाषाएँ भी कहा जाता है। स्पष्ट रूप से कहें तो, कंप्यूटर केवल निम्न-स्तरीय भाषाओं में लिखे गए प्रोग्राम ही निष्पादित कर सकते हैं। इस प्रकार, उच्च-स्तरीय भाषा में लिखे गए प्रोग्रामों को चलने से पहले संसाधित करना पड़ता है। इस अतिरिक्त प्रसंस्करण में कुछ समय लगता है, जो उच्च-स्तरीय भाषाओं का एक छोटा सा नुकसान है। हालाँकि, उच्च-स्तरीय भाषाओं के लाभ बहुत अधिक हैं।

सबसे पहले, उच्च स्तरीय भाषा में प्रोग्राम करना बहुत आसान है। उच्च-स्तरीय भाषा में लिखे गए प्रोग्राम को लिखने में कम समय लगता है, वे छोटे होते हैं और पढ़ने में आसान होते हैं, और उनके सही होने की संभावना अधिक होती है।

दूसरा, उच्च-स्तरीय भाषाएँ पोर्टेबल होती हैं, जिसका अर्थ है कि वे कुछ या बिना किसी संशोधन के विभिन्न प्रकार के कंप्यूटरों पर चल सकती हैं। निम्न-स्तरीय प्रोग्राम केवल एक प्रकार के कंप्यूटर पर चल सकते हैं और दूसरे पर चलाने के लिए उन्हें फिर से लिखना पड़ता है।

इन फायदों के कारण, लगभग सभी प्रोग्राम उच्च स्तरीय भाषाओं में लिखे जाते हैं। निम्न-स्तरीय भाषाओं का उपयोग केवल कुछ विशिष्ट अनुप्रयोगों के लिए किया जाता है।दो प्रकार के प्रोग्राम उच्च-स्तरीय भाषाओं को निम्न-स्तरीय भाषाओं में संसाधित करते हैं: दुभाषिया और संकलक। एक दुभाषिया एक उच्च-स्तरीय प्रोग्राम को पढ़ता है और उसे निष्पादित करता है, जिसका अर्थ है कि यह वही करता है जो प्रोग्राम कहता है। यह प्रोग्राम को एक समय में थोड़ा-थोड़ा प्रोसेस करता है, बारी-बारी से लाइनें पढ़ता है और गणना करता है।

एक कंपाइलर प्रोग्राम को पढ़ता है और प्रोग्राम चलने से पहले उसका पूरी तरह से अनुवाद करता है। इस मामले में, उच्च-स्तरीय प्रोग्राम को स्रोत कोड कहा जाता है, और अनुवादित प्रोग्राम को ऑब्जेक्ट कोड या निष्पादन योग्य कहा जाता है। एक बार प्रोग्राम संकलित हो जाने पर, आप बिना किसी अनुवाद के इसे बार-बार निष्पादित कर सकते हैं।

कई आधुनिक भाषाएँ दोनों प्रक्रियाओं का उपयोग करती हैं। उन्हें पहले निचले स्तर की भाषा में संकलित किया जाता है, जिसे बाइट कोड कहा जाता है, और फिर वर्चुअल मशीन नामक प्रोग्राम द्वारा व्याख्या की जाती है। पायथन दोनों प्रक्रियाओं का उपयोग करता है, लेकिन जिस तरह से प्रोग्रामर इसके साथ बातचीत करते हैं, उसे आमतौर पर एक व्याख्या की गई भाषा माना जाता है। इस पुस्तक की मुख्य सामग्री के लिए, आपको अपने कंप्यूटर पर पायथन को मूल रूप से स्थापित करने या चलाने की आवश्यकता नहीं होगी। इसके बजाय, आप सरल प्रोग्राम लिखेंगे और उन्हें सीधे अपने ब्राउज़र में निष्पादित करेंगे।
कुछ बिंदु पर, आपको इस ऑनलाइन पाठ्यपुस्तक में उपलब्ध सीमित वातावरण के बजाय संपूर्ण पायथन वातावरण उपयोगी लगेगा। ऐसा करने के लिए, आप या तो अपने कंप्यूटर पर पायथन इंस्टॉल करेंगे ताकि यह मूल रूप से चल सके, या एक रिमोट सर्वर का उपयोग करें जो कमांड लाइन शेल या ज्यूपिटर नोटबुक वातावरण प्रदान करता है।

1.4.1 पायथन में टिप्पणियाँ

जब आप कोड लिखते हैं, तो यह बताना महत्वपूर्ण है कि आप अपनी स्क्रिप्ट में कुछ चीजें क्यों कर रहे हैं। यहीं टिप्पणियाँ आती हैं। टिप्पणियाँ नोट्स की तरह होती हैं जिन्हें आप दूसरों (और स्वयं) को यह समझने में मदद करने के लिए अपने कोड में जोड़ते हैं कि क्या हो रहा है। जब आप जटिल विचारों, सूत्रों या चरणों से निपट रहे हों तो वे विशेष रूप से उपयोगी होते हैं।
जब आप अपना कोड चलाते हैं, तो कंप्यूटर टिप्पणियों को पूरी तरह से अनदेखा कर देता है। यह केवल वास्तविक कोड पर ध्यान देता है और आपके द्वारा लिखे गए निर्देशों का पालन करता है। इसलिए, टिप्पणियाँ केवल मनुष्यों को कोड को बेहतर ढंग से समझने में मदद करने के लिए हैं, जबकि कंप्यूटर उन पर कोई ध्यान नहीं देता है। पायथन तीन प्रकार की टिप्पणियाँ नियोजित करता है: सिंगल-लाइन टिप्पणियाँ, मल्टी-लाइन टिप्पणियाँ, और दस्तावेज़ीकरण स्ट्रिंग। कोड में टिप्पणियों को शामिल करके, डेवलपर्स इसकी समझ को बढ़ा सकते हैं और कोड के उद्देश्य और कार्यक्षमता को समझने में दूसरों की सहायता कर सकते हैं।

पायथन में टिप्पणियों के प्रकार

एकल-पंक्ति टिप्पणी:

कोड की एक पंक्ति को समझाने के लिए एकल-पंक्ति टिप्पणियों का उपयोग किया जाता है। वे # चिह्न से शुरू होते हैं और पंक्ति के अंत तक जारी रहते हैं।

उदाहरण:

यह एक एकल पंक्ति की टिप्पणी है जो निम्नलिखित पंक्ति के उद्देश्य को समझाती है
उम्र = 25 # उपयोगकर्ता की उम्र बचाएं।

बहु-पंक्ति टिप्पणी:

कोड के बड़े अनुभागों को समझाने के लिए बहु-पंक्ति टिप्पणियों का उपयोग किया जाता है। वे ट्रिपल कोट्स (''' या """) के भीतर संलग्न हैं और कई पंक्तियों का विस्तार कर सकते हैं।

उदाहरण:

'''
यह व्याख्या करने वाली एक बहु-पंक्ति टिप्पणी है
औसत की गणना करने की प्रक्रिया.
'''
कुल = 0
गिनती = 0
संख्याओं में संख्या के लिए:
कुल += संख्या
गिनती += 1
औसत = कुल / गिनती

दस्तावेज़ीकरण स्ट्रिंग (डॉकस्ट्रिंग):

डॉकस्ट्रिंग्स का उपयोग फ़ंक्शंस, कक्षाओं, मॉड्यूल और विधियों के लिए दस्तावेज़ीकरण प्रदान करने के लिए किया जाता है। वे ट्रिपल कोट्स के भीतर संलग्न हैं और हेल्प() फ़ंक्शन या विभिन्न दस्तावेज़ीकरण टूल का उपयोग करके उन तक पहुंचा जा सकता है।

उदाहरण:

डीईएफ़ गणना_वर्ग(संख्या):

"""
यह फ़ंक्शन किसी दी गई संख्या के वर्ग की गणना करता है
:परम संख्या: इनपुट संख्या.
:वापसी: इनपुट संख्या का वर्ग।
"""
वापसी संख्या ** 2

ये टिप्पणियाँ कोड के इरादे और कार्यक्षमता को समझाने में मदद करती हैं, जिससे डेवलपर्स के लिए कोड को समझना और उसके साथ काम करना आसान हो जाता है, खासकर जब बाद में सहयोग करना या कोड पर दोबारा गौर करना।

हालाँकि, यह ध्यान रखना महत्वपूर्ण है कि जहाँ मनुष्य को टिप्पणियाँ उपयोगी लगती हैं, वहीं कंप्यूटर उनकी बिल्कुल भी परवाह नहीं करता है। जब आप अपना कोड चलाते हैं, तो कंप्यूटर केवल वास्तविक कोड निर्देशों पर ध्यान केंद्रित करता है और टिप्पणियों को पूरी तरह से अनदेखा कर देता है। कोड और टिप्पणियों के बीच यह अलगाव आपको ऐसा कोड लिखने की अनुमति देता है जो मनुष्यों के लिए समझने योग्य और कंप्यूटर द्वारा निष्पादन योग्य दोनों है।

इसलिए, टिप्पणियाँ आपके कोड में उपयोगी स्पष्टीकरण जोड़ने के आपके तरीके की तरह हैं, यह सुनिश्चित करते हुए कि भले ही कोई और इसे पढ़ता है या आप थोड़ी देर बाद इसे दोबारा देखते हैं, फिर भी आप समझेंगे कि क्या हो रहा है और क्यों हो रहा है।

1.4.2 पायथन सिंटैक्स

पायथन में, जिस तरह से आप एक पंक्ति की शुरुआत में चीजों को स्थान देते हैं वह बेहद महत्वपूर्ण है। अधिकांश भाषाएँ केवल कोड को अच्छा दिखाने के लिए रिक्ति का उपयोग करती हैं, लेकिन पायथन इसे एक पायदान ऊपर ले जाता है।

पायथन में, आप एक पंक्ति की शुरुआत में जो रिक्त स्थान डालते हैं उसका वास्तव में कुछ मतलब होता है। वे दिखाते हैं कि कोड के कौन से भाग एक साथ हैं। इसलिए, जब आप शुरुआत में समान मात्रा में जगह के साथ लाइनों का एक समूह डालते हैं, तो पायथन जानता है कि वे एक साथ काम करने वाली टीम की तरह हैं। यह आपके कोड को व्यवस्थित और पढ़ने में आसान बनाता है। अन्य भाषाएँ इस कार्य को करने के लिए विशेष प्रतीकों का उपयोग करती हैं, लेकिन पायथन चीजों को साफ सुथरा रखने के लिए रिक्त स्थान का उपयोग करता है।

उदाहरण 1:
यदि 8 > 1:
प्रिंट करें ("आठ एक से बड़ा है!")
आउटपुट:
आठ एक से बड़ा है!

उदाहरण 2:
यदि 8 > 1:
प्रिंट करें ("आठ एक से बड़ा है!")
आउटपुट:
अभिस्थापन त्रुटि: किसी अभिस्थापन अवरोध की संभावना

1.5 पायथन ढांचा

पायथन फ्रेमवर्क कोड और टूल के पूर्व-निर्मित संग्रह हैं जो डेवलपर्स को वेब एप्लिकेशन, सॉफ़्टवेयर और अन्य प्रोजेक्ट अधिक कुशलता से बनाने में मदद करते हैं। ये ढाँचे अनुप्रयोगों के निर्माण के लिए एक संरचित आधार और दिशानिर्देश प्रदान करते हैं, जो सामान्य कार्यों को संभालने और सर्वोत्तम प्रथाओं को लागू करके बहुत समय बचा सकते हैं। यहां कुछ लोकप्रिय पायथन फ्रेमवर्क दिए गए हैं:

जैंगो:एक उच्च स्तरीय वेब ढांचा जो तेजी से विकास और स्वच्छ, व्यावहारिक डिजाइन को प्रोत्साहित करता है। यह प्रमाणीकरण, डेटाबेस प्रबंधन, यूआरएल रूटिंग और बहुत कुछ जैसी कई अंतर्निहित सुविधाएँ प्रदान करता है। Django का उपयोग आमतौर पर मजबूत वेब एप्लिकेशन बनाने के लिए किया जाता है।

कुप्पी:एक हल्का वेब फ्रेमवर्क जो आपको अपने टूल और लाइब्रेरी चुनने के लिए अधिक लचीलापन देता है। यह छोटी परियोजनाओं के लिए बहुत अच्छा है और आपकी विकास शैली पर बहुत अधिक बाधाएं डाले बिना बुनियादी बातें प्रदान करता है।

फास्टएपीआई:मानक पायथन प्रकार के संकेतों के आधार पर पायथन 3.7+ के साथ एपीआई बनाने के लिए एक आधुनिक, तेज़, वेब ढांचा। यह अपनी गति और एपीआई दस्तावेज़ों की स्वचालित पीढ़ी के लिए जाना जाता है।

पिरामिड:एक लचीला और मॉड्यूलर ढांचा जो आपको अपने प्रोजेक्ट के लिए आवश्यक घटकों को चुनने की अनुमति देता है। यह छोटे और बड़े दोनों अनुप्रयोगों के लिए उपयुक्त है।
बोतल:एक माइक्रो वेब फ्रेमवर्क जो न्यूनतम और उपयोग में आसान है। इसे सरल अनुप्रयोगों और प्रोटोटाइप के लिए डिज़ाइन किया गया है।
चेरीपी:एक और न्यूनतर ढांचा जो अधिक ऑब्जेक्ट-ओरिएंटेड तरीके से वेब एप्लिकेशन बनाने के लिए उपकरण प्रदान करता है।
बवंडर:एक वेब फ्रेमवर्क और एसिंक्रोनस नेटवर्किंग लाइब्रेरी जो चैट रूम या स्ट्रीमिंग जैसे वास्तविक समय के अनुप्रयोगों को संभालने के लिए विशेष रूप से अच्छा है।
Web2py: एक पूर्ण-स्टैक ढांचा जिसमें एक एकीकृत विकास वातावरण (आईडीई) शामिल है, जिससे वेब अनुप्रयोगों को विकसित करना, डीबग करना और तैनात करना आसान हो जाता है।

सारांश

प्रमुख विशेषताएं:

स्पष्ट और सुरुचिपूर्ण वाक्यविन्यास। गतिशील रूप से टाइप किया गया: परिवर्तनीय प्रकार रनटाइम के दौरान निर्धारित किए जाते हैं। व्याख्या की गई भाषा: कोड को संकलन के बिना लाइन द्वारा लाइन में निष्पादित किया जाता है। बहुमुखी और क्रॉस-प्लेटफ़ॉर्म: विभिन्न ऑपरेटिंग सिस्टम पर चलता है। व्यापक मानक पुस्तकालय: विभिन्न कार्यों के लिए पूर्व-निर्मित मॉड्यूल .

उपयोग क्षेत्र:

वेब विकास: Django, Flask.Data विश्लेषण जैसे फ्रेमवर्क: पांडा, NumPy और Matplotlib जैसी लाइब्रेरी। वैज्ञानिक कंप्यूटिंग: अनुसंधान और सिमुलेशन में उपयोग किया जाता है। आर्टिफिशियल इंटेलिजेंस (एआई) और मशीन लर्निंग (एमएल): टेन्सरफ्लो, पायटोरच जैसी लाइब्रेरी। स्वचालन और स्क्रिप्टिंग: दोहराए जाने वाले कार्यों को स्वचालित करें। गेम विकास, IoT, और बहुत कुछ।

समुदाय और पारिस्थितिकी तंत्र:

डेवलपर्स का मजबूत और सक्रिय समुदाय। तृतीय-पक्ष पुस्तकालयों और रूपरेखाओं की प्रचुरता। पिप जैसे टूल का उपयोग करके पैकेज प्रबंधन। ओपन-सोर्स प्रकृति सहयोग और नवाचार को प्रोत्साहित करती है।

पठनीयता और उत्पादकता:

इंडेंटेशन-आधारित सिंटैक्स कोड संरचना को लागू करता है। जटिलता कम करता है और कोड पठनीयता बढ़ाता है। डेवलपर्स के बीच कुशल सहयोग को बढ़ावा देता है।

सीखना और पहुंच:

शुरुआती-अनुकूल भाषा. नौसिखिए और अनुभवी प्रोग्रामर दोनों के लिए उपयुक्त। सीखने के संसाधन: दस्तावेज़ीकरण, ट्यूटोरियल, ऑनलाइन पाठ्यक्रम।

अभ्यास 1:

बहुविकल्पीय प्रश्न (एमसीक्यू):

प्रश्न 1:पाइथॉन किस प्रकार की प्रोग्रामिंग भाषा है?

a) संकलित भाषा b) निम्न-स्तरीय भाषा

c) व्याख्या की गई भाषा d) असेंबली भाषा

प्रश्न 2:पायथन के बारे में निम्नलिखित में से कौन सा कथन सत्य है?

a) पायथन का उपयोग केवल वेब डेवलपमेंट के लिए किया जाता है।

b) पायथन कोड को हमेशा लाइन दर लाइन निष्पादित किया जाता है।

c) पायथन वैज्ञानिक कंप्यूटिंग के लिए उपयुक्त नहीं है।

d) पायथन कोड पठनीयता और सरलता पर जोर देता है।

प्रश्न 3:निम्नलिखित में से कौन सा पायथन में एक वेरिएबल घोषित करने का सही तरीका है?

a) न्यूवेरिएबल = 42 b) 42 = न्यू वेरिएबल

c) वेरिएबल न्यूवेरिएबल = 42 d) वेरिएबल = न्यू वेरिएबल (42)

प्रश्न 4:पायथन में "प्रिंट ()" फ़ंक्शन का उद्देश्य क्या है?

a) कंसोल पर एक संदेश प्रदर्शित करने के लिए। b) एक नया वेरिएबल बनाना।

c) गणितीय गणना करने के लिए। d) किसी फ़ंक्शन को परिभाषित करने के लिए।

प्रश्न 5:पायथन में वर्णों के अनुक्रम को संग्रहीत करने के लिए निम्नलिखित में से किस डेटा प्रकार का उपयोग किया जाता है?

a) पूर्णांक b) तैरना

c) स्ट्रिंग d) बूलियन

प्रश्न 6:निम्नलिखित कोड स्निपेट का परिणाम क्या है?

एक्स = 5

आप = 2

परिणाम = x ** y

a) 7 b) 25

c) 10 d) 8

प्रश्न 7:पायथन में, कंडीशनल स्टेटमेंट बनाने के लिए किस कीवर्ड का उपयोग किया जाता है?

a) लूप b) के लिए

c) जबकि d) यदि

प्रश्न 8:पायथन में "सूची" का उद्देश्य क्या है?

a) केवल पूर्णांकों को संग्रहित करने के लिए।

b) गणितीय संक्रियाएँ निष्पादित करना।

c) वस्तुओं का एक संग्रह संग्रहीत करना, जो विभिन्न डेटा प्रकार का हो सकता है।

d) एकल मान संग्रहीत करने के लिए।

उत्तर

1. सी 2. डी 3. ए 4. ए 5. सी 6. बी 7. डी 8. सी

व्यायाम 2:

सही/गलत प्रश्न:

प्रश्न 1: पायथन में, वेरिएबल्स को एक विशिष्ट डेटा प्रकार के साथ घोषित किया जाना चाहिए।

प्रश्न 2:लूप और सशर्त कथनों के भीतर कोड ब्लॉक को परिभाषित करने के लिए पायथन ब्रेसिज़ {} का उपयोग करता है।

प्रश्न 3:"एलिफ़" कीवर्ड का उपयोग पायथन में कोड के एक ब्लॉक को परिभाषित करने के लिए किया जाता है जो केवल तभी निष्पादित होता है जब पूर्ववर्ती यदि और एलिफ़ स्थितियां गलत हों।

प्रश्न 4:पायथन में "फॉर" लूप का उपयोग विशेष रूप से संख्यात्मक श्रेणियों पर पुनरावृत्ति के लिए किया जाता है।

प्रश्न 5:पायथन स्ट्रिंग्स को संभालने और हेरफेर करने के लिए उपयुक्त नहीं है।

उत्तर

1. सही 2. गलत 3. सही 4. गलत 5. गलत

व्यायाम 3:

समीक्षा प्रश्न:

प्रश्न 1: Python क्या है और इसका निर्माता कौन है?
प्रश्न 2: कुछ प्रमुख विशेषताएं क्या हैं जो पायथन को अन्य प्रोग्रामिंग भाषाओं की तुलना में अद्वितीय बनाती हैं?
प्रश्न 3: पायथन में इंडेंटेशन की अवधारणा को समझाएं। यह महत्वपूर्ण क्यों है?
प्रश्न 4: आमतौर पर प्रयुक्त होने वाली तीन पुस्तकालयों के नाम बताइए और उनके उपयोग समझाइए।
प्रश्न 5: Python 2 और Python 3 में क्या अंतर है?
प्रश्न 6: आप पायथन में टिप्पणियाँ कैसे लिखते हैं और टिप्पणियाँ उपयोगी क्यों हैं?
प्रश्न 7: प्रिंट() फ़ंक्शन का महत्व क्या है? एक उदाहरण प्रदान करें.
प्रश्न 8: पायथन में उपलब्ध बुनियादी डेटा प्रकारों का वर्णन करें।
प्रश्न 9: आप पायथन में एक वेरिएबल कैसे बनाते हैं? एक उदाहरण दें।
प्रश्न 10: सूची और टुपल के बीच क्या अंतर है? उदाहरण प्रदान करें.
प्रश्न 11: बताएं कि पायथन में बुनियादी अंकगणितीय ऑपरेशन कैसे करें।
प्रश्न 12: टाइपकास्टिंग क्या है और आप इसे पायथन में कैसे उपयोग कर सकते हैं?
प्रश्न 13: पायथन में लूप की अवधारणा को समझाएं, और फॉर लूप और थोड़ी देर के लूप के बीच अंतर करें।
प्रश्न 14: वर्णन करें कि पायथन में एक फ़ंक्शन क्या है और इसे कैसे परिभाषित किया जाए।
प्रश्न 15: if, elif, और else जैसे सशर्त बयानों का उद्देश्य क्या है? एक उदाहरण प्रदान करें.
प्रश्न 16: शब्दकोश पायथन में सूचियों से किस प्रकार भिन्न हैं?
प्रश्न 17: Python में None प्रकार का उपयोग किसके लिए किया जाता है?
प्रश्न 18: पायथन में फ़ाइलों को पढ़ने और लिखने का तरीका बताएं।
प्रश्न 19: PEP 8 क्या है और यह Python डेवलपर्स के लिए क्यों महत्वपूर्ण है?
प्रश्न 20: आप पायथन में मॉड्यूल कैसे आयात करते हैं और आयात विवरण का महत्व क्या है?

अध्याय 2: पायथन की स्थापना

अपने कंप्यूटर पर Python स्थापित करना इसकी कोडिंग क्षमताओं को अनलॉक करने का पहला कदम है। पायथन एक बहुमुखी और व्यापक रूप से उपयोग की जाने वाली प्रोग्रामिंग भाषा है जो विभिन्न अनुप्रयोगों को पूरा करती है।
आपके कंप्यूटर पर पायथन स्थापित करना एक आवश्यक लेकिन सीधा कार्य है जो इस बहुमुखी भाषा के साथ आपकी प्रोग्रामिंग यात्रा की शुरुआत का प्रतीक है। इस प्रक्रिया में अनिवार्य रूप से पायथन आधिकारिक वेबसाइट से उपयुक्त इंस्टॉलर को डाउनलोड करना और इसे आपके सिस्टम पर चलाना शामिल है। इंस्टॉलर आम तौर पर स्व-व्याख्यात्मक होता है और आपको आवश्यक चरणों के माध्यम से मार्गदर्शन करता है, जिसमें आपके सिस्टम PATH में पायथन को जोड़ने का विकल्प भी शामिल है, जिससे इसे कमांड लाइन से आसानी से एक्सेस किया जा सकता है।
इंस्टॉलेशन के बाद, आप अपने ऑपरेटिंग सिस्टम के आधार पर, कमांड लाइन, टर्मिनल या पावरशेल से इसे कॉल करके पुष्टि कर सकते हैं कि पायथन को सही तरीके से इंस्टॉल किया गया था। एक सफल इंस्टॉलेशन आपको एक साधारण कमांड के साथ इंस्टॉल किए गए संस्करण की जांच करने की अनुमति देगा, यह सुनिश्चित करते हुए कि सिस्टम पायथन को एक इंस्टॉल किए गए एप्लिकेशन के रूप में पहचानता है।
यह भी उल्लेखनीय है कि पायथन अक्सर अतिरिक्त सुविधाओं, अनुकूलन और सुरक्षा सुधारों के साथ नए संस्करण जारी करता है। इसलिए, नवीनतम सुधारों और पैच से लाभ उठाने के लिए अपने पायथन इंस्टॉलेशन को अद्यतन रखना उचित है।
संक्षेप में, पायथन को स्थापित करना एक सरल लेकिन महत्वपूर्ण कदम है जो वेब विकास से लेकर डेटा विश्लेषण और उससे आगे तक प्रोग्रामिंग क्षमताओं की एक विस्तृत श्रृंखला को अनलॉक करता है। इंस्टॉलेशन न केवल मूल भाषा प्रदान करता है बल्कि इसमें विभिन्न उपकरण और उपयोगिताएँ भी शामिल हैं जो पायथन में कोडिंग को अधिक कुशल और संगठित प्रयास बनाती हैं।

2.1. पायथन संस्करण पर ध्यान दें

MacOS और Linux सहित कई ऑपरेटिंग सिस्टम, Python प्रीइंस्टॉल्ड के साथ आते हैं। आपके ऑपरेटिंग सिस्टम के साथ आने वाले Python के संस्करण को सिस्टम Python कहा जाता है। आपके ऑपरेटिंग सिस्टम द्वारा पायथन सिस्टम का उपयोग किया जाता है और यह आमतौर पर पुराना हो चुका है। यह आवश्यक है कि आपके पास पायथन का नवीनतम संस्करण हो ताकि आप इस पुस्तक में दिए गए उदाहरणों का सफलतापूर्वक अनुसरण कर सकें।
पायथन इंस्टॉल करना एक सीधी प्रक्रिया है जो आपको अपने कंप्यूटर पर प्रोग्रामिंग भाषा सेट करने की अनुमति देती है, जिससे आप पायथन कोड लिखने और चलाने में सक्षम हो जाते हैं।
आरंभ करने के लिए यहां एक सीधी मार्गदर्शिका दी गई है:
आधिकारिक पायथन वेबसाइट www.python.org पर जाकर शुरुआत करें। वहां पहुंचने पर, "डाउनलोड" अनुभाग ढूंढें। आपको अपने द्वारा उपयोग किए जा रहे ऑपरेटिंग सिस्टम के आधार पर पायथन के उपयुक्त संस्करण का चयन करना होगा - चाहे वह विंडोज, मैकओएस या लिनक्स हो। सर्वोत्तम अनुभव के लिए नवीनतम स्थिर संस्करण चुनने की अनुशंसा की जाती है।
यह अध्याय तीन खंडों में विभाजित है: विंडोज़, मैकओएस और उबंटू लिनक्स। अपने ऑपरेटिंग सिस्टम के लिए अनुभाग ढूंढें और सेट अप करने के लिए चरणों का पालन करें, फिर अगले अध्याय पर जाएं।

2.2. विंडोज़ पर पायथन इंस्टॉल करना

पायथन इंस्टालर डाउनलोड करें:
आधिकारिक पायथन वेबसाइट https://www.python.org/downloads/windows/ पर जाएं और विंडोज़ के लिए पायथन का नवीनतम संस्करण डाउनलोड करें। उस इंस्टॉलर को डाउनलोड करना सुनिश्चित करें जो आपके सिस्टम आर्किटेक्चर (32-बिट या 64-बिट) से मेल खाता हो।
इंस्टॉलर चलाएँ:
एक बार इंस्टॉलर निष्पादन योग्य (.exe) डाउनलोड हो जाने पर, इसे चलाने के लिए उस पर डबल-क्लिक करें। आपको अपने सिस्टम पर सॉफ़्टवेयर स्थापित करने के लिए प्रशासनिक विशेषाधिकारों की आवश्यकता हो सकती है।
स्थापना को अनुकूलित करें (वैकल्पिक):
इंस्टॉलर आपको इंस्टॉलेशन को कस्टमाइज़ करने का विकल्प देगा। आप PATH में Python जोड़ना चुन सकते हैं, जो अनुशंसित है क्योंकि यह आपको पूर्ण पथ निर्दिष्ट किए बिना कमांड प्रॉम्प्ट से Python चलाने की अनुमति देता है। आप इंस्टॉलेशन स्थान भी चुन सकते हैं और वैकल्पिक सुविधाओं का चयन कर सकते हैं।
पायथन स्थापित करें:

इंस्टॉलेशन प्रक्रिया शुरू करने के लिए "अभी इंस्टॉल करें" बटन पर क्लिक करें। इंस्टॉलर आवश्यक फ़ाइलों की प्रतिलिपि बनाएगा और आपके सिस्टम पर पायथन सेट करेगा।

स्थापना पूर्ण:

एक बार इंस्टॉलेशन पूरा हो जाने पर, आपको एक स्क्रीन दिखाई देगी जो बताएगी कि पायथन सफलतापूर्वक इंस्टॉल हो गया है। आप पायथन दस्तावेज़ तक भी पहुंच सकते हैं, पायथन वेबसाइट ब्राउज़ कर सकते हैं, या पथ लंबाई सीमा को अक्षम कर सकते हैं। आप इंस्टॉलर से बाहर भी निकल सकते हैं.

स्थापना सत्यापित करें:

यह सत्यापित करने के लिए कि पायथन सही ढंग से स्थापित किया गया है, कमांड प्रॉम्प्ट खोलें और पायथन --वर्जन टाइप करें। यह आपके द्वारा इंस्टॉल किए गए पायथन का संस्करण प्रदर्शित करना चाहिए।

पायथन का उपयोग करना:

अब आप कमांड प्रॉम्प्ट से स्क्रिप्ट चलाकर या इंटरैक्टिव पायथन शेल (आरईपीएल) खोलकर पायथन का उपयोग कर सकते हैं। इंटरैक्टिव शेल खोलने के लिए, बस कमांड प्रॉम्प्ट में पायथन टाइप करें और एंटर दबाएं।

इतना ही! आपने अपने विंडोज़ सिस्टम पर सफलतापूर्वक Python इंस्टॉल कर लिया है। आप पायथन स्क्रिप्ट लिखना और चलाना शुरू कर सकते हैं या पायथन इंटरैक्टिव शेल के साथ प्रयोग कर सकते हैं।

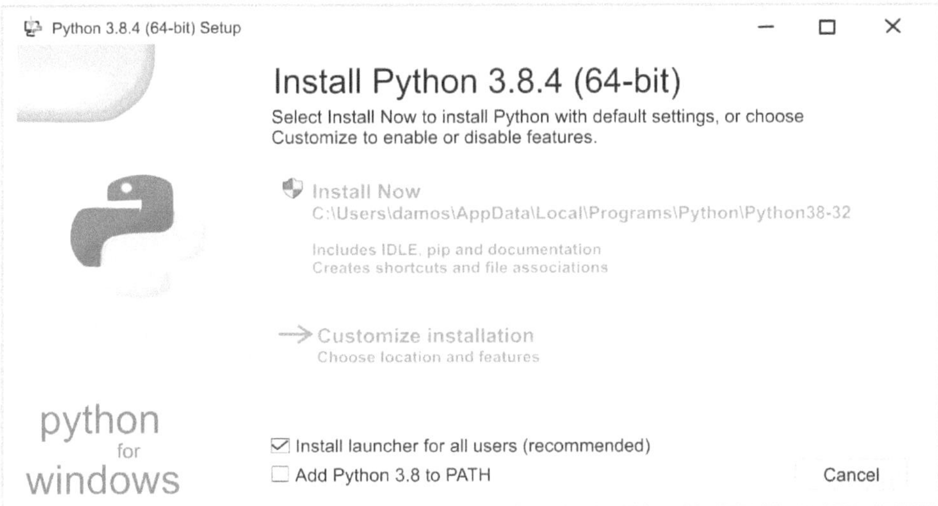

2.3. MacOS पर Python इंस्टॉल करें

मौजूदा पायथन संस्करण की जाँच करें (वैकल्पिक):

टर्मिनल खोलें और यह जाँचने के लिए कि Python पहले से इंस्टॉल है या नहीं, Python --version टाइप करें। macOS आम तौर पर Python 2.x के पूर्व-स्थापित संस्करण के साथ आता है।

होमब्रू स्थापित करें (वैकल्पिक लेकिन अनुशंसित):

Homebrew macOS के लिए एक पैकेज मैनेजर है जो सॉफ़्टवेयर इंस्टॉल करना और प्रबंधित करना आसान बनाता है। Homebrew स्थापित करने के लिए, टर्मिनल में निम्नलिखित कमांड पेस्ट करें और Enter दबाएँ:

/bin/bash -c "$(curl -fsSLhttps://raw.githubusercontent.com/Homebrew/install/HEAD/install.sh)"

पायथन 3 स्थापित करें:

Homebrew इंस्टॉल करने के बाद (या यदि आप इसका उपयोग नहीं करना चुनते हैं), तो आप निम्न कमांड का उपयोग करके Python 3 इंस्टॉल कर सकते हैं:

होमब्रू उपयोगकर्ताओं के लिए:

ब्रू स्थापित करें पायथन

होमब्रू के बिना:

आधिकारिक Python वेबसाइट https://www.python.org/downloads/macos/ पर जाएँ और macOS के लिए Python का नवीनतम संस्करण डाउनलोड करें। इंस्टॉलर चलाएँ और संकेतों का पालन करें।

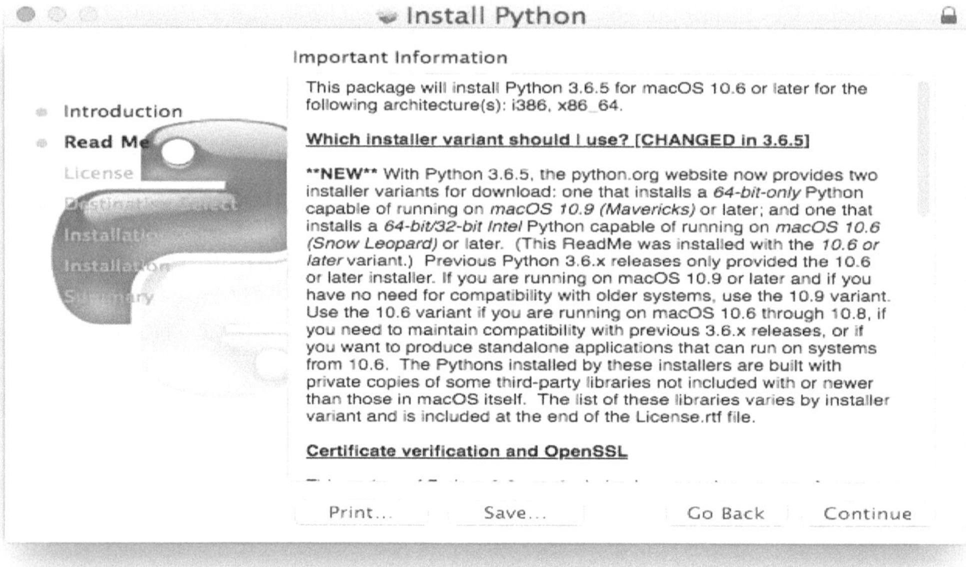

स्थापना सत्यापित करें:
इंस्टॉलेशन पूरा होने के बाद, एक नई टर्मिनल विंडो खोलें और यह सत्यापित करने के लिए कि Python 3 इंस्टॉल हो गया है, Python3 --version टाइप करें। आप Python 3 को स्पष्ट रूप से चलाने के लिए Python3 का उपयोग करते हैं, क्योंकि macOS आमतौर पर Python कमांड को पहले से स्थापित Python 2 से लिंक करता है।

पायथन का उपयोग करना:
अब आप स्क्रिप्ट चलाकर या टर्मिनल में एक इंटरैक्टिव पायथन शेल खोलकर पायथन का उपयोग कर सकते हैं। इंटरैक्टिव शेल खोलने के लिए, Python3 टाइप करें और Enter दबाएँ। आप exit() टाइप करके या Ctrl + D दबाकर इंटरैक्टिव शेल से बाहर निकल सकते हैं।

आभासी वातावरण (वैकल्पिक लेकिन अनुशंसित):
विभिन्न परियोजनाओं के लिए पायथन पैकेजों को प्रबंधित करने के लिए आभासी वातावरण का उपयोग करना एक अच्छा अभ्यास है। आप वेनव मॉड्यूल का उपयोग करके एक आभासी वातावरण बना सकते हैं। उदाहरण के लिए:

Python3 -m venv myenv

आभासी वातावरण सक्रिय करें:
स्रोत myenv/bin/सक्रिय करें

जब आपका काम ख़त्म हो जाए तो वर्चुअल वातावरण को निष्क्रिय कर दें:
निष्क्रिय करें

2.4. उबंटू पर पायथन स्थापित करें

उबंटू पर पायथन स्थापित करने के लिए, आप टर्मिनल का उपयोग कर सकते हैं और इन चरणों का पालन कर सकते हैं:

पायथन संस्करण की जाँच करें (वैकल्पिक): Ctrl + Alt + T दबाकर एक टर्मिनल खोलें और यह जांचने के लिए निम्न कमांड टाइप करें कि क्या Python पहले से ही इसके संस्करण के साथ स्थापित है:
Python3-संस्करण
यह कमांड आपको इंस्टॉल किए गए Python 3 का संस्करण बताएगा, जो अनुशंसित संस्करण है।
पैकेज सूचियाँ अद्यतन करें:

किसी भी सॉफ़्टवेयर को इंस्टॉल करने से पहले, यह सुनिश्चित करने के लिए पैकेज सूचियों को अपडेट करना एक अच्छा विचार है कि आपको नवीनतम संस्करण मिल रहे हैं। टर्मिनल में, चलाएँ:

सुडो उपयुक्त अद्यतन

पायथन स्थापित करें:

पायथन 3 को स्थापित करने के लिए, निम्नलिखित कमांड का उपयोग करें:

sudo apt install Python3

स्थापना सत्यापित करें:

इंस्टॉलेशन पूरा होने के बाद, आप इसे चलाकर सत्यापित कर सकते हैं:

Python3-संस्करण

यह आपके द्वारा अभी इंस्टॉल किए गए पायथन इंटरप्रेटर का संस्करण नंबर प्रदर्शित करना चाहिए।

पाइप स्थापित करें (पायथन पैकेज मैनेजर) (वैकल्पिक):पिप पायथन के लिए एक पैकेज मैनेजर है जो अतिरिक्त लाइब्रेरी और पैकेज को स्थापित करना और प्रबंधित करना आसान बनाता है। आप इसे इसके साथ इंस्टॉल कर सकते हैं:

sudo apt install Python3-pip

अतिरिक्त उपकरण स्थापित करें (वैकल्पिक):

अपनी आवश्यकताओं के आधार पर, आप कुछ अतिरिक्त उपकरण स्थापित करना चाह सकते हैं। उदाहरण के लिए, यदि आप आभासी वातावरण के साथ काम करने की योजना बना रहे हैं, तो आप वेनव मॉड्यूल स्थापित कर सकते हैं:

sudo apt install Python3-venv

अब आपके Ubuntu सिस्टम पर Python सफलतापूर्वक इंस्टॉल हो गया है। आप एक टर्मिनल खोलकर और अपनी स्क्रिप्ट के फ़ाइल नाम के बाद Python3 कमांड का उपयोग करके पायथन स्क्रिप्ट लिखना और चलाना शुरू कर सकते हैं। यदि आप विज़ुअल स्टूडियो कोड जैसे एकीकृत विकास पर्यावरण (आईडीई) का उपयोग कर रहे हैं, तो आप इसका उपयोग पायथन कोड बनाने और चलाने के लिए भी कर सकते हैं।

सारांश

विंडोज़ इंस्टालेशन:विंडोज़ स्थापित करने में विंडोज़ इंस्टॉलेशन मीडिया (जैसे यूएसबी ड्राइव या डीवीडी) से बूट करना और ऑन-स्क्रीन संकेतों का पालन करना शामिल है। उपयोगकर्ता कस्टम सेटिंग्स चुन सकते हैं, अपने स्टोरेज को विभाजित कर सकते हैं और विंडोज के उस संस्करण का चयन कर सकते हैं जिसे वे इंस्टॉल करना चाहते हैं। इस प्रक्रिया में उत्पाद कुंजी दर्ज करना, भाषा और क्षेत्र सेटिंग्स कॉन्फ़िगर करना और एक उपयोगकर्ता खाता बनाना शामिल है। विंडोज़ चरण-दर-चरण सेटअप विज़ार्ड प्रदान करता है, जो इसे उपयोगकर्ताओं के लिए अपेक्षाकृत सरल बनाता है।

मैकओएस इंस्टालेशन: MacOS इंस्टॉल करने के लिए आमतौर पर Apple कंप्यूटर की आवश्यकता होती है। उपयोगकर्ता मैक ऐप स्टोर से नवीनतम macOS संस्करण डाउनलोड कर सकते हैं। इंस्टॉलेशन प्रक्रिया में इंस्टॉलर को चलाना शामिल है, जो भाषा, कीबोर्ड लेआउट और अन्य प्राथमिकताओं को सेट करने के माध्यम से उपयोगकर्ताओं का मार्गदर्शन करता है। macOS इंस्टॉलेशन में अक्सर पिछले इंस्टॉलेशन या टाइम मशीन बैकअप से डेटा माइग्रेट करना शामिल होता है। Apple का निर्देशित इंटरफ़ेस Apple के पारिस्थितिकी तंत्र से परिचित उपयोगकर्ताओं के लिए प्रक्रिया को सरल बनाता है।

उबंटू इंस्टालेशन:उबंटू इंस्टॉलेशन आधिकारिक वेबसाइट से आईएसओ छवि डाउनलोड करने के साथ शुरू होता है। उपयोगकर्ता Rufus या BalenaEtcher जैसे टूल का उपयोग करके बूट करने योग्य USB ड्राइव बना सकते हैं। उबंटू स्थापित करने के लिए, उपयोगकर्ता यूएसबी ड्राइव से बूट करते हैं और उबंटू आज़माने या इसे स्थापित करने के बीच चयन करते हैं। इंस्टॉलर उपयोगकर्ताओं को भाषा, कीबोर्ड और नेटवर्क सेटिंग्स, डिस्क को विभाजित करने और एक उपयोगकर्ता खाता बनाने के माध्यम से मार्गदर्शन करता है। उपयोगकर्ता इंस्टॉलेशन के दौरान यह भी तय कर सकते हैं कि थर्ड-पार्टी सॉफ़्टवेयर और अपडेट इंस्टॉल करना है या नहीं।

प्रत्येक ऑपरेटिंग सिस्टम इंस्टॉलेशन प्रक्रिया जटिलता, आवश्यकताओं और उपलब्ध विकल्पों के संदर्भ में भिन्न होती है। जबकि विंडोज़ अनुकूलन विकल्पों के साथ एक निर्देशित इंस्टॉलेशन प्रदान करता है, मैकओएस ऐप्पल-केंद्रित अनुभव पर ध्यान केंद्रित करता है, और उबंटू उपयोगकर्ता नियंत्रण और ओपन-सोर्स लचीलेपन पर जोर देता है।

अभ्यास 1:

बहुविकल्पीय प्रश्न (एमसीक्यू):

प्रश्न 1:निम्नलिखित में से कौन सा आपके सिस्टम पर पायथन स्थापित करने का तरीका नहीं है?

a) इसे आधिकारिक पायथन वेबसाइट से डाउनलोड करना। b) पिप जैसे पैकेज मैनेजर का उपयोग करना।
c) इसे वेब ब्राउज़र के माध्यम से इंस्टॉल करना। c) एक एकीकृत विकास वातावरण (आईडीई) का उपयोग करना।

प्रश्न 2:पाइथन स्थापित है या नहीं यह जांचने के लिए टर्मिनल में आमतौर पर किस कमांड का उपयोग किया जाता है?

a) पायथन जांच c) पायथन -v
b) पायथन संस्करण d) पायथन--संस्करण

प्रश्न 3:पायथन में वर्चुअल वातावरण का उपयोग किसके लिए किया जाता है?

a) एक अलग आभासी वास्तविकता वातावरण में पायथन कोड चलाना।
b) निर्भरता को अलग से प्रबंधित करने के लिए पायथन परियोजनाओं को अलग करना।
c) क्लाउड सर्वर पर पायथन कोड चलाना।
d) प्रत्येक प्रोग्राम के लिए एक अलग पायथन दुभाषिया बनाना।

प्रश्न 4:पायथन पैकेज और निर्भरता को प्रबंधित करने के लिए किस टूल का उपयोग किया जाता है?

a) वेनवी b) ईएनवी
c) पीआईपी d) पयेनव

प्रश्न 5:प्रोजेक्ट निर्भरता और उनके संस्करणों को निर्दिष्ट करने के लिए आमतौर पर किस फ़ाइल का उपयोग किया जाता है?

a) आवश्यकताएँ.txt b) dependency.py
c) पैकेज.जेसन d) depend.yml

प्रश्न 6:VENV का उपयोग करके वर्चुअल वातावरण बनाने के लिए किस कमांड का उपयोग किया जाता है?

a) वेनव क्रिएट मायएनव b) पायथन -एम वेनव मायेनव
c) वेनव मायेनव d) पायथन वेनव मायेनव बनाता है

प्रश्न 7:पायथन के लिए एक एकीकृत विकास वातावरण (आईडीई) प्रदान करता है:

a) केवल मूल पाठ संपादन सुविधाएँ। b) एक कोड संपादक, डिबगर, और अन्य सहायक उपकरण।
c) केवल एक टर्मिनल इंटरफ़ेस। d) एकल पायथन संस्करण के लिए समर्थन।

प्रश्न 8:यदि आप नवीनतम सुविधाएँ और सुधार चाहते हैं तो आपको कौन सा पायथन संस्करण चुनना चाहिए?

a) पायथन 2.7 b) पायथन 3.0
c) नवीनतम पायथन 3.x संस्करण (उदाहरण के लिए, पायथन 3.9) d) पायथन 4.0

उत्तर

1. सी 2. डी 3. बी 4. सी 5. ए 6. बी 7.बी 8.सी

व्यायाम 2:

सही/गलत प्रश्न:

प्रश्न 1:पायथन को विंडोज़ पर इंस्टॉल किया जा सकता है, लेकिन यह macOS के साथ संगत नहीं है।

प्रश्न 2:विभिन्न परियोजनाओं के लिए निर्भरता को अलग करने के लिए एक आभासी वातावरण स्थापित करने की अनुशंसा की जाती है।

प्रश्न 3:पीआईपी एक पैकेज मैनेजर है जिसका उपयोग पायथन पैकेजों को स्थापित करने के लिए किया जाता है, लेकिन यह वर्चुअल वातावरण का प्रबंधन नहीं करता है।

प्रश्न 4: Python 2.x और Python 3.x को बिना किसी विरोध के एक ही सिस्टम पर साथ-साथ स्थापित किया जा सकता है।

प्रश्न 5:एक आईडीई उपकरण प्रदान करता है जो पायथन में कोडिंग को आसान बनाता है, लेकिन पायथन कोड को स्थापित करने और चलाने के लिए यह आवश्यक नहीं है।

उत्तर

1. गलत 2. सही 3. गलत 4. सही 5. सही

व्यायाम 3:

समीक्षा प्रश्न:

प्रश्न 1: पायथन स्थापित करने के लिए बुनियादी सिस्टम आवश्यकताएँ क्या हैं?

प्रश्न 2: आपके अंतिम अपडेट के अनुसार पायथन का नवीनतम स्थिर संस्करण क्या है?

प्रश्न 3: Python 2.x और Python 3.x के बीच अंतर बताएं।
प्रश्न 4: आप विंडोज़ के लिए पायथन इंस्टॉलर कैसे डाउनलोड करते हैं?
प्रश्न 5: MacOS सिस्टम पर Python इंस्टॉल करने के चरण क्या हैं?
प्रश्न 6: PATH वैरिएबल क्या है और Python स्थापित करते समय यह महत्वपूर्ण क्यों है?
प्रश्न 7: पायथन के विकास और वितरण में पायथन सॉफ्टवेयर फाउंडेशन की क्या भूमिका है?
प्रश्न 8: आप कैसे सत्यापित करते हैं कि Python आपके सिस्टम पर सफलतापूर्वक स्थापित हो गया है?
प्रश्न 9: पायथन आईडीई क्या है, और क्या आप कुछ लोकप्रिय आईडीई के नाम बता सकते हैं?
प्रश्न 10: आभासी वातावरण क्या है और आप इसका उपयोग क्यों करना चाहेंगे?
प्रश्न 11: आप अपने सिस्टम पर पायथन को नए संस्करण में कैसे अपग्रेड करते हैं?
प्रश्न 12: एनाकोंडा क्या है, और यह डेटा विज्ञान के लिए पायथन की स्थापना से कैसे संबंधित है?
प्रश्न 13: आप पाइप का उपयोग करके पायथन पैकेज कैसे स्थापित कर सकते हैं?
प्रश्न 14: पायथन इंस्टालेशन में साइट-पैकेज निर्देशिका का क्या महत्व है?
प्रश्न 15: ज्यूपिटर नोटबुक क्या है, और आप पायथन इंस्टॉल करने के बाद इसे कैसे सेट करते हैं?
प्रश्न 16: क्या पायथन एक ही कंप्यूटर पर अन्य प्रोग्रामिंग भाषाओं के साथ सह-अस्तित्व में रह सकता है?
प्रश्न 17: आप लिनक्स सिस्टम पर पायथन कैसे स्थापित करते हैं?
प्रश्न 18: पायथन इंस्टॉल करते समय लोगों को किन सामान्य समस्याओं का सामना करना पड़ता है, और उन्हें कैसे हल किया जा सकता है?
प्रश्न 19: पायथन सेटअप के संदर्भ में पर्यावरण चर क्या हैं?
प्रश्न 20: आप अपने सिस्टम से पायथन को कैसे अनइंस्टॉल करते हैं, और ऐसा करते समय किन बातों का ध्यान रखना चाहिए?

अध्याय 3: पायथन में वेरिएबल्स

प्रोग्रामिंग की दुनिया में, वेरिएबल कंटेनर की तरह होते हैं जिनमें विभिन्न प्रकार की जानकारी होती है। वे आपको अपने पायथन प्रोग्राम के भीतर डेटा संग्रहीत और प्रबंधित करने में सक्षम बनाते हैं। वेरिएबल्स को लेबल वाले बॉक्स के रूप में सोचें जिनका उपयोग आप मूल्यों का ट्रैक रखने के लिए कर सकते हैं, जिससे आपका कोड गतिशील और लचीला हो जाएगा।

वेरिएबल डेटा मान संग्रहीत करने के लिए प्लेसहोल्डर या कंटेनर के रूप में कार्य करते हैं। उन भाषाओं के विपरीत, जिन्हें परिवर्तनीय घोषणा पर डेटा प्रकारों की सख्त परिभाषा की आवश्यकता होती है, पायथन गतिशील टाइपिंग को नियोजित करता है, जिससे चर को रनटाइम के दौरान प्रकार बदलने की अनुमति मिलती है। यह पायथन को लचीलापन और उपयोगकर्ता-मित्रता दोनों प्रदान करता है, जिससे शुरुआती लोगों के लिए उन्नत प्रोग्रामिंग के लिए आवश्यक मजबूती प्रदान करते हुए भाषा सीखना आसान हो जाता है।

नामकरण परंपराएँ और नियम: परिवर्तनीय नामों को नियमों और परंपराओं के एक समूह का पालन करना चाहिए। उन्हें एक अक्षर या अंडरस्कोर से शुरू करना चाहिए और उसके बाद अक्षर, संख्या या अंडरस्कोर दिया जा सकता है। पायथन केस-सेंसिटिव है, जिसका अर्थ है कि वेरिएबल और वेरिएबल दो अलग-अलग वेरिएबल होंगे। आरक्षित कीवर्ड जैसे for, while, और if को वेरिएबल नामों के रूप में उपयोग नहीं किया जा सकता है। परिवर्तनीय नामकरण के लिए पीईपी 8 दिशानिर्देशों का पालन करना - बहु-शब्द नामों के लिए अंडरस्कोर के साथ लोअरकेस का उपयोग करना - आमतौर पर सर्वोत्तम अभ्यास माना जाता है।

डायनामिक टाइपिंग: पायथन वेरिएबल्स की सबसे विशिष्ट विशेषताओं में से एक डायनामिक टाइपिंग है। दुभाषिया किसी चर के डेटा प्रकार को उसके मूल्य के आधार पर स्वचालित रूप से पहचानता है। इसका मतलब यह है कि प्रोग्राम के निष्पादन के दौरान एक वेरिएबल अपना प्रकार बदल सकता है।

अपरिवर्तनीय बनाम परिवर्तनशील डेटा प्रकार: पायथन में वेरिएबल या तो परिवर्तनशील या अपरिवर्तनीय डेटा प्रकार रख सकते हैं। अपरिवर्तनीय प्रकारों में पूर्णांक, फ़्लोट्स, स्ट्रिंग्स और टुपल्स शामिल हैं। एक बार एक अपरिवर्तनीय चर सेट हो जाने के बाद, इसकी सामग्री को बदला नहीं जा सकता है, हालांकि चर को पुन: असाइन किया जा सकता है। परिवर्तनीय प्रकार, जैसे सूचियाँ और शब्दकोश, अपने तत्वों के संशोधन की अनुमति देते हैं।

वेरिएबल स्कोप: वेरिएबल का दायरा कोड के उस क्षेत्र को संदर्भित करता है जहां वेरिएबल को एक्सेस या संशोधित किया जा सकता है। पायथन वैश्विक, स्थानीय और गैर-स्थानीय (नेस्टेड फ़ंक्शंस के मामले में) वेरिएबल स्कोप का समर्थन करता है। स्थानीय चर उस फ़ंक्शन तक ही सीमित हैं जिसमें उन्हें परिभाषित किया गया है, जबकि वैश्विक चर पूरे मॉड्यूल में पहुंच योग्य हैं। वेरिएबल के दायरे को बदलने के लिए वैश्विक और गैर-स्थानीय कीवर्ड का उपयोग किया जा सकता है।

प्रकार अनुमान: पायथन एक चर के डेटा प्रकार को निर्धारित करने के लिए प्रकार अनुमान का उपयोग करता है। जब किसी वेरिएबल को एक विशेष मान निर्दिष्ट किया जाता है, तो पायथन स्वचालित रूप से उसका प्रकार निर्धारित करता है। यह स्पष्ट प्रकार की घोषणा की आवश्यकता को कम करता है, हालांकि प्रकार को प्रकार() फ़ंक्शन का उपयोग करके स्पष्ट रूप से जांचा जा सकता है।

मेमोरी प्रबंधन: वेरिएबल्स के लिए पायथन का मेमोरी प्रबंधन अमूर्त है, जिसका अर्थ है कि प्रोग्रामर को वेरिएबल्स के लिए मेमोरी को स्पष्ट रूप से आवंटित या हटाने की आवश्यकता नहीं है। पायथन मेमोरी मैनेजर आंतरिक रूप से इसका ख्याल रखता है। जब कोई वेरिएबल उपयोग में नहीं रहता है, तो पायथन का कचरा संग्रहकर्ता स्वचालित रूप से मेमोरी को मुक्त कर देता है।

पायथन में वेरिएबल एक आवश्यक बिल्डिंग ब्लॉक के रूप में काम करते हैं, जो पूरे प्रोग्राम में डेटा को स्टोर करने, हेरफेर करने और पास करने का एक लचीला और गतिशील तरीका प्रदान करते हैं। उनकी विशेषताएं और क्षमताएं उन्हें पायथन की सरलता और शक्ति में योगदान देने वाले प्रमुख तत्वों में से एक बनाती हैं।

3.1. चर

1. मान निर्दिष्ट करना:एक वेरिएबल बनाने के लिए, आप बराबर चिह्न (=) का उपयोग करके इसे एक मान निर्दिष्ट करते हैं। उदाहरण के लिए:

नाम = "ऐलिस"

उम्र = 30

2. परिवर्तनीय नाम:परिवर्तनीय नामों का उपयोग उनके भीतर संग्रहीत डेटा को पहचानने और उस तक पहुंचने के लिए किया जाता है। नामों को विशिष्ट नियमों का पालन करना चाहिए:

- एक अक्षर या अंडरस्कोर (_) से शुरू करें, उसके बाद अक्षर, अंक या अंडरस्कोर डालें।
- आरक्षित शब्दों (जैसे यदि, के लिए, जबकि, आदि) के प्रयोग से बचें।

वेरिएबल नाम केस-संवेदी होते हैं, इसलिए नाम और नाम अलग-अलग वेरिएबल हैं।

3. डेटा प्रकार:पायथन गतिशील रूप से टाइप किया गया है, जिसका अर्थ है कि चर डेटा प्रकार बदल सकते हैं। उदाहरण के लिए, आप एक पूर्णांक को एक ही चर में एक स्ट्रिंग में संग्रहीत करने से स्विच कर सकते हैं:

उम्र = 30

उम्र = "तीस"

4. डेटा के प्रकार:वेरिएबल विभिन्न प्रकार के डेटा रख सकते हैं, जिनमें शामिल हैं:

संख्याएँ:पूर्णांक (int) और फ़्लोटिंग-पॉइंट संख्याएँ (फ़्लोट)।

मूलपाठ:वर्णों के अनुक्रम के लिए स्ट्रिंग्स (str)।

बूलियन:सही या गलत मान (बूल)।

संग्रह:एकाधिक मान संग्रहीत करने के लिए सूचियाँ, टुपल्स और शब्दकोश।

5. वेरिएबल का उपयोग करना:आप वैरिएबल का उपयोग करके वैसे ही संचालन कर सकते हैं जैसे आप वास्तविक मानों के साथ करते हैं:

एक्स = 10

y = 5

योग = x + y

6. पुनर्नियुक्ति:वेरिएबल्स को नए मानों के साथ पुन: असाइन किया जा सकता है:

नाम = "बॉब"

नाम = "चार्ली"

7. पठनीयता और स्पष्टता:सार्थक वैरिएबल नाम चुनें जो उनके पास मौजूद डेटा के उद्देश्य को दर्शाते हों। यह आपके और अन्य लोगों के लिए आपके कोड की पठनीयता को बढ़ाता है।

8. परिवर्तनीय दायरा:वेरिएबल्स का एक दायरा होता है, जो परिभाषित करता है कि उन्हें कहाँ तक पहुँचा जा सकता है। किसी फ़ंक्शन के अंदर बनाए गए वेरिएबल उस फ़ंक्शन के लिए स्थानीय होते हैं, जबकि बाहर परिभाषित वेरिएबल आमतौर पर वैश्विक माने जाते हैं।

3.1.1. पायथन में वेरिएबल बनाना:

Python में वेरिएबल बनाना सरल है। आप समान चिह्न (=) ऑपरेटर का उपयोग करके एक नाम देकर और एक मान निर्दिष्ट करके एक वेरिएबल बना सकते हैं। यहां बताया गया है कि आप यह कैसे कर सकते हैं:

```
# 'नाम' नामक वेरिएबल के लिए एक स्ट्रिंग मान निर्दिष्ट करना
नाम = "ऐलिस"
# 'आयु' नामक एक चर के लिए एक पूर्णांक मान निर्दिष्ट करना
उम्र = 30
# 'वेतन' नामक एक चर के लिए एक फ़्लोटिंग-पॉइंट मान निर्दिष्ट करना
वेतन = 50000.0
# 'is_student' नागक वेरिएबल के लिए एक बूलियन गान निर्दिष्ट करना
is_student = सत्य
```

उपरोक्त कोड में:

नामएक वेरिएबल है जिसमें एक स्ट्रिंग मान ("ऐलिस") होता है।

आयुएक वेरिएबल है जो पूर्णांक मान (30) रखता है।

वेतनएक वेरिएबल है जो फ़्लोटिंग-पॉइंट मान (50000.0) रखता है।

is_studentएक वेरिएबल है जो बूलियन मान रखता है (सत्य)।

आप किसी वेरिएबल को पुन: असाइन करके उसका मान भी बदल सकते हैं:

नाम = "जॉय" # 'नाम' वेरिएबल का मान बदलना

आयु = 46 # 'आयु' चर का मान बदलना

याद रखें, परिवर्तनीय नामों को कुछ नियमों का पालन करना चाहिए:

एक अक्षर (az या AZ) या एक अंडरस्कोर (_) से शुरू करें।

बाद के वर्ण अक्षर, अंक (0-9), या अंडरस्कोर हो सकते हैं।

वेरिएबल नाम केस-संवेदी होते हैं, इसलिए नाम और नाम को अलग-अलग वेरिएबल माना जाएगा।

सार्थक और वर्णनात्मक चर नाम चुनने से आपके कोड की पठनीयता और रखरखाव में सुधार करने में मदद मिलती है।

3.1.2. पायथन में कास्टिंग वेरिएबल:

पायथन में एक वेरिएबल को कास्ट करना एक वेरिएबल के डेटा प्रकार को एक प्रकार से दूसरे प्रकार में बदलने की प्रक्रिया को संदर्भित करता है। कभी-कभी, आपको कुछ संचालन करने या विशिष्ट कार्यक्षमता प्राप्त करने के लिए एक चर को एक डेटा प्रकार से दूसरे में परिवर्तित करने की आवश्यकता हो सकती है। पायथन विभिन्न अंतर्निहित फ़ंक्शन प्रदान करता है जो आपको इस प्रकार के रूपांतरण करने की अनुमति देता है।

यहां पायथन में कुछ सामान्य प्रकार के कास्टिंग फ़ंक्शन दिए गए हैं:

पूर्णांक():इस फ़ंक्शन का उपयोग किसी मान को पूर्णांक डेटा प्रकार में बदलने के लिए किया जाता है।

फ्लोट_नंबर = 3.14

int_number = int(float_number) # फ़्लोट को पूर्णांक में परिवर्तित करता है

तैरना():इस फ़ंक्शन का उपयोग किसी मान को फ़्लोटिंग-पॉइंट डेटा प्रकार में परिवर्तित करने के लिए किया जाता है।

int_नंबर = 42

फ्लोट_नंबर = फ्लोट(int_number) # पूर्णांक को फ्लोट में परिवर्तित करता है

str(): इस फ़ंक्शन का उपयोग किसी मान को स्ट्रिंग डेटा प्रकार में बदलने के लिए किया जाता है।

संख्या = 123

text = str(संख्या) # संख्या को एक स्ट्रिंग में परिवर्तित करता है

बूल(): इस फ़ंक्शन का उपयोग किसी मान को बूलियन डेटा प्रकार में परिवर्तित करने के लिए किया जाता है।

संख्या = 0

बूलियन_वैल्यू = बूल(संख्या) # संख्या को बूलियन में परिवर्तित करता है (गलत)

सूची(), टुपल(), तानाशाही(): इन फ़ंक्शंस का उपयोग मानों को क्रमशः सूची, टुपल और शब्दकोश डेटा प्रकारों में परिवर्तित करने के लिए किया जाता है।

पाठ = "हैलो"

सूची_संस्करण = सूची(पाठ) # स्ट्रिंग को वर्णों की सूची में परिवर्तित करता है ['एच', 'ई', 'एल', 'एल', 'ओ']

जब आप ऐसे ऑपरेशन करना चाहते हैं जो केवल विशिष्ट डेटा प्रकारों के लिए मान्य हों तो वेरिएबल कास्टिंग करना महत्वपूर्ण है। ध्यान रखें कि सभी प्रकार के रूपांतरण संभव नहीं हैं या अर्थपूर्ण नहीं हैं। उदाहरण के लिए, यदि स्ट्रिंग एक वैध संख्या नहीं है तो आप हमेशा अक्षरों वाली स्ट्रिंग को पूर्णांक में नहीं बदल सकते।

टाइप कास्टिंग का सावधानी से उपयोग करना और यह सुनिश्चित करना एक अच्छा अभ्यास है कि रूपांतरण आपके विशिष्ट उपयोग के मामले के लिए सार्थक और सटीक है।

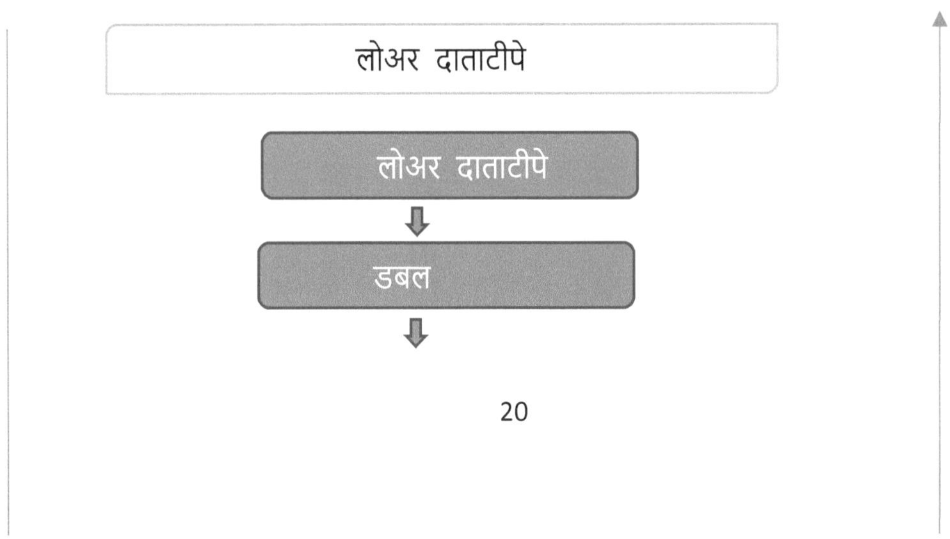

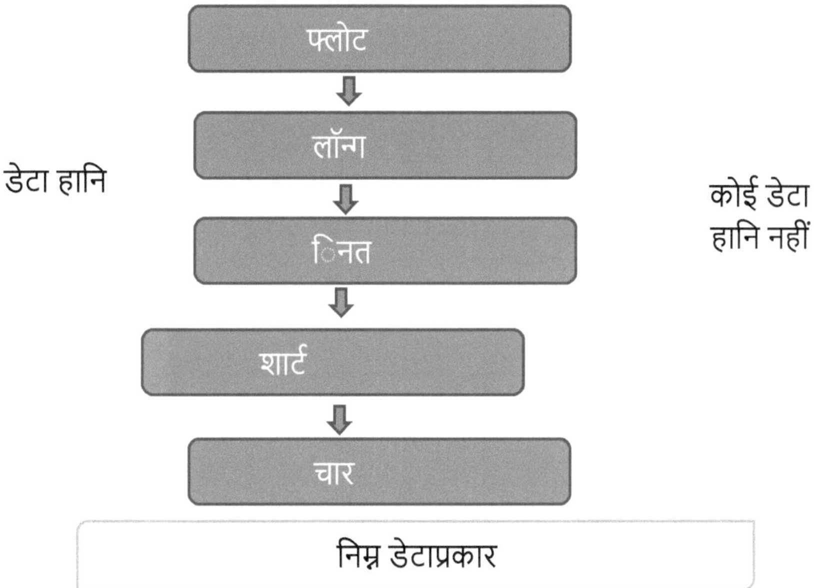

3.1.3. पायथन में प्रकार प्राप्त करें?

पायथन में, प्रत्येक मान और वेरिएबल के साथ एक विशिष्ट डेटा प्रकार जुड़ा होता है। डेटा प्रकार परिभाषित करता है कि यह किस प्रकार के मान का प्रतिनिधित्व करता है, जैसे कोई संख्या, पाठ का एक टुकड़ा, या मानों का संग्रह। कभी-कभी, आपको यह सुनिश्चित करने के लिए किसी वेरिएबल के डेटा प्रकार को जानने की आवश्यकता हो सकती है कि आप इसके साथ सही ढंग से काम कर रहे हैं, खासकर जब जटिल कोड से निपट रहे हों या कुछ ऑपरेशन कर रहे हों।

टाइप() फ़ंक्शन पायथन में एक अंतर्निहित फ़ंक्शन है जो आपको एक चर या मान के डेटा प्रकार का पता लगाने की अनुमति देता है। यह ऐसे काम करता है:

```
एक्स = 5
प्रिंट(प्रकार(x)) # आउटपुट: <वर्ग 'int'>

y = "हैलो"
प्रिंट(प्रकार(y)) # आउटपुट: <वर्ग 'str'>

जेड = [1, 2, 3]
प्रिंट(प्रकार(z)) # आउटपुट: <वर्ग 'सूची'>
```

उपरोक्त उदाहरणों में, टाइप() फ़ंक्शन का उपयोग वेरिएबल x, y और z के डेटा प्रकारों को निर्धारित करने के लिए किया जाता है। जब आप कोड चलाते हैं, तो यह प्रत्येक वेरिएबल से जुड़े क्लास प्रकार को प्रिंट करता है।

प्रकार(x) <वर्ग 'int'> लौटाता है, जो दर्शाता है कि x पूर्णांक डेटा प्रकार का है।

प्रकार(y) <वर्ग 'str'> लौटाता है, यह दर्शाता है कि y स्ट्रिंग डेटा प्रकार का है।

प्रकार(z) <वर्ग 'सूची'> लौटाता है, यह दर्शाता है कि z सूची डेटा प्रकार का है।

आप देख सकते हैं कि टाइप() फ़ंक्शन सिंगल कोट्स ('') में संलग्न क्लास प्रकार लौटाता है, जो आपको डेटा प्रकार के बारे में जानकारी देता है।

टाइप() फ़ंक्शन का उपयोग करना विशेष रूप से उपयोगी होता है जब आप जटिल कोड के साथ काम कर रहे होते हैं जिसमें एकाधिक डेटा प्रकार शामिल होते हैं, या जब आपको यह सुनिश्चित करने की आवश्यकता होती है कि कुछ ऑपरेशन करने से पहले एक चर में अपेक्षित डेटा प्रकार होता है। जब आप विभिन्न प्रकार के डेटा के साथ काम करते हैं तो नियंत्रण बनाए रखने और आपके कोड के व्यवहार को रामझने के लिए यह एक उपयोगी उपकरण है।

पायथन में डायनामिक टाइपिंग:

पायथन एक गतिशील रूप से टाइप की गई भाषा है, जिसका अर्थ है कि इसे बनाते समय आपको किसी वेरिएबल के डेटा प्रकार को स्पष्ट रूप से घोषित करने की आवश्यकता नहीं है। दुभाषिया स्वचालित रूप से चर को निर्दिष्ट मान के आधार पर डेटा प्रकार

निर्धारित करता है। यह लचीलापन आपको प्रोग्राम निष्पादन के दौरान किसी चर के मान और प्रकार को आसानी से बदलने की अनुमति देता है।

निर्णय लेने के लिए प्रकार() का उपयोग करना:

आपके कोड में निर्णय लेते समय किसी चर के डेटा प्रकार को निर्धारित करने की क्षमता महत्वपूर्ण है। उदाहरण के लिए, आप डेटा प्रकार के आधार पर अलग-अलग क्रियाएं करना चाह सकते हैं:

```
मान = इनपुट ("कुछ दर्ज करें:")

यदि प्रकार (मान) == int:
प्रिंट करें ("आपने एक पूर्णांक दर्ज किया है।")
एलिफ़ प्रकार (मान) == str:
प्रिंट करें ("आपने एक स्ट्रिंग दर्ज की है।")
अन्य:
प्रिंट करें ("आपने कुछ और दर्ज किया है।")
```

प्रकार की जाँच और सत्यापन:

उपयोगकर्ता इनपुट या बाहरी डेटा स्रोतों से निपटने के दौरान प्रकार की जाँच महत्वपूर्ण हो जाती है। आप इसे संसाधित करने से पहले यह सत्यापित करने के लिए टाइप() फ़ंक्शन का उपयोग कर सकते हैं कि इनपुट अपेक्षित डेटा प्रकार से मेल खाता है या नहीं:

```
user_input = इनपुट ("एक पूर्णांक दर्ज करें:")

यदि user_input.isdigit():
पूर्णांक_मूल्य = int(user_input)
प्रिंट करें ("आपने प्रवेश किया:", पूर्णांक_मान)
अन्य:
प्रिंट करें ("अमान्य इनपुट। कृपया एक पूर्णांक दर्ज करें।")
```

अप्रत्याशित व्यवहार से बचना:

डेटा प्रकार के चर को समझने से आपको अप्रत्याशित व्यवहार से बचने में मदद मिलती है जो असंगत प्रकारों के संयोजन से उत्पन्न हो सकता है। उदाहरण के लिए, यदि आप शामिल प्रकारों से अवगत नहीं हैं तो एक संख्या और एक स्ट्रिंग जोड़ने से त्रुटियाँ हो सकती हैं।

```
संख्या = 5
पाठ = "10"
परिणाम = संख्या + पाठ # इससे मिश्रण प्रकारों के कारण त्रुटि उत्पन्न होगी
```

टाइप() फ़ंक्शन का उपयोग करके, आप ऐसे परिदृश्यों का बेहतर अनुमान लगा सकते हैं और उन्हें अपने कोड में उचित रूप से संभाल सकते हैं।

3.2 पायथन - परिवर्तनीय नाम

प्रोग्रामिंग में, वेरिएबल्स के लिए नामकरण परंपराएं कोड की पठनीयता और रखरखाव में सुधार करने में मदद करती हैं। परिवर्तनीय नाम केवल मानों के लिए प्लेसहोल्डर नहीं हैं; वे यह समझने के लिए सुराग के रूप में काम करते हैं कि कोड क्या करता है। नीचे आपके द्वारा उल्लिखित नामकरण परंपराओं के बारे में विस्तार से बताया गया है।

परिवर्तनशील नाम

एक वेरिएबल का संक्षिप्त नाम (जैसे x और y) या अधिक वर्णनात्मक नाम (आयु, कारनाम, total_volume) हो सकता है। पायथन वेरिएबल्स के लिए नियम:

- एक वेरिएबल नाम एक अक्षर या अंडरस्कोर वर्ण से शुरू होना चाहिए
- एक वेरिएबल नाम किसी संख्या से शुरू नहीं हो सकता
- एक वेरिएबल नाम में केवल अल्फ़ा-न्यूमेरिक वर्ण और अंडरस्कोर (Az, 0-9, और _) हो सकते हैं
- परिवर्तनीय नाम केस-संवेदी होते हैं (उम्र, आयु और आयु तीन अलग-अलग चर हैं)
- एक वेरिएबल नाम पायथन कीवर्ड में से कोई भी नहीं हो सकता।

उदाहरण:

कानूनी चर नाम:

मायवर = "जॉन"
my_var = "जॉन"
_my_var = "जॉन"
myVar = "जॉन"
MYVAR = "जॉन"
myvar2 = "जॉन"

1. ऊँट का मामला

कैमल मामले में, चर नाम का पहला अक्षर लोअरकेस अक्षर से शुरू होता है, और प्रत्येक बाद के संयोजित शब्द का पहला अक्षर बड़े अक्षर से शुरू होता है। शब्दों के बीच कोई रिक्त स्थान या अंडरस्कोर नहीं है।

उदाहरण:

myVariableName = "जॉन"
पहला शब्द "मेरा" पूरा अक्षर छोटे अक्षरों में है।
बाद के प्रत्येक शब्द ("चर", "नाम") का पहला अक्षर बड़े अक्षरों में लिखा गया है।
उपयोग का मामला: कैमल केस का व्यापक रूप से जावा और जावास्क्रिप्ट जैसी भाषाओं में उपयोग किया जाता है। यह पायथन में भी काफी सामान्य है, विशेष रूप से फ़ंक्शंस और वेरिएबल्स के नामकरण के लिए।

2. पास्कल केस

पास्कल केस कैमल केस के समान है, लेकिन पहले शब्द का पहला अक्षर भी बड़े अक्षरों में है। यही कारण है कि इसे कभी-कभी "अपर कैमल केस" भी कहा जाता है।

उदाहरण:

MyVariableName = "जॉन"
प्रत्येक शब्द का पहला अक्षर ("मेरा", "चर", "नाम") बड़े अक्षरों में है।
केस का उपयोग करें: पास्कल केस का उपयोग अक्सर C# जैसी भाषाओं में कक्षाओं के नाम के लिए किया जाता है। पायथन में, पास्कल केस का उपयोग करके कक्षाओं को नाम देना पारंपरिक है।

3. साँप का मामला

साँप के मामले में, शब्दों को अंडरस्कोर द्वारा अलग किया जाता है और सभी अक्षर लोअरकेस होते हैं। जब चर नामों में एकाधिक शब्द होते हैं तो स्नेक केस अधिक पठनीय होता है।

उदाहरण:

my_variable_name = "जॉन"
 सभी शब्द ("मेरा", "वेरिएबल", "नाम") छोटे अक्षरों में हैं।
 शब्दों को अंडरस्कोर द्वारा अलग किया जाता है।

उदाहरण:पायथन में वेरिएबल्स और फ़ंक्शंस के लिए स्नेक केस सबसे आम नामकरण परंपरा है, खासकर जब नाम में कई शब्द होते हैं जो एक वर्णनात्मक पहचानकर्ता बनाते हैं।

3.3 पायथन वेरिएबल्स - एकाधिक मान निर्दिष्ट करें

पायथन में, आप एक ही लाइन में कई वेरिएबल्स के लिए कई मान निर्दिष्ट कर सकते हैं। यह आपके कोड को अधिक संक्षिप्त और संभावित रूप से अधिक पठनीय बना सकता है। इसे करने के कुछ तरीके यहां दिए गए हैं:

1.बेसिक मल्टीपल असाइनमेंट

आप एक पंक्ति में एकाधिक चरों के लिए मान निर्दिष्ट कर सकते हैं, चरों और मानों को अल्पविराम द्वारा अलग कर सकते हैं।
ए, बी, सी = 1, 2, 3
इस उदाहरण में, a 1 होगा, b 2 होगा, और c 3 होगा।

2. एकाधिक वेरिएबल्स को समान मान निर्दिष्ट करें

आप एक साथ कई वेरिएबल्स के लिए एक ही मान भी निर्दिष्ट कर सकते हैं।
ए = बी = सी = 1
यहां, a, b, और c सभी का मान 1 होगा।

3. अनपैकिंग सूचियाँ या टुपल्स

आप किसी सूची या टुपल को अनपैक कर सकते हैं, उसके तत्वों को अलग-अलग वेरिएबल्स में निर्दिष्ट कर सकते हैं।
मेरी_सूची = [1, 2, 3]
ए, बी, सी = my_list

इस ऑपरेशन के बाद, a 1 होगा, b 2 होगा, और c 3 होगा।

4. विस्तारित अनपैकिंग के लिए तारांकन चिह्न (*) का उपयोग करना

यदि चरों की संख्या सूची या टुपल में तत्वों की संख्या से कम है, तो आप शेष तत्वों को सूची में एकत्रित करने के लिए * प्रतीक का उपयोग कर सकते हैं।

ए, *बी = [1, 2, 3, 4]

यहां, a 1 होगा, और b [2, 3, 4] होगा।

5. नेस्टेड सूचियों या टुपल्स को अनपैक करना

आप नेस्टेड सूचियों या टुपल्स को अनपैक भी कर सकते हैं।

ए, (बी, सी), डी = [1, (2, 3), 4]

इसके बाद, a 1 होगा, b 2 होगा, c 3 होगा, और d 4 होगा।

6. चरों की अदला-बदली

एक अस्थायी चर की आवश्यकता के बिना दो चर की अदला-बदली के लिए एकाधिक असाइनमेंट का उपयोग किया जा सकता है।

यदि a 1 था और b 2 था, तो इस ऑपरेशन के बाद a 2 होगा और b 1 होगा।

7. डिक्शनरी अनपैकिंग

आप शब्दकोशों के साथ एकाधिक असाइनमेंट का भी उपयोग कर सकते हैं, हालांकि यह कम आम है और कोड को कम पठनीय बना सकता है।

यहां, a, b, और c को क्रमशः 1, 2 और 3 मान मिलेंगे। ध्यान दें कि यह सम्मिलन क्रम को बनाए रखने वाले शब्दकोश पर निर्भर करता है, एक सुविधा जिसकी गारंटी पायथन 3.7 में दी गई है।

महत्वपूर्ण बिंदु

- सुनिश्चित करें कि चरों की संख्या मानों की संख्या से मेल खाती है, अन्यथा पायथन एक त्रुटि देगा। इस नियम का अपवाद तब है जब आप तारांकन * के साथ विस्तारित अनपैकिंग का उपयोग कर रहे हैं।
- अनपॅकिंग अनुक्रम त्रुटिहीन होना चाहिए; अन्यथा, पायथन एक त्रुटि देगा।
- हालाँकि ये सुविधाएँ आपके कोड को अधिक संक्षिप्त बना सकती हैं, लेकिन यदि इनका अत्यधिक उपयोग किया जाए या जटिल तरीकों से उपयोग किया जाए तो ये इसे कम पठनीय भी बना सकती हैं। हमेशा संक्षिप्तता के स्थान पर पठनीयता को प्राथमिकता दें।

3.4 पायथन में वेरिएबल का प्रकार

पायथन में, वेरिएबल्स को उनके दायरे के आधार पर वैश्विक या स्थानीय के रूप में वर्गीकृत किया जा सकता है, जो अनिवार्य रूप से कोड का वह हिस्सा है जहां वेरिएबल को एक्सेस या संशोधित किया जा सकता है। प्रभावी प्रोग्रामिंग और बग से बचने के लिए इन क्षेत्रों को समझना महत्वपूर्ण है।

सार्वत्रिक चर

ग्लोबल वैरिएबल एक वैरिएबल है जिसे किसी फ़ंक्शन के बाहर घोषित किया जाता है या किसी फ़ंक्शन के भीतर स्पष्ट रूप से ग्लोबल के रूप में चिह्नित किया जाता है। इसकी घोषणा के बाद कोड में कहीं से भी इसे एक्सेस और संशोधित किया जा सकता है, फ़ंक्शंस के अंदर और बाहर दोनों, बशर्ते कि वेरिएबल दायरे में हो।

वैश्विक चर का उदाहरण:

```
x = 10 # यह एक वैश्विक चर है

def my_function():
प्रिंट करें ("फ़ंक्शन के अंदर x का मान:", x)

मेरा_फ़ंक्शन()
प्रिंट करें ("फ़ंक्शन के बाहर x का मान:", x)
```

आउटपुट:

फ़ंक्शन के अंदर x का मान: 10

x बाहरी फ़ंक्शन का मान: 10

किसी फ़ंक्शन के भीतर से वैश्विक वैरिएबल को संशोधित करने के लिए, आपको स्पष्ट रूप से बताना होगा कि आप ग्लोबल कीवर्ड का उपयोग करके वैरिएबल के वैश्विक संस्करण का उपयोग करना चाहते हैं:

x = 10 # यह एक वैश्विक चर है

def संशोधित_ग्लोबल():
वैश्विक एक्स
x = 20 # वैश्विक चर को संशोधित करना

संशोधित_वैश्विक()
प्रिंट करें ("संशोधित वैश्विक x:", x) # आउटपुट: संशोधित वैश्विक x: 20

स्थानीय चर

स्थानीय वैरिएबल एक फ़ंक्शन के अंदर घोषित किया गया वैरिएबल है। इसे केवल उस फ़ंक्शन के भीतर ही एक्सेस और संशोधित किया जा सकता है, जिससे यह बाकी कोड से अलग हो जाता है।

स्थानीय चर का उदाहरण:

def my_function():
y = 20 # यह एक स्थानीय चर है
प्रिंट करें ("फ़ंक्शन के अंदर y का मान:", y)

मेरा_फ़ंक्शन()
नीचे दी गई पंक्ति पर टिप्पणी रद्द करने से एक त्रुटि उत्पन्न होगी
प्रिंट("फ़ंक्शन के बाहर y का मान:", y) # त्रुटि, y परिभाषित नहीं है

वैश्विक और स्थानीय चर के बीच सहभागिता

आपके पास एक ही नाम के स्थानीय और वैश्विक चर हो सकते हैं। ऐसे मामलों में, फ़ंक्शन के अंदर स्थानीय चर को वैश्विक चर पर प्राथमिकता दी जाएगी।

उदाहरण:

x = 10 # वैश्विक चर

def my_function():
x = 5 # स्थानीय चर
प्रिंट करें ("स्थानीय x:", x)

मेरा_फ़ंक्शन()
प्रिंट करें ("ग्लोबल x:", x)

आउटपुट:
स्थानीय एक्स: 5
ग्लोबल एक्स: 10

उपरोक्त उदाहरण में, my_function के अंदर x = 5 वैश्विक x को प्रभावित नहीं करता है।

याद रखने योग्य मुख्य बिंदु:

छायाकरण: जब एक स्थानीय चर का नाम वैश्विक चर के समान होता है, तो यह उस फ़ंक्शन के भीतर वैश्विक चर को छाया देता है। इससे कभी-कभी बग उत्पन्न हो सकते हैं.

सर्वोत्तम प्रथाएं:जब संभव हो तो वैश्विक चर का उपयोग करने से बचना आम तौर पर बेहतर अभ्यास माना जाता है, क्योंकि वे प्रोग्राम को समझने और डीबग करने को कठिन बना सकते हैं।

वैश्विक कीवर्ड:वैश्विक कीवर्ड आपको यह निर्दिष्ट करने की अनुमति देता है कि किसी फ़ंक्शन के अंदर एक चर एक वैश्विक चर को संदर्भित करता है।

नॉनलोकल कीवर्ड: नेस्टेड फ़ंक्शंस के लिए, पायथन निकटतम संलग्न दायरे में वेरिएबल्स के साथ काम करने के लिए नॉनलोकल कीवर्ड भी प्रदान करता है जो वैश्विक नहीं है।

अपरिवर्तनीयता:यदि कोई वैश्विक चर एक अपरिवर्तनीय प्रकार (जैसे स्ट्रिंग या टुपल) को संदर्भित करता है, तो आपको इसे संशोधित करने के लिए वैश्विक कीवर्ड का उपयोग करना होगा। हालाँकि, यदि यह एक परिवर्तनशील प्रकार (जैसे सूची या शब्दकोश) को संदर्भित करता है, तो आप वैश्विक कीवर्ड के बिना इसकी सामग्री को संशोधित कर सकते हैं।

प्रभावी पायथन प्रोग्रामिंग के लिए चर के दायरे को समझना महत्वपूर्ण है। स्थानीय चर उन चरों को इनकैप्सुलेट और स्थानीयकृत करने में मदद करते हैं जहां उनका उपयोग किया जाता है, जिससे प्रोग्राम को प्रबंधित करना आसान हो जाता है, जबकि वैश्विक चर प्रोग्राम के विभिन्न हिस्सों के बीच डेटा साझा करने के लिए उपयोगी होते हैं।

3.5. पायथन में वेरिएबल हटाएं

पायथन में, आप डेल कीवर्ड का उपयोग करके एक वेरिएबल को हटा सकते हैं। डेल कीवर्ड वेरिएबल के उस मान के संदर्भ को हटा देता है जो वह धारण कर रहा था, वेरिएबल को प्रभावी ढंग से हटा देता है। एक वेरिएबल हटा दिए जाने के बाद, इसे संदर्भित करने का प्रयास करने पर NameError हो जाएगा क्योंकि वेरिएबल अब दायरे में मौजूद नहीं है।

यहां कुछ उदाहरण दिए गए हैं:

एक साधारण वेरिएबल को हटाना

```
एक्स = 10
print(x) # आउटपुट 10 होगा

डेल x # वेरिएबल x हटाएं

# अभी x प्रिंट करने का प्रयास करने पर NameError उत्पन्न हो जाएगी
# print(x) # इस पंक्ति पर टिप्पणी न करने पर यह उठेगा: NameError: नाम 'x' परिभाषित नहीं है
```

किसी सूची या शब्दकोश से किसी तत्व को हटाना

आप किसी सूची से आइटम या शब्दकोश से कुंजियाँ हटाने के लिए भी del का उपयोग कर सकते हैं।

एक सूची के लिए:

```
my_dict = {'ए': 1, 'बी': 2, 'सी': 3}
del my_dict['b'] # कुंजी 'बी' के साथ कुंजी-मूल्य जोड़ी को हटा दें
print(my_dict) # आउटपुट होगा {'a': 1, 'c': 3}
```

एकाधिक वेरिएबल हटाना

आप एक साथ कई वेरिएबल को अल्पविराम से अलग करके हटा सकते हैं।

```
एक्स = 10
y = 20
जेड = 30

डेल एक्स, वाई, जेड
# सभी तीन वेरिएबल (x, y, z) अब हटा दिए गए हैं
```

टिप्पणी:

किसी वेरिएबल पर डेल का उपयोग करने से संदर्भ हट जाता है, लेकिन यह जरूरी नहीं कि मेमोरी को तुरंत "मुक्त" कर दे। पायथन का कचरा संग्रहकर्ता अप्रयुक्त मेमोरी को पुनः प्राप्त करने का ध्यान रखेगा।

जो वेरिएबल मौजूद नहीं है उसे हटाने से NameError बढ़ जाएगी।

यदि ऑब्जेक्ट के अन्य संदर्भ हैं तो ऑब्जेक्ट वेरिएबल को हटाने से ऑब्जेक्ट स्वयं नहीं हटता है। यह केवल उस एक संदर्भ को हटा देता है।

डेल का उपयोग कैसे और कब करना है, यह समझकर आप अपने वेरिएबल्स को अधिक प्रभावी ढंग से प्रबंधित कर सकते हैं।

सारांश

पायथन में, किसी प्रोग्राम में डेटा को स्टोर और प्रबंधित करने के लिए वेरिएबल का उपयोग किया जाता है। वे गतिशील रूप से टाइप किए गए हैं, जिसका अर्थ है कि उनका प्रकार रनटाइम पर उनके द्वारा रखे गए मान के आधार पर निर्धारित किया जाता है। सामान्य डेटा प्रकारों में पूर्णांक, फ़्लोट्स, स्ट्रिंग्स, सूचियाँ, शब्दकोश और बहुत कुछ शामिल हैं। वेरिएबल्स को कुछ नामकरण परंपराओं का पालन करना चाहिए, जैसे किसी अक्षर या अंडरस्कोर से शुरू करना, लेकिन किसी संख्या से नहीं। उनमें केवल अल्फ़ा-न्यूमेरिक वर्ण हो सकते हैं और वे केस-संवेदी होते हैं।

पायथन में वेरिएबल्स के अलग-अलग दायरे होते हैं; वे वैश्विक, स्थानीय या कक्षाओं और फ़ंक्शंस जैसे विशिष्ट नामस्थानों के भीतर हो सकते हैं। वैश्विक चर पूरे कोड में पहुंच योग्य हैं, जबकि स्थानीय चर उस फ़ंक्शन या ब्लॉक तक ही सीमित हैं जिसमें

वे घोषित किए गए हैं। वैश्विक और गैर-स्थानीय कीवर्ड आपको किसी फ़ंक्शन के भीतर एक चर के दायरे में हेरफेर करने की अनुमति देते हैं।

नामकरण परंपराओं के संदर्भ में, पायथन कैमल केस (myVariable), पास्कल केस (MyVariable), और स्नेक केस (my_variable) सहित विभिन्न शैलियों की अनुमति देता है। शैली का चुनाव अक्सर पालन किए जा रहे कोडिंग दिशानिर्देशों पर निर्भर करता है।

पायथन उन्नत चर संचालन के लिए तंत्र भी प्रदान करता है। उदाहरण के लिए, एक ही पंक्ति में एकाधिक चर निर्दिष्ट किए जा सकते हैं (ए, बी = 1, 2), और चर को जटिल डेटा संरचनाओं से भी अनपैक किया जा सकता है। डेल कीवर्ड का उपयोग करके प्रोग्राम से वेरिएबल्स को हटाया जा सकता है, जो उनके संदर्भ को हटा देता है, अप्रयुक्त मेमोरी को पुनः प्राप्त करने का कार्य पायथन के कचरा संग्रहकर्ता पर छोड़ देता है।

कुल मिलाकर, पायथन में वेरिएबल्स को समझना प्रभावी प्रोग्रामिंग के लिए मौलिक है, क्योंकि वे डेटा को संग्रहीत करने और हेरफेर करने के लिए बिल्डिंग ब्लॉक हैं।

अभ्यास 1:

बहुविकल्पीय प्रश्न (एमसीक्यू):

प्रश्न 1:निम्नलिखित में से कौन सा पायथन में एक वैध वैरिएबल नाम है?

a) 1चर b)चर का नाम

c) चर-नाम d) परिवर्तनीय नाम

प्रश्न 2:निम्नलिखित में से कौन सा डेटा प्रकार पायथन में मौजूद नहीं है?

a) स्ट्र b) तैरना

c) चार d) बूल

प्रश्न 3:निम्नलिखित में से किसका उपयोग एकाधिक मानों को वेरिएबल्स में अनपैक करने के लिए किया जाता है?

a) () b) []

c) {} d) ,

प्रश्न 4:किसी फ़ंक्शन के अंदर वैश्विक वैरिएबल को संदर्भित करने के लिए किस कीवर्ड का उपयोग किया जाता है?

a) स्थानीय b) वैश्विक

c) बाहरी d) सार्वजनिक

प्रश्न 5:निम्नलिखित में से किस शैली को "ऊँट केस" के नाम से जाना जाता है?

a) myVariableName b)मेरा_परिवर्तनीय_नाम

c) MyVariableName d) मेरा परिवर्तनीय नाम

प्रश्न 6:कौन सा कीवर्ड आपको बाहरी (लेकिन गैर-वैश्विक) दायरे से एक चर में हेरफेर करने की अनुमति देता है?

a) वैश्विक b) गैर-स्थानीय

c) बाहरी d) बाहरी

प्रश्न 7:निम्नलिखित में से कौन पाइथॉन में त्रुटि उत्पन्न करेगा?

a) एक्स, वाई = 1, 2 b) xy = 3 4

c) एक्स = वाई = 5 d) एक्स, = [1]

प्रश्न 8:किस कमांड के बाद वेरिएबल x पूरी तरह से डिलीट हो जाएगा?

a) हटाएं(एक्स) b) पॉप(x)

c) मिटाएँ(x) d) डेल एक्स

जवाब

1. बी 2. सी 3. डी 4. बी 5.ए 6. 7.बी 8.बी 9.डी

व्यायाम 2:

सही/गलत प्रश्न:

प्रश्न 1:पायथन में, वेरिएबल नाम एक संख्या से शुरू हो सकते हैं।

प्रश्न 2:पायथन एक स्थिर रूप से टाइप की जाने वाली भाषा है।

प्रश्न 3:पायथन में वेरिएबल नाम myVariable, myvariable और MYVARIABLE सभी समान हैं।

प्रश्न 4:हम डेल कीवर्ड का उपयोग करके किसी सूची या शब्दकोश से आइटम हटा सकते हैं।

प्रश्न 5:पायथन में किसी फ़ंक्शन के अंदर घोषित वेरिएबल को हमेशा वैश्विक माना जाता है।

उत्तर

1. गलत 2. गलत 3. गलत 4. सही 5. गलत

व्यायाम 3:

समीक्षा प्रश्न:

प्रश्न 1:पायथन में वेरिएबल क्या है और प्रोग्रामिंग में इसकी क्या भूमिका है?

प्रश्न 2:आप पायथन में एक वेरिएबल कैसे घोषित करते हैं?

प्रश्न 3:पायथन में वेरिएबल्स के लिए नामकरण परंपराएँ क्या हैं?

प्रश्न 4:क्या एक वेरिएबल नाम किसी संख्या से शुरू हो सकता है? क्यों या क्यों नहीं?

प्रश्न 5:आप एक पंक्ति में एकाधिक वेरिएबल कैसे निर्दिष्ट करते हैं?

प्रश्न 6:आप एक साथ कई वेरिएबल्स को समान मान कैसे निर्दिष्ट करते हैं?

प्रश्न 7:स्थानीय और वैश्विक चर के बीच क्या अंतर है?

प्रश्न 8:आप एक स्ट्रिंग वेरिएबल को पूर्णांक में कैसे परिवर्तित करते हैं?

प्रश्न 9:क्या होता है जब आप किसी वेरिएबल को मान निर्दिष्ट करने से पहले उसका उपयोग करने का प्रयास करते हैं?
प्रश्न 10:वेरिएबल अनपैकिंग क्या है, और यह सूचियों या टुपल्स के साथ कैसे किया जाता है?
प्रश्न 11:आईडी() फ़ंक्शन किसी वेरिएबल के बारे में क्या बताता है?
प्रश्न 12:आप किसी वेरिएबल के डेटा प्रकार की जांच कैसे करते हैं?
प्रश्न 13:टाइप कास्टिंग क्या है और इसे वेरिएबल्स पर कैसे लागू किया जा सकता है?
प्रश्न 14:क्या पायथन में वेरिएबल एक से अधिक प्रकार का डेटा रख सकते हैं? व्याख्या करना।
प्रश्न 15:पायथन में वेरिएबल्स को "दृढ़ता से टाइप किए जाने" का क्या मतलब है?
प्रश्न 16:फ़ंक्शंस में वेरिएबल कैसे पारित किए जाते हैं: संदर्भ द्वारा या मान द्वारा?
प्रश्न 17:वेरिएबल असाइनमेंट के संदर्भ में परिवर्तनशील और अपरिवर्तनीय प्रकार क्या हैं?
प्रश्न 18:आप तीसरे वेरिएबल का उपयोग किए बिना दो वेरिएबल्स के मानों की अदला-बदली कैसे करते हैं?
प्रश्न 19:एक वेरिएबल का दायरा क्या है, और यह प्रोग्राम के विभिन्न हिस्सों में वेरिएबल की पहुंच को कैसे प्रभावित करता है?
प्रश्न 20:चर के संबंध में = और == ऑपरेटरों के बीच क्या अंतर है?

अध्याय 4
पायथन में स्ट्रिंग

पायथन में स्ट्रिंग्स वर्णों के अनुक्रम हैं, जिनमें अक्षर, संख्याएं, प्रतीक और रिक्त स्थान शामिल हो सकते हैं। इनका उपयोग टेक्स्ट-आधारित डेटा का प्रतिनिधित्व और हेरफेर करने के लिए किया जाता है। पायथन में, स्ट्रिंग्स एकल ('') या डबल ("") उद्धरण चिह्नों के भीतर संलग्न होती हैं। यहां स्ट्रिंग्स के कुछ उदाहरण दिए गए हैं:

"हैलो वर्ल्ड!"
'पायथन मज़ेदार है!'
"12345"
"विशेष वर्ण: !@#$%^&*"

स्ट्रिंग्स को अपरिवर्तनीय माना जाता है, जिसका अर्थ है कि एक बार बनने के बाद, उनकी सामग्री को बदला नहीं जा सकता है। हालाँकि, आप मौजूदा स्ट्रिंग्स में हेरफेर करके नई स्ट्रिंग्स बना सकते हैं। पायथन द्वारा प्रदान की गई विभिन्न स्ट्रिंग विधियों और संचालन का उपयोग करके स्ट्रिंग्स को जोड़ा (संक्षिप्त), विभाजित, काटा और संशोधित किया जा सकता है। वे पाठ्य सूचना के साथ काम करने के लिए मौलिक हैं और इनपुट/आउटपुट, फ़ॉर्मेटिंग और टेक्स्ट प्रोसेसिंग जैसे कार्यों के लिए प्रोग्रामिंग में बड़े पैमाने पर उपयोग किए जाते हैं। पायथन में, स्ट्रिंग्स केवल वर्णों के अनुक्रम से कहीं अधिक हैं। वे विभिन्न प्रकार की सुविधाओं और कार्यों से भरे हुए हैं जो टेक्स्ट हेरफेर को आसान बनाते हैं। हालाँकि आप किसी स्ट्रिंग को उसकी अपरिवर्तनीयता के कारण बनने के बाद बदल नहीं सकते हैं, आप हमेशा मौजूदा स्ट्रिंग्स को बदलकर नई स्ट्रिंग्स बना सकते हैं। यह पायथन द्वारा प्रदान की जाने वाली विभिन्न स्ट्रिंग विधियों के माध्यम से संभव है, जैसे टेक्स्ट के केस को परिवर्तित करना, सबस्ट्रिंग को बदलना, या सफेद रिक्त स्थान को ट्रिम करना।

पायथन में स्ट्रिंग्स ऑब्जेक्ट हैं, जो खोज, विभाजन और फ़ॉर्मेटिंग जैसे संचालन के लिए अंतर्निहित तरीकों की एक विस्तृत श्रृंखला की पेशकश करते हैं। इससे अतिरिक्त लाइब्रेरीज़ की आवश्यकता के बिना जटिल स्ट्रिंग जोड़तोड़ करना सुविधाजनक हो जाता है। एक अन्य शक्तिशाली विशेषता स्ट्रिंग इंटरपोलेशन है, जो एक स्ट्रिंग के भीतर वेरिएबल्स को एम्बेड करने की अनुमति देती है। यह गतिशील संदेश या आउटपुट उत्पन्न करने के लिए विशेष रूप से उपयोगी हो सकता है।

बुनियादी बातों से परे, पायथन की स्ट्रिंग हैंडलिंग क्षमताएं यूनिकोड समर्थन जैसी अधिक उन्नत सुविधाओं तक विस्तारित हैं। यह उन अनुप्रयोगों के लिए महत्वपूर्ण है जिनके लिए बहु-भाषा पाठ प्रसंस्करण की आवश्यकता होती है। इसके अतिरिक्त, पायथन आपके स्ट्रिंग्स, जैसे न्यूलाइन या टैब में गैर-मुद्रण योग्य वर्णों को शामिल करने के लिए विशेष एस्केप वर्ण प्रदान करता है। यदि आपको अपनी स्ट्रिंग के हिस्से के रूप में ऐसे विशेष वर्णों को शामिल करने की आवश्यकता है, तो आप पायथन की कच्ची स्ट्रिंग्स का उपयोग कर सकते हैं, जो बैकस्लैश को शाब्दिक वर्णों के रूप में मानते हैं।

उन स्थितियों के लिए जहां एक स्ट्रिंग कई पंक्तियों तक फैली हुई है, पायथन ट्रिपल कोट्स प्रदान करता है, जिनका उपयोग आमतौर पर डॉकस्ट्रिंग लिखने के लिए भी किया जाता है। यह सुविधा आपको लाइन ब्रेक के लिए एस्केप वर्णों की चिंता किए बिना अधिक पठनीय कोड और दस्तावेज़ लिखने में मदद करती है।

पायथन की स्ट्रिंग हैंडलिंग क्षमताएं केवल पात्रों के अनुक्रमों को संग्रहीत करने से कहीं आगे तक जाती हैं। वे कई शक्तिशाली सुविधाएँ प्रदान करते हैं जो पाठ हेरफेर कार्यों के लिए व्यापक लचीलापन और कार्यक्षमता प्रदान करते हैं।

4.1. पायथन में स्ट्रिंग्स क्या हैं?

पायथन में स्ट्रिंग्स का निर्माण अक्षरों को सिंगल या डबल कोट्स के भीतर संलग्न करके किया जा सकता है। पायथन ट्रिपल कोट्स भी प्रदान करता है, जो मुख्य रूप से मल्टीलाइन स्ट्रिंग्स या डॉकस्ट्रिंग्स के लिए उपयोग किया जाता है।

एकल उद्धरण का उपयोग करना:

स्ट्रिंग1 = 'हैलो पायथन'
प्रिंट(स्ट्रिंग1)

दोहरे उद्धरण चिह्नों का उपयोग करना:

स्ट्रिंग2 = "हैलो पायथन"
प्रिंट(स्ट्रिंग2)

त्रिगुण उद्धरण का उपयोग करना:

string3 = """ट्रिपल कोट्स का प्रयोग अक्सर किया जाता है
मल्टीलाइन सामग्री का प्रतिनिधित्व करें या
दस्तावेज़"""
प्रिंट(स्ट्रिंग3)

रीफ़्रेज़्ड: आप सिंगल या डबल कोट्स के अंदर अक्षर डालकर पायथन में स्ट्रिंग बना सकते हैं। इसमें ट्रिपल कोट्स का उपयोग करने का विकल्प भी है, मुख्य रूप से कई पंक्तियों में फैले टेक्स्ट को बनाने के लिए या डॉकस्ट्रिंग्स के लिए।
उदाहरण के लिए:
एकल उद्धरण चिह्नों का उपयोग करना:
text1 = 'हैलो पायथन'
प्रिंट(पाठ1)
दोहरे उद्धरण चिह्नों का उपयोग करना:
text2 = "हैलो पायथन"
प्रिंट(पाठ2)
त्रिगुण उद्धरण का उपयोग करना:
text3 = """ट्रिपल कोट्स का आमतौर पर उपयोग किया जाता है
ऐसी सामग्री दिखाएं जो कई पंक्तियों में जाती हो या
डॉकस्ट्रिंग्स के लिए'''
प्रिंट(टेक्स्ट3) फॉर्म के शीर्ष पर

4.2. डोरी काटना

पायथन में स्ट्रिंग्स वर्णों के अनुक्रम हैं, जिनमें अक्षर, संख्याएं, प्रतीक और रिक्त स्थान शामिल हो सकते हैं। इनका उपयोग टेक्स्ट-आधारित डेटा का प्रतिनिधित्व और हेरफेर करने के लिए किया जाता है। पायथन में, स्ट्रिंग्स एकल ('') या डबल ("") उद्धरण चिह्नों के भीतर संलग्न होती हैं। यहां स्ट्रिंग्स के कुछ उदाहरण दिए गए हैं:

"हैलो वर्ल्ड!"
'पायथन मज़ेदार है!'
"12345"
"विशेष वर्ण: !@#$%^&*"

स्ट्रिंग्स को अपरिवर्तनीय माना जाता है, जिसका अर्थ है कि एक बार बनने के बाद, उनकी सामग्री को बदला नहीं जा सकता है। हालाँकि, आप मौजूदा स्ट्रिंग्स में हेरफेर करके नई स्ट्रिंग्स बना सकते हैं। पायथन द्वारा प्रदान की गई विभिन्न स्ट्रिंग विधियों और संचालन का उपयोग करके स्ट्रिंग्स को जोड़ा (संक्षिप्त), विभाजित, काटा और संशोधित किया जा सकता है। वे पाठ्य सूचना के साथ काम करने के लिए मौलिक हैं और इनपुट/आउटपुट, फ़ॉर्मेटिंग और टेक्स्ट प्रोसेसिंग जैसे कार्यों के लिए प्रोग्रामिंग में बड़े पैमाने पर उपयोग किए जाते हैं।
वाक्य - विन्यास:
स्ट्रिंग [प्रारंभ: अंत: चरण]

शुरू: पहले अक्षर का सूचकांक जिसे आप स्लाइस में शामिल करना चाहते हैं। यह कैरेक्टर आउटपुट में शामिल किया जाएगा.
अंत: पहले अक्षर का सूचकांक जिसे आप स्लाइस से बाहर करना चाहते हैं। यह वर्ण आउटपुट में शामिल नहीं किया जाएगा.
कदम: एक वैकल्पिक पैरामीटर जो चरण आकार या स्लाइस में प्रत्येक वर्ण के बीच कितने वर्ण छोड़ना है यह निर्धारित करता है।

यह ध्यान रखना महत्वपूर्ण है कि:

प्रारंभ सूचकांक का वर्ण स्लाइस में शामिल है।
अंतिम सूचकांक का वर्ण स्लाइस में शामिल नहीं है।
यदि प्रारंभ को छोड़ दिया जाता है, तो यह 0 (स्ट्रिंग की शुरुआत) पर डिफ़ॉल्ट होता है।
यदि अंत छोड़ दिया गया है, तो यह स्ट्रिंग के अंत में डिफ़ॉल्ट है।
यदि चरण छोड़ दिया जाता है, तो यह डिफ़ॉल्ट रूप से 1 (सीमा में प्रत्येक वर्ण) पर आ जाता है।

स्ट्रिंग स्लाइसिंग को दर्शाने के लिए यहां कुछ उदाहरण दिए गए हैं:
पाठ = "पायथन अद्भुत है"
सूचकांक 7 से 9 तक वर्ण निकालें (समावेशी प्रारंभ, विशिष्ट अंत)
प्रिंट(टेक्स्ट[7:10]) # आउटपुट: "है"

इंडेक्स 0 से 5 तक अक्षर निकालें
प्रिंट(पाठ[:6]) # आउटपुट: "पायथन"

इंडेक्स 10 से अंत तक अक्षर निकालें
प्रिंट(टेक्स्ट[10:]) # आउटपुट: "अद्भुत"

पूरी स्ट्रिंग से हर दूसरा अक्षर निकालें
प्रिंट(टेक्स्ट[::2]) # आउटपुट: "पीटू सैग"

एक नकारात्मक चरण का उपयोग करके स्ट्रिंग को उल्टा करें
प्रिंट(टेक्स्ट[::-1]) # आउटपुट: "gnizama si nohtyP"

मूल स्ट्रिंग को संशोधित किए बिना स्ट्रिंग के विशिष्ट भागों को निकालने के लिए स्ट्रिंग स्लाइसिंग एक शक्तिशाली उपकरण है। इसका उपयोग आमतौर पर डेटा निष्कर्षण, टेक्स्ट हेरफेर और फ़ॉर्मेटिंग जैसे कार्यों के लिए किया जाता है। बस याद रखें कि स्लाइसिंग के लिए उपयोग किए जाने वाले सूचकांक शून्य-आधारित हैं, जिसका अर्थ है कि पहला वर्ण सूचकांक 0 पर है, दूसरा वर्ण सूचकांक 1 पर है, और इसी तरह फॉर्म के शीर्ष पर है

4.3.स्ट्रिंग संशोधन

1. बदलता मामला:पायथन स्ट्रिंग्स के मामले को बदलने के लिए तरीके प्रदान करता है:

- **ऊपरी()**: संपूर्ण स्ट्रिंग को अपरकेस में परिवर्तित करता है।
- **निचला()**: संपूर्ण स्ट्रिंग को लोअरकेस में परिवर्तित करता है।
- **पूंजीकरण()**: पहले अक्षर को बड़ा करें और बाकी को छोटा करें।
- **शीर्षक()**: स्ट्रिंग में प्रत्येक शब्द के पहले अक्षर को बड़ा करता है।

उदाहरण:

टेक्स्ट = "हैलो वर्ल्ड"
अपर_टेक्स्ट = टेक्स्ट.अपर() # "हैलो वर्ल्ड"
निचला_पाठ = text.lower() # "हैलो वर्ल्ड"
Capital_text = text.capitalize() # "हैलो वर्ल्ड"
शीर्षक_पाठ = text.title() # "हैलो वर्ल्ड"

2. रिक्त स्थान हटाना:पायथन स्ट्रिंग्स से व्हाइटस्पेस वर्णों को हटाने के तरीके प्रदान करता है:

- **पट्टी()**: अग्रणी और अनुगामी रिक्त स्थान हटा देता है।
- **लस्ट्रिप()**: अग्रणी रिक्त स्थान हटा देता है.
- **आरस्ट्रिप()**: पिछली जगहों को हटाता है।

उदाहरण:

टेक्स्ट = "रिक्त स्थान के साथ कुछ टेक्स्ट"
स्ट्रिप्ड_टेक्स्ट = टेक्स्ट.स्ट्रिप() # "रिक्त स्थान के साथ कुछ टेक्स्ट"
बाएँ_स्ट्रिप्ड = text.lstrip() # "रिक्त स्थान के साथ कुछ पाठ"
Right_stripped = text.rstrip() # "रिक्त स्थान के साथ कुछ पाठ"

3. सबस्ट्रिंग्स को बदलना:आप रिप्लेस() विधि का उपयोग करके एक स्ट्रिंग के भीतर विशिष्ट सबस्ट्रिंग को बदल सकते हैं:

उदाहरण:

टेक्स्ट = "मुझे सेब और संतरे पसंद हैं"
new_text = text.replace("सेब", "केले") # "मुझे केले और संतरे पसंद हैं"

4. बंटवारे के तार:स्प्लिट() विधि एक निर्दिष्ट सीमांकक (डिफ़ॉल्ट स्थान है) के आधार पर एक स्ट्रिंग को सबस्ट्रिंग में विभाजित करती है। यह सबस्ट्रिंग की एक सूची लौटाता है।

उदाहरण:

टेक्स्ट = "सेब, केला, संतरा"
फल = text.split(",") # ['सेब', 'केला', 'संतरा']

5. जुड़ने वाली तारें:आप ज्वाइन() विधि का उपयोग करके स्ट्रिंग्स की सूची को एक स्ट्रिंग में जोड़ सकते हैं:

उदाहरण:

फल = ['सेब', 'केला', 'संतरा']
संयुक्त = ", ".जुड़ें(फल) # "सेब, केला, संतरा"

4.4. स्ट्रिंग विधि

लेन():स्ट्रिंग की लंबाई (वर्णों की संख्या) लौटाता है।

उदाहरण:

टेक्स्ट = "हैलो"
लंबाई = लेन(पाठ) #5

str.upper() और str.lower(): स्ट्रिंग को अपरकेस या लोअरकेस में परिवर्तित करता है।

उदाहरण:

टेक्स्ट = "हैलो वर्ल्ड"
अपर_टेक्स्ट = टेक्स्ट.अपर() # "हैलो वर्ल्ड"
निचला_पाठ = text.lower() # "हैलो वर्ल्ड"

str.capitalize() और str.title(): स्ट्रिंग में पहले अक्षर या प्रत्येक शब्द को बड़े अक्षरों में लिखता है।

उदाहरण:

टेक्स्ट = "हैलो वर्ल्ड"
Capital_text = text.capitalize() # "हैलो वर्ल्ड"
शीर्षक_पाठ = text.title() # "हैलो वर्ल्ड"

str.strip(), str.lstrip(), और str.rstrip(): अग्रणी/पिछली जगहों या विशिष्ट वर्णों को हटा देता है।

उदाहरण:

ext = "रिक्त स्थान"
स्ट्रिप्ड_टेक्स्ट = टेक्स्ट.स्ट्रिप() # "स्पेस"
बाएँ_स्ट्रिप्ड = text.lstrip() # "रिक्त स्थान"
दाएँ_स्ट्रिप्ड = text.rstrip() # "रिक्त स्थान"

str.replace(पुराना, नया): एक सबस्ट्रिंग की घटनाओं को दूसरे सबस्ट्रिंग से बदल देता है।

उदाहरण:

टेक्स्ट = "मुझे सेब पसंद हैं"
new_text = text.replace("सेब", "केले") # "मुझे केले पसंद हैं"

str.स्प्लिट(सीमांकक): स्ट्रिंग को सीमांकक के आधार पर सबस्ट्रिंग की सूची में विभाजित करता है।

उदाहरण:

टेक्स्ट = "सेब, केला, संतरा"
फल = text.split(",") # ['सेब', 'केला', 'संतरा']

str.join(पुनरावर्तनीय): विभाजक के रूप में निर्दिष्ट स्ट्रिंग का उपयोग करके पुनरावर्तनीय के तत्वों को एक स्ट्रिंग में जोड़ता है।

उदाहरण:

फल = ['सेब', 'केला', 'संतरा']
संयुक्त = ", ".जुड़ें(फल) # "सेब, केला, संतरा"

str.find(substring) और str.rfind(substring): किसी सबस्ट्रिंग की पहली/अंतिम घटना की खोज करता है और उसका सूचकांक लौटाता है। यदि नहीं मिला, तो -1 लौटाता है।

उदाहरण:

पाठ = "हैलो, विश्व!"
अनुक्रमणिका = text.find("विश्व") #7
r_index = text.rfind("l") # 10 (अंतिम 'l')

str.startswith(उपसर्ग) और str.endswith(प्रत्यय): जाँचता है कि क्या स्ट्रिंग किसी विशिष्ट उपसर्ग या प्रत्यय के साथ शुरू होती है या समाप्त होती है।

उदाहरण:

पाठ = "हैलो, विश्व!"
स्टार्ट्स_विथ = टेक्स्ट.स्टार्ट्सविथ("हैलो") # सच
Ends_with = text.endswith("!") # सत्य

स्ट्र.काउंट(सबस्ट्रिंग): स्ट्रिंग में एक सबस्ट्रिंग की घटनाओं की संख्या की गणना करता है।

उदाहरण:
टेक्स्ट = "हैलो, हैलो वर्ल्ड"
गिनती = text.count("हैलो") # 2
str.isalpha(), str.isdigit(), str.isalnum(), str.isspace(): जांचें कि क्या स्ट्रिंग में क्रमशः वर्णमाला वर्ण, अंक, अल्फ़ान्यूमेरिक वर्ण या रिक्त स्थान वर्ण हैं।
उदाहरण:
alpha_check = "Hello".isalpha() # सत्य
अंक_चेक = "12345" lisdigit() # सत्य
alnum_check = "Hello123" lisalnum() # सत्य
space_check = " ".isspace() # सत्य
ये पायथन में उपलब्ध कई स्ट्रिंग विधियों में से कुछ हैं। इन विधियों के संयोजन से, आप अपनी प्रोग्रामिंग आवश्यकताओं को पूरा करने के लिए स्ट्रिंग डेटा में प्रभावी ढंग से हेरफेर, परिवर्तन और विश्लेषण कर सकते हैं।

4.5संयोजित स्ट्रिंग

पायथन में स्ट्रिंग कॉन्सटेनेशन एक स्ट्रिंग बनाने के लिए कई स्ट्रिंग्स को एक साथ संयोजित करने की प्रक्रिया को संदर्भित करता है। यह + ऑपरेटर या अन्य स्ट्रिंग हेरफेर तकनीकों का उपयोग करके प्राप्त किया जाता है। कॉन्सटेनेशन आपको विभिन्न स्ट्रिंग्स की सामग्री को एक सतत स्ट्रिंग में मर्ज करने की अनुमति देता है।
उदाहरण के लिए:
प्रथम_नाम = "जॉन"
अंतिम_नाम = "डो"
पूरा_नाम = प्रथम_नाम + " " + अंतिम_नाम
प्रिंट (पूरा नाम) # आउटपुट: "जॉन डो"
इस उदाहरण में, + ऑपरेटर का उपयोग पूर्ण_नाम स्ट्रिंग बनाने के लिए पहले_नाम, एक स्थान और अंतिम_नाम को जोड़ने के लिए किया जाता है।
उदाहरण के लिए, यदि आपके पास दो तार हैं, ए और बी, तो आप उन्हें एक साथ जोड़कर मर्ज कर सकते हैं:
ए = "हैलो"
बी = "विश्व"
सी = ए + बी
प्रिंट(सी)
इसके परिणामस्वरूप c में संयोजित स्ट्रिंग "HelloWorld" होगी।
यदि आप संयोजित स्ट्रिंग्स के बीच एक स्थान शामिल करना चाहते हैं, तो आप उद्धरण चिह्नों के भीतर एक स्थान जोड़ सकते हैं:
ए = "हैलो"
बी = "विश्व"
सी = ए + " " + बी
प्रिंट(सी)
यहां, c "हैलो वर्ल्ड" स्ट्रिंग को होल्ड करेगा।
स्ट्रिंग संयोजन का उपयोग आमतौर पर तब किया जाता है जब आपको पाठ के विभिन्न टुकड़ों को गतिशील रूप से संयोजित करके सार्थक वाक्य, संदेश या लेबल बनाने की आवश्यकता होती है। टेक्स्ट डेटा के साथ काम करते समय यह एक मौलिक ऑपरेशन है और आपको सरल स्ट्रिंग से अधिक जटिल स्ट्रिंग बनाने की अनुमति देता है।
पायथन में स्ट्रिंग संयोजन में स्ट्रिंग्स को संयोजित करने के लिए + ऑपरेटर का उपयोग करना शामिल है। आप आवश्यकतानुसार स्ट्रिंग्स के बीच रिक्त स्थान या प्रतीक जैसे अतिरिक्त अक्षर जोड़ सकते हैं।

4.6. स्ट्रिंग फ़ॉर्मेटिंग:

पायथन में स्ट्रिंग फ़ॉर्मेटिंग स्ट्रिंग बनाने की प्रक्रिया को संदर्भित करती है जिसमें वेरिएबल्स या मानों का प्रतिनिधित्व करने के लिए प्लेसहोल्डर शामिल होते हैं, और फिर उन प्लेसहोल्डर्स को वास्तविक मानों से भरना होता है। इससे गतिशील डेटा के साथ निश्चित पाठ को संयोजित करके गतिशील रूप से स्ट्रिंग्स का निर्माण करना आसान हो जाता है।
पायथन स्ट्रिंग फ़ॉर्मेटिंग करने के कई तरीके प्रदान करता है:

% ऑपरेटर (पुरानी शैली फ़ॉर्मेटिंग) का उपयोग करना: इस पद्धति में % के साथ प्लेसहोल्डर्स का उपयोग करना और उसके बाद प्लेसहोल्डर्स में डाले जाने वाले मानों का एक टपल शामिल करना शामिल है।

उदाहरण:

नाम = "ऐलिस"
उम्र = 30
संदेश = "हैलो, मेरा नाम %s है और मेरी उम्र %d वर्ष है।" % (नाम उम्र)
प्रिंट (संदेश) # आउटपुट: "हैलो, मेरा नाम ऐलिस है और मेरी उम्र 30 साल है।"

str.format() का उपयोग करना: प्रारूप() विधि आपको घुंघराले ब्रेसिज़ {} में संलग्न प्लेसहोल्डर्स के साथ एक स्ट्रिंग बनाने की अनुमति देती है। फिर आप प्रारूप() विधि को कॉल कर सकते हैं और प्लेसहोल्डर्स को बदलने के लिए मान प्रदान कर सकते हैं।

उदाहरण:

नाम = "ऐलिस"
उम्र = 30
संदेश = "हैलो, मेरा नाम {} है और मैं {} वर्ष का हूं।" प्रारूप (नाम, आयु)
प्रिंट (संदेश) # आउटपुट: "हैलो, मेरा नाम ऐलिस है और मेरी उम्र 30 साल है।"

एफ-स्ट्रिंग्स (स्वरूपित स्ट्रिंग अक्षर) का उपयोग करना: पायथन 3.6 में प्रस्तुत, एफ-स्ट्रिंग्स स्ट्रिंग फ़ॉर्मेटिंग करने का एक संक्षिप्त और पठनीय तरीका प्रदान करता है। आप सीधे स्ट्रिंग के भीतर घुंघराले ब्रेसिज़ {} के अंदर अभिव्यक्ति शामिल कर सकते हैं, और उनका मूल्यांकन किया जाएगा और उनके मूल्यों के साथ प्रतिस्थापित किया जाएगा।

उदाहरण:

नाम = "ऐलिस"
उम्र = 30
संदेश = f"हैलो, मेरा नाम {name} है और मेरी उम्र {उम्र} वर्ष है।"
प्रिंट (संदेश) # आउटपुट: "हैलो, मेरा नाम ऐलिस है और मेरी उम्र 30 साल है।"

स्ट्रिंग फ़ॉर्मेटिंग विशेष रूप से तब उपयोगी होती है जब आप किसी स्ट्रिंग के भीतर गतिशील मान शामिल करना चाहते हैं, जैसे परिवर्तनीय मान, गणना के परिणाम, या उपयोगकर्ता इनपुट। यह आपको अत्यधिक संयोजन के बिना जटिल स्ट्रिंग बनाने की अनुमति देकर कोड पठनीयता और रखरखाव में सुधार करता है।

4.7. पलायनवादी चरित्र

पायथन में एस्केप कैरेक्टर एक विशेष कैरेक्टर है जिसका उपयोग दुभाषिया को यह संकेत देने के लिए किया जाता है कि निम्नलिखित कैरेक्टर के साथ एक विशेष तरीके से व्यवहार किया जाना चाहिए। एस्केप वर्णों के पहले बैकस्लैश \ होता है। उनका उपयोग उन वर्णों का प्रतिनिधित्व करने के लिए किया जाता है जिन्हें अन्यथा एक स्ट्रिंग में शामिल करना मुश्किल होगा या स्ट्रिंग के भीतर एक अलग व्याख्या हो सकती है।

यहां पायथन में कुछ सामान्य एस्केप कैरेक्टर दिए गए हैं:

बचने का क्रम	**विवरण**
\\	बैकस्लैश (\)
\'	एकल बोली (')
\"	दोहरे उद्धरण (")
\एन	नई पंक्ति
\टी	टैब
\आर	कैरिज रिटर्न

बचने का क्रम	विवरण
\बी	बैकस्पेस
\एफ	फ़ीड बनाएं
\ऊऊ	अष्टाधारी मान वाला वर्ण ooo
\xhh	हेक्स मान वाला कैरेक्टर hh

\एन: न्यूलाइन - एक नई लाइन सम्मिलित करता है।

उदाहरण:
टेक्स्ट = "हैलो\nवर्ल्ड"
प्रिंट(पाठ)
आउटपुट:
नमस्ते
दुनिया

\टी: टैब - एक क्षैतिज टैब सम्मिलित करता है।

पाठ = "हैलो\tविश्व"
प्रिंट(पाठ)
आउटपुट: हेलो वर्ल्ड

\' और \": सिंगल और डबल कोट्स - आपको एक स्ट्रिंग के भीतर सिंगल या डबल कोट्स शामिल करने की अनुमति देता है।

उदाहरण:
सिंगल_कोटेड = 'उसने कहा, "हैलो!"
Double_quoted = "उसने कहा, 'हाय!'"

****: बैकस्लैश - एक शाब्दिक बैकस्लैश सम्मिलित करता है।

टेक्स्ट = "यह एक बैकस्लैश है: \\"
प्रिंट(पाठ)
आउटपुट: यह एक बैकस्लैश है: \

\बी: बैकस्पेस - पिछले अक्षर को हटाते हुए, कर्सर को एक अक्षर पीछे ले जाता है।

उदाहरण:
पाठ = "हैलो\bविश्व"
प्रिंट(पाठ)
आउटपुट: हेलवर्ल्ड

\आर: कैरिज रिटर्न - कर्सर को लाइन की शुरुआत में ले जाता है।

उदाहरण:
टेक्स्ट = "हैलो\rवर्ल्ड"
प्रिंट(पाठ)
आउटपुट: विश्व

\एन: यूनिकोड एस्केप - आपको उनके हेक्साडेसिमल मान का उपयोग करके यूनिकोड वर्ण सम्मिलित करने की अनुमति देता है।

उदाहरण:
यूनिकोड_चार = "\u03B1" # ग्रीक अक्षर अल्फा (α)

एस्केप वर्ण विशेष रूप से तब उपयोगी होते हैं जब आप विशेष वर्ण शामिल करना चाहते हैं, फ़ॉर्मेटिंग को नियंत्रित करना चाहते हैं, या विशिष्ट गुणों के साथ स्ट्रिंग बनाना चाहते हैं। वे सुनिश्चित करते हैं कि वर्णों की व्याख्या स्ट्रिंग के भीतर इच्छित तरीके से की गई है।

फ़ॉर्म का शीर्ष

4.8. एक वेरिएबल को एक स्ट्रिंग असाइन करना

पायथन में एक वेरिएबल को एक स्ट्रिंग असाइन करना एक सीधी प्रक्रिया है। स्ट्रिंग मान को वेरिएबल नाम के साथ जोड़ने के लिए आप बस असाइनमेंट ऑपरेटर = का उपयोग करते हैं। यहां बताया गया है कि आप यह कैसे कर सकते हैं:

```
# एक वेरिएबल को एक स्ट्रिंग असाइन करना
my_string = "हैलो, विश्व!"
# असाइनमेंट को सत्यापित करने के लिए वेरिएबल को प्रिंट करना
प्रिंट(my_string)
```

इस उदाहरण में, वेरिएबल my_string को "हैलो, वर्ल्ड!" मान दिया गया है। फिर आप स्ट्रिंग को संदर्भित करने और उसमें हेरफेर करने के लिए अपने पूरे कोड में इस वेरिएबल का उपयोग कर सकते हैं।

ध्यान रखें कि पायथन में वेरिएबल नाम केस-संवेदी होते हैं, जिसका अर्थ है कि my_string, My_String, और MY_STRING सभी को अलग-अलग वेरिएबल नाम माना जाएगा। अपने कोड को अधिक समझने योग्य बनाने के लिए अपने वेरिएबल्स के लिए वर्णनात्मक और सार्थक नामों का उपयोग करना अच्छा अभ्यास है।

उदाहरण 1

```
str = "हैलो"
str[0] = "एच"
छपाई(str)
```

आउटपुट:

```
ट्रेसबैक (सबसे हालिया कॉल आखिरी):
फ़ाइल "12.py", पंक्ति 2, <मॉड्यूल> में
str[0] = "एच";
लेखन त्रुटि: 'str' ऑब्जेक्ट आइटम असाइनमेंट का समर्थन नहीं करता है
```

हालाँकि, उदाहरण 1 में, स्ट्रिंग str को पूरी तरह से एक नई सामग्री को सौंपा जा सकता है जैसा कि निम्नलिखित उदाहरण में निर्दिष्ट है।

उदाहरण 2

```
str = "हैलो"
छपाई(str)
एसटीआर = "हैलो"
छपाई(str)
```

आउटपुट:

```
नमस्ते
नमस्ते
```

4.9. पायथन में स्ट्रिंग्स हटाना

पायथन में स्ट्रिंग्स अपरिवर्तनीय हैं, जिसका अर्थ है कि आप स्ट्रिंग से अलग-अलग वर्णों को सीधे हटा या हटा नहीं सकते हैं। हालाँकि, आप डेल कीवर्ड का उपयोग करके पूरी स्ट्रिंग को हटा सकते हैं। ऐसे:

```
# संपूर्ण स्ट्रिंग को हटाना
my_string = "हैलो, विश्व!"
डेल माय_स्ट्रिंग
```

इसके बाद, my_string को प्रिंट करने का प्रयास करने पर NameError उत्पन्न होगा। यह ध्यान रखना महत्वपूर्ण है कि एक बार जब आप del का उपयोग करके एक स्ट्रिंग को हटा देते हैं, तो आप उस वेरिएबल तक नहीं पहुंच सकते हैं, और ऐसा करने का प्रयास करने पर NameError उत्पन्न होगा। आपके उदाहरण में, आपने प्रयास किया था किसी स्ट्रिंग से किसी वर्ण को हटाने के लिए del का उपयोग करना:

```
str = "JAVATPOINT"
डेल स्ट्र[1]
# इसके परिणामस्वरूप टाइप एरर होगा क्योंकि आप एक स्ट्रिंग से अलग-अलग अक्षर नहीं हटा सकते
```

इसे संक्षेप में कहें तो, आप संपूर्ण स्ट्रिंग वेरिएबल को हटाने के लिए डेल का उपयोग कर सकते हैं, लेकिन आप इसकी अपरिवर्तनीयता के कारण स्ट्रिंग से विशिष्ट वर्णों को हटाने के लिए इसका उपयोग नहीं कर सकते हैं।

4.10. स्ट्रिंग्स को पुनः असाइन करना

पायथन में एक स्ट्रिंग के मानों को पुन: असाइन करने में मौजूदा स्ट्रिंग वेरिएबल को एक नया मान निर्दिष्ट करके संशोधित करना शामिल है। चूँकि स्ट्रिंग्स अपरिवर्तनीय हैं, आप किसी मौजूदा स्ट्रिंग के वर्णों को सीधे नहीं बदल सकते। इसके बजाय, आप वांछित संशोधनों के साथ एक नई स्ट्रिंग बनाते हैं और इसे उसी चर नाम के साथ जोड़ते हैं। यहां विस्तार से बताया गया है कि स्ट्रिंग पुनर्असाइनमेंट कैसे काम करता है:

1. मूल पुनर्नियुक्ति:आप किसी स्ट्रिंग वेरिएबल के लिए पिछले मान को अधिलेखित करके बस एक नया मान निर्दिष्ट कर सकते हैं।

टेक्स्ट = "हैलो" टेक्स्ट = "हाय" # 'टेक्स्ट' का मान पुनः निर्दिष्ट करना
प्रिंट(टेक्स्ट) # आउटपुट: "हाय"

2. पुनर्नियुक्ति के लिए सम्मिलन:आप किसी स्ट्रिंग को अन्य स्ट्रिंग्स या वेरिएबल्स के साथ जोड़कर पुन: असाइन कर सकते हैं।

नाम = "ऐलिस"
अभिवादन = "हैलो, " + नाम # पुनः असाइन करने के लिए संयोजित किया जा रहा है
प्रिंट (अभिवादन) # आउटपुट: "हैलो, ऐलिस"

3. स्ट्रिंग विधियों का उपयोग करना:आप किसी स्ट्रिंग को संशोधित करने और फिर उसे पुन: असाइन करने के लिए स्ट्रिंग विधियों का उपयोग कर सकते हैं।

संदेश = "हैलो, विश्व!"
संदेश = संदेश.स्ट्रिप() # रिक्त स्थान हटाना और पुनः असाइन करना
प्रिंट (संदेश) # आउटपुट: "हैलो, वर्ल्ड!"

4. फ़ॉर्मेटिंग के साथ पुनः असाइनमेंट:आप स्ट्रिंग फ़ॉर्मेटिंग तकनीकों का उपयोग करके भी पुन: असाइन कर सकते हैं।

नाम = "बॉब"
उम्र = 25
संदेश = "मेरा नाम {} है और मैं {} वर्ष का हूं।" प्रारूप (नाम, आयु)
प्रिंट (संदेश) # आउटपुट: "मेरा नाम बॉब है और मेरी उम्र 25 साल है।"

5. एफ-स्ट्रिंग्स के साथ पुनःअसाइनमेंट:एफ-स्ट्रिंग्स का उपयोग करके, आप गतिशील मानों को शामिल करते हुए एक स्ट्रिंग वेरिएबल को पुन: असाइन कर सकते हैं।

नाम = "चार्ली"
अभिवादन = f"हाय, मेरा नाम {name} है"
प्रिंट (अभिवादन) # आउटपुट: "हाय, मेरा नाम चार्ली है"

याद रखें कि एक स्ट्रिंग को पुन: असाइन करते समय, आप मेमोरी में एक नया स्ट्रिंग ऑब्जेक्ट बना रहे हैं और इसे वेरिएबल के साथ जोड़ रहे हैं। यदि पुरानी स्ट्रिंग का कोई अन्य संदर्भ नहीं है तो उसे हटा दिया जाता है, और पायथन का कचरा संग्रहकर्ता अंततः अप्रयुक्त मेमोरी को साफ कर देगा।

पायथन में टेक्स्ट डेटा के साथ काम करने के लिए स्ट्रिंग्स को पुन: असाइन करना एक महत्वपूर्ण पहलू है। यह आपको वांछित आउटपुट प्राप्त करने के लिए स्ट्रिंग्स को संशोधित और परिवर्तित करने की अनुमति देता है।

4.11. पायथन स्ट्रिंग फ़ंक्शन

पायथन में, एक फ़ंक्शन कोड का एक पुन: प्रयोज्य ब्लॉक होता है जो एक विशिष्ट कार्य या कार्यों का सेट करता है। यह तर्क को व्यवस्थित और संपुटित करने का एक तरीका है, जिससे कोड अधिक मॉड्यूलर, पठनीय और रखरखाव योग्य हो जाता है। फ़ंक्शंस इनपुट तर्क लेते हैं (यदि आवश्यक हो), उन पर संचालन करते हैं, और अक्सर परिणाम लौटाते हैं।

पायथन में फ़ंक्शंस की मुख्य विशेषताओं में शामिल हैं:

पुन: प्रयोज्य:एक बार परिभाषित होने के बाद, फ़ंक्शन को कोड के विभिन्न हिस्सों से कई बार कॉल किया जा सकता है, जिससे एक ही कोड को दोहराने की आवश्यकता समाप्त हो जाती है।

प्रतिरूपकता:फ़ंक्शंस आपको एक जटिल कार्य को कोड के छोटे, प्रबंधनीय टुकड़ों में तोड़ने की अनुमति देते हैं। इससे कोड संगठन में सुधार होता है और डिबग करना और रखरखाव करना आसान हो जाता है।

अमूर्तन:फ़ंक्शंस कार्यान्वयन विवरण को अलग कर देते हैं। आपको केवल यह जानना होगा कि कोई फ़ंक्शन क्या करता है और उसे किन इनपुट की आवश्यकता है, न कि यह कि वह कार्य को कैसे पूरा करता है।

तर्क:फ़ंक्शन शून्य या अधिक तर्क स्वीकार कर सकते हैं। जब फ़ंक्शन को कॉल किया जाता है तो ये तर्क उसे पास कर दिए जाते हैं और फ़ंक्शन को संचालित करने के लिए आवश्यक डेटा प्रदान करते हैं।

प्रतिलाभ की मात्रा:फ़ंक्शंस कॉल करने वाले को मान वापस लौटा सकते हैं। रिटर्न वैल्यू का उपयोग आगे की गणना या संचालन के लिए किया जा सकता है।

लेन(): स्ट्रिंग की लंबाई (वर्णों की संख्या) लौटाता है।

my_string = "हैलो, विश्व!"
लंबाई = लेन(my_string)
प्रिंट(लंबाई) # आउटपुट: 13

ऊपरी और निचला():स्ट्रिंग को क्रमशः अपरकेस या लोअरकेस में परिवर्तित करता है।

पाठ = "पायथन मजेदार है"
अपरकेस_टेक्स्ट = text.upper()
लोअरकेस_टेक्स्ट = टेक्स्ट.लोअर()

str.capitalize() और str.title(): स्ट्रिंग में पहले अक्षर या प्रत्येक शब्द को बड़े अक्षरों में लिखता है।

टेक्स्ट = "हैलो वर्ल्ड"
Capital_text = text.capitalize() # "हैलो वर्ल्ड"
शीर्षक_पाठ = text.title() # "हैलो वर्ल्ड"

str.strip(), str.lstrip(), और str.rstrip(): अग्रणी/पिछली जगहों या विशिष्ट वर्णों को हटा देता है।

टेक्स्ट = "रिक्त स्थान"
स्ट्रिप्ड_टेक्स्ट = टेक्स्ट.स्ट्रिप() # "स्पेस"
बाएँ_स्ट्रिप्ड = text.lstrip() # "रिक्त स्थान"
दाएँ_स्ट्रिप्ड = text.rstrip() # "रिक्त स्थान"

str.replace(पुराना, नया): एक सबस्ट्रिंग की घटनाओं को दूसरे सबस्ट्रिंग से बदल देता है।

टेक्स्ट = "मुझे सेब पसंद हैं"
new_text = text.replace("सेब", "केले") # "मुझे केले पसंद हैं"

str.स्प्लिट(सीमांकक): स्ट्रिंग को सीमांकक के आधार पर सबस्ट्रिंग की सूची में विभाजित करता है।

टेक्स्ट = "सेब, केला, संतरा"
फल = text.split(",") # ['सेब', 'केला', 'संतरा']

str.join(पुनरावर्तनीय): विभाजक के रूप में निर्दिष्ट स्ट्रिंग का उपयोग करके पुनरावर्तनीय के तत्वों को एक स्ट्रिंग में जोड़ता है।

फल = ['सेब', 'केला', 'संतरा']
संयुक्त = ", ".जुड़ें(फल) # "सेब, केला, संतरा"

str.find(substring) और str.rfind(substring): किसी सबस्ट्रिंग की पहली/अंतिम घटना की खोज करता है और उसका सूचकांक लौटाता है। यदि नहीं मिला, तो -1 लौटाता है।

पाठ = "हैलो, विश्व!"
अनुक्रमणिका = text.find("विश्व") #7
r_index = text.rfind("l") # 10 (अंतिम 'l')

str.startswith(उपसर्ग) और str.endswith(प्रत्यय): जाँचता है कि क्या स्ट्रिंग किसी विशिष्ट उपसर्ग या प्रत्यय के साथ शुरू होती है या समाप्त होती है।

पाठ = "हैलो, विश्व!"
स्टार्ट्स_विथ = टेक्स्ट.स्टार्ट्सविथ("हैलो") # सच
Ends_with = text.endswith("!") # सत्य

स्ट्र.काउंट(सबस्ट्रिंग): स्ट्रिंग में एक सबस्ट्रिंग की घटनाओं की संख्या की गणना करता है।

टेक्स्ट = "हैलो, हैलो वर्ल्ड"
गिनती = text.count("हैलो") # 2

ये स्ट्रिंग फ़ंक्शंस पायथन में स्ट्रिंग हेरफेर, सत्यापन और विश्लेषण से जुड़े विभिन्न कार्यों के लिए बेहद उपयोगी हैं। वे आपको टेक्स्ट डेटा के साथ कुशलतापूर्वक और प्रभावी ढंग से काम करने में मदद करते हैं।

सारांश

पायथन में स्ट्रिंग्स का उपयोग वर्णों के अनुक्रम को दर्शाने के लिए किया जाता है और इन्हें सिंगल कोट्स ('स्ट्रिंग') या डबल कोट्स ("स्ट्रिंग") का उपयोग करके घोषित किया जाता है। स्ट्रिंग्स अपरिवर्तनीय हैं, अर्थात एक बार बन जाने के बाद, उन्हें बदला नहीं जा सकता।

पायथन में, स्ट्रिंग्स उद्धरण चिह्नों में संलग्न वर्णों के अनुक्रम हैं, या तो एकल ('') या डबल ("")। वे अपरिवर्तनीय हैं, जिसका अर्थ है कि एक बार निर्मित होने के बाद, उनके भीतर के व्यक्तिगत चरित्रों को बदला नहीं जा सकता है। हालाँकि, आप स्ट्रिंग्स को जोड़ सकते हैं, उन्हें काट सकते हैं, और मौजूदा स्ट्रिंग्स से नई स्ट्रिंग्स बना सकते हैं। पायथन हेरफेर के लिए विभिन्न प्रकार की स्ट्रिंग विधियों का समर्थन करता है, जैसे कि ऊपरी (), निचला (), स्ट्रिप (), रिप्लेस (), आदि।

स्ट्रिंग्स अनुक्रमण का समर्थन करते हैं, और आप वर्गाकार कोष्ठकों का उपयोग करके व्यक्तिगत वर्णों तक पहुंच सकते हैं, जिसमें सूचकांक शून्य से शुरू होते हैं। स्लाइसिंग आपको उप-स्ट्रिंग्स प्राप्त करने की अनुमति देती है: my_string[1:4] आपको इंडेक्स 1 से लेकर इंडेक्स 4 तक के अक्षर देगा, लेकिन इसमें इंडेक्स 4 शामिल नहीं है।

पायथन में स्ट्रिंग फ़ॉर्मेटिंग एक शक्तिशाली सुविधा है। पुरानी % फ़ॉर्मेटिंग और .format() विधियाँ अभी भी उपयोग में हैं, लेकिन Python 3.6 में पेश की गई f-स्ट्रिंग्स, स्ट्रिंग्स में वेरिएबल्स को शामिल करने के लिए अधिक संक्षिप्त और पठनीय तरीका प्रदान करती हैं। उदाहरण के लिए, f"हैलो, {नाम}!" ग्रीटिंग के भीतर वेरिएबल नाम एम्बेड करता है।

न्यूलाइन्स (\n) और टैब्स (\t) जैसे विशेष वर्णों को एस्केप अनुक्रमों के साथ स्ट्रिंग्स में शामिल किया जा सकता है। मल्टी-लाइन स्ट्रिंग्स के लिए ट्रिपल कोट्स (''' ''' या """ """) का उपयोग किया जाता है।

स्ट्रिंग्स को अन्य डेटा प्रकारों में भी परिवर्तित किया जा सकता है और इसके विपरीत भी। उदाहरण के लिए, आप संख्यात्मक स्ट्रिंग को पूर्णांक में बदलने के लिए int() का उपयोग कर सकते हैं, और पूर्णांक को स्ट्रिंग में बदलने के लिए str() का उपयोग कर सकते हैं। फॉर्म का शीर्ष

पायथन में स्ट्रिंग्स बहुमुखी और आवश्यक डेटा प्रकार हैं, जो कुशल स्ट्रिंग हेरफेर के लिए विभिन्न प्रकार के अंतर्निहित तरीकों और कार्यक्षमताओं की पेशकश करते हैं। बुनियादी स्ट्रिंग निर्माण और संयोजन से लेकर उन्नत स्वरूपण और एन्कोडिंग तक, पायथन की स्ट्रिंग क्षमताएं टेक्स्ट डेटा के साथ काम करना आसान बनाती हैं।

अभ्यास 1:

बहुविकल्पीय प्रश्न (एमसीक्यू):

प्रश्न 1:पायथन में, स्ट्रिंग्स को कैसे परिभाषित किया जाता है?

a) सिंगल कोट्स का उपयोग करना (') बी) दोहरे उद्धरण चिह्नों का उपयोग करना (")

c) सिंगल या डबल कोट्स का उपयोग करना डी) ट्रिपल कोट्स (''' या """) का उपयोग करना

प्रश्न 2:लेन('पायथन') क्या लौटाएगा?

a) 6 b) 5

c) 7 d) "पायथन"

प्रश्न 3:पायथन में स्ट्रिंग को अपरकेस में बदलने के लिए किस विधि का उपयोग किया जाता है?

a) to_upper() b) अपरकेस()

c) ऊपरी() d) केस_अपर()

प्रश्न 4:क्या होगा "हैलो, " + "दुनिया!" का मूल्यांकन करें?

a) "हैलो, दुनिया!" b) "हैलो, दुनिया!"

c) "हैलो, "दुनिया!" d) त्रुटि

प्रश्न 5:आप स्ट्रिंग टेक्स्ट में इंडेक्स 3 के कैरेक्टर तक कैसे पहुंच सकते हैं?

a) पाठ[3] b) text.char(3)

c) text.get(3) d) text.substring(3)

प्रश्न 6:किसी स्ट्रिंग में सबस्ट्रिंग की पहली घटना के सूचकांक को खोजने के लिए किस विधि का उपयोग किया जाता है?

a) सूचकांक() b) खोजें()

c) खोज() d) पता लगाएं()

प्रश्न 7:स्ट्रिंग में न्यूलाइन कैरेक्टर डालने के लिए किस एस्केप अनुक्रम का उपयोग किया जाता है?

a)\ b) \r

c) \t d)\बी

प्रश्न 8:पायथन में एक स्ट्रिंग के लिए विधि स्ट्रिप() क्या करती है?

a) स्ट्रिंग के आरंभ और अंत से सभी रिक्त स्थान हटा देता है।

b) स्ट्रिंग को अपरकेस में परिवर्तित करता है।

c) स्ट्रिंग को एक सूची में विभाजित करता है।

d) सबस्ट्रिंग की सभी घटनाओं को प्रतिस्थापित करता है।

जवाब

1. सी 2. ए 3. सी 4. ए 5. ए 6. बी 7. ए 8. ए

व्यायाम 2:

सही/गलत प्रश्न:

प्रश्न 1:पायथन में, स्ट्रिंग्स परिवर्तनशील हैं, जिसका अर्थ है कि निर्माण के बाद उनकी सामग्री को बदला जा सकता है।

प्रश्न 2:किसी गैर-स्ट्रिंग ऑब्जेक्ट को स्ट्रिंग में बदलने के लिए str() फ़ंक्शन का उपयोग किया जा सकता है।

प्रश्न 3:रिप्लेस() विधि एक स्ट्रिंग में सबस्ट्रिंग की सभी घटनाओं को बदल देती है।

प्रश्न 4:पायथन में स्ट्रिंग्स को 0 से स्ट्रिंग की लंबाई घटाकर एक तक अनुक्रमित किया जा सकता है।

प्रश्न 5:स्प्लिट() विधि एक स्ट्रिंग को एक निर्दिष्ट सीमांकक के आधार पर सबस्ट्रिंग की सूची में विभाजित करती है।

उत्तर

1. गलत 2. सही 3. सही 4. सही 5. सही

व्यायाम 3:

समीक्षा प्रश्न:

प्रश्न 1: पायथन में स्ट्रिंग क्या है और इसे कैसे बनाया जाता हे?

प्रश्न 2: आप एक स्ट्रिंग में अलग-अलग वर्णों तक कैसे पहुँचते हैं?

प्रश्न 3: स्ट्रिंग्स के अपरिवर्तनीय होने का क्या मतलब है?

प्रश्न 4: आप दो या दो से अधिक तारों को कैसे जोड़ते हैं?

प्रश्न 5: आप किसी अंतर्निहित फ़ंक्शन का उपयोग किए बिना स्ट्रिंग की लंबाई कैसे ज्ञात करते हैं?
प्रश्न 6: एस्केप कैरेक्टर क्या हैं, और स्ट्रिंग्स में उनका उपयोग कैसे किया जाता है?
प्रश्न 7: स्ट्रिंग स्लाइसिंग क्या है और यह इंडेक्सिंग से किस प्रकार भिन्न है?
प्रश्न 8: आप पायथन में एक स्ट्रिंग को कैसे उल्टा करते हैं?
प्रश्न 9: केस हेरफेर के लिए कुछ सामान्य स्ट्रिंग विधियाँ क्या हैं?
प्रश्न 10: आप अन्य डेटा प्रकारों को स्ट्रिंग्स में कैसे परिवर्तित करते हैं?
प्रश्न 11: आप एक स्ट्रिंग को सबस्ट्रिंग की सूची में कैसे विभाजित करते हैं?
प्रश्न 12: स्ट्रिंग्स के संदर्भ में जॉइन विधि क्या करती है?
प्रश्न 13: आप एक स्ट्रिंग के भीतर एक सबस्ट्रिंग की घटना का पता कैसे लगाते हैं?
प्रश्न 14: स्ट्रिप(), आरस्ट्रिप(), और एलस्ट्रिप() विधियों के बीच क्या अंतर है?
प्रश्न 15: आप एफ-स्ट्रिंग्स या फॉर्मेट() विधि का उपयोग करके स्ट्रिंग्स को कैसे प्रारूपित करते हैं?
प्रश्न 16: आप पायथन में दो स्ट्रिंग्स की तुलना कैसे करते हैं?
प्रश्न 17: स्ट्रिंग इंटरपोलेशन क्या है और इसे पायथन में कैसे किया जाता है?
प्रश्न 18: आप किसी स्ट्रिंग को गैर-स्ट्रिंग प्रकार से कैसे जोड़ते हैं?
प्रश्न 19: कच्चे तार क्या हैं और वे कैसे उपयोगी हैं?
प्रश्न 20: आप कैसे जांचते हैं कि कोई स्ट्रिंग किसी विशिष्ट सबस्ट्रिंग से शुरू होती है या समाप्त होती है?

अध्याय 5: पायथन में ऑपरेटर

पायथन में ऑपरेटर्स विशेष प्रतीक या कीवर्ड होते हैं जिनका उपयोग वेरिएबल्स या मानों पर विभिन्न ऑपरेशन करने के लिए किया जाता है। वे परिभाषित करते हैं कि चर और मान एक-दूसरे के साथ कैसे इंटरैक्ट करते हैं, जिससे आप गणना, तुलना, असाइनमेंट और बहुत कुछ कर सकते हैं। पायथन ऑपरेटरों की एक विस्तृत श्रृंखला का समर्थन करता है, प्रत्येक को विशिष्ट कार्यों के लिए डिज़ाइन किया गया है। यहां पायथन में कुछ सामान्य प्रकार के ऑपरेटर हैं:

- अंकगणितीय आपरेटर
- असाइनमेंट ऑपरेटर
- तुलना संचालक
- लॉजिकल ऑपरेटर्स
- पहचान संचालक
- सदस्यता संचालक
- बिटवाइज़ ऑपरेटर

पायथन में, ऑपरेटर बिल्डिंग ब्लॉक होते हैं जो आपको डेटा में हेरफेर करने और आपके प्रोग्राम के प्रवाह को नियंत्रित करने में मदद करते हैं। वे बहुमुखी उपकरण हैं जिन्हें सरल गणनाओं से लेकर जटिल तार्किक संचालन तक कई परिदृश्यों में लागू किया जा सकता है।

ध्यान देने योग्य एक महत्वपूर्ण श्रेणी अंकगणितीय ऑपरेटरों की है, जिसमें परिचित जोड़, घटाव, गुणा और भाग के साथ-साथ मॉड्यूलो और घातांक जैसे कुछ कम सामान्य ऑपरेशन शामिल हैं। ये आपको सीधे आपके कोड के भीतर गणितीय संचालन करने की अनुमति देते हैं।

असाइनमेंट ऑपरेटर मूल समान चिह्न से आगे बढ़ते हैं। पायथन किसी वेरिएबल के मान को उसके वर्तमान मान के सापेक्ष अद्यतन करने के लिए शॉर्टहैंड तरीके भी प्रदान करता है, जैसे जोड़ने के लिए += या गुणन के लिए *=। ये पठनीयता बनाए रखते हुए आपके कोड को अधिक संक्षिप्त बनाते हैं।

कोड में निर्णय लेने के लिए तुलना ऑपरेटर महत्वपूर्ण हैं। वे आपको दो चरों की तुलना करने और उनके बीच संबंधपरक स्थिति निर्धारित करने की अनुमति देते हैं। ये ऑपरेटर बूलियन मान लौटाते हैं, जिससे उन्हें if और while स्टेटमेंट जैसी नियंत्रण संरचनाओं में उपयोग किया जा सकता है।

लॉजिकल ऑपरेटर्स एक और आवश्यक सेट हैं, विशेष रूप से और, या, और नहीं। वे जटिल सशर्त बयानों के निर्माण के लिए महत्वपूर्ण हैं और आमतौर पर तुलना ऑपरेटरों के साथ संयोजन में उपयोग किए जाते हैं।

is और is not जैसे पहचान ऑपरेटर दो वेरिएबल्स के मेमोरी स्थानों की तुलना करते हैं, न कि केवल उनकी सामग्री की। यह जाँचने के लिए उपयोगी है कि क्या दो चर समान मान रखने के बजाय एक ही ऑब्जेक्ट को संदर्भित करते हैं।

सदस्यता ऑपरेटर (इन और नॉट इन) आपको अनुक्रम या अन्य पुनरावर्तनीय डेटा प्रकारों के भीतर किसी मान के अस्तित्व की जांच करने देते हैं। सूचियों, टुपल्स या शब्दकोशों के साथ काम करते समय यह विशेष रूप से सहायक होता है।

बिटवाइज ऑपरेटर एक पूर्णांक के भीतर अलग-अलग बिट्स में हेरफेर करने के लिए विशेष उपकरण हैं। इनका उपयोग मुख्य रूप से निम्न-स्तरीय प्रोग्रामिंग और विशिष्ट एल्गोरिदम में किया जाता है जहां बिट हेरफेर आवश्यक है।

संक्षेप में कहें तो, पायथन में ऑपरेटर कई प्रकार के ऑपरेशनों को अंजाम देने के लिए लिंचपिन के रूप में काम करते हैं। वे कुशल, पठनीय और कार्यात्मक कोड लिखना आसान बनाते हैं, जिससे आप जटिल संचालन और तर्क को संक्षिप्त तरीके से व्यक्त कर सकते हैं।

5.1.पायथन अंकगणित संचालक

सामान्य गणितीय परिचालन करने के लिए अंकगणित ऑपरेटरों का उपयोग संख्यात्मक मानों के साथ किया जाता है:

ऑपरेटर	नाम	उदाहरण
+	जोड़ना	एक्स + वाई
-	घटाव	एक्स - वाई
*	गुणा	एक्स * वाई
/	विभाजन	एक्स / वाई

%	मापांक	x % y
**	घातांक	एक्स ** वाई
//	तल विभाजन	एक्स // वाई

प्रोग्रामिंग में अंकगणितीय ऑपरेटरों का उपयोग संख्यात्मक मानों पर विभिन्न गणितीय संचालन करने के लिए किया जाता है। पायथन, कई अन्य प्रोग्रामिंग भाषाओं की तरह, अंकगणितीय ऑपरेटरों का एक सेट प्रदान करता है जो आपको जोड़, घटाव, गुणा, भाग और बहुत कुछ करने की अनुमति देता है। यहां प्रत्येक अंकगणितीय ऑपरेटर का विस्तार से स्पष्टीकरण दिया गया है:

जोड़ (+): दो ऑपरेंड को एक साथ जोड़ता है।

ए = 5
बी = 3
परिणाम = ए + बी # 5 + 3 = 8

घटाव (-): पहली से दूसरी संख्या घटाता है.

एक्स = 10
y = 7
अंतर = x - y # 10 - 7 = 3
प्रिंट(अंतर) # आउटपुट: 3

गुणन (*): दो संख्याओं को गुणा करता है.

पी = 4
क्यू = 6
उत्पाद = पी * क्यू # 4 * 6 = 24
प्रिंट(उत्पाद) # आउटपुट: 24

पूर्णांक प्रभाग (//): पहली संख्या को दूसरी संख्या से विभाजित करता है और एक पूर्णांक परिणाम (फ्लोर डिवीजन) देता है।

लाभांश = 17
भाजक = 4
int_quotient = लाभांश // भाजक # 17 // 4 = 4
प्रिंट(int_quotient) # आउटपुट: 4

मापांक (%): पहली संख्या को दूसरी संख्या से विभाजित करने पर शेषफल लौटाता है।

लाभांश = 17
भाजक = 4
शेष = लाभांश % भाजक # 17 % 4 = 1
प्रिंट(शेष) # आउटपुट: 1

घातांक ()**: पहली संख्या को दूसरी की घात तक बढ़ा देता है।

आधार = 2
प्रतिपादक = 3
परिणाम = आधार ** घातांक # 2 ** 3 = 8
प्रिंट(परिणाम) # आउटपुट: 8

इन ऑपरेटरों के संयोजन से अधिक जटिल अभिव्यक्तियाँ प्राप्त हो सकती हैं:

अभिव्यक्ति = (5 + 3) * (10/2) + 7
#(8)*(5.0)+7
#40.0 + 7
#परिणाम: 47.0
प्रिंट(अभिव्यक्ति) # आउटपुट: 47.0

ये उदाहरण दर्शाते हैं कि बुनियादी गणितीय संचालन करने के लिए पायथन में अंकगणितीय ऑपरेटरों का उपयोग कैसे किया जाता है। ध्यान रखें कि जटिल अभिव्यक्तियों का मूल्यांकन करते समय पायथन संचालन के मानक क्रम (PEMDAS/BODMAS)

का पालन करता है, जिसका अर्थ है कि कोष्ठक के अंदर संचालन का मूल्यांकन पहले किया जाता है, उसके बाद घातांक, गुणा और भाग, और अंत में जोड़ और घटाव होता है।

5.2 पायथन असाइनमेंट ऑपरेटर्स

असाइनमेंट ऑपरेटरों का उपयोग वेरिएबल्स को मान निर्दिष्ट करने के लिए किया जाता है:

ऑपरेटर	**उदाहरण**	**के समान**
=	एक्स = 5	एक्स = 5
+=	एक्स +=3	एक्स = एक्स + 3
-=	एक्स -=3	एक्स = एक्स - 3
*=	एक्स *=3	एक्स = एक्स * 3
/=	एक्स /= 3	एक्स = एक्स / 3
%=	x %=3	एक्स = एक्स % 3
//=	एक्स //= 3	एक्स = एक्स // 3
**=	एक्स **=3	एक्स = एक्स ** 3
&=	एक्स &= 3	एक्स = एक्स और 3
|=	एक्स |=3	एक्स = एक्स | 3
^=	एक्स ^= 3	एक्स = एक्स ^ 3
>>=	एक्स >>=3	एक्स = एक्स >> 3
<<=	एक्स <<= 3	एक्स = एक्स << 3

पायथन में असाइनमेंट ऑपरेटरों का उपयोग वेरिएबल्स को मान निर्दिष्ट करने के लिए किया जाता है। वे आपको एक ऑपरेशन करने और परिणाम को वेरिएबल पर वापस निर्दिष्ट करने की अनुमति देते हैं। यहां प्रत्येक के लिए उदाहरणों के साथ पायथन में असाइनमेंट ऑपरेटर दिए गए हैं:

असाइनमेंट (=): बाईं ओर के वेरिएबल के दाईं ओर का मान निर्दिष्ट करता है।

एक्स = 5
वाई = एक्स
प्रिंट(y) # आउटपुट: 5

अतिरिक्त असाइनमेंट (+=): दाईं ओर के मान को बाईं ओर के वेरिएबल में जोड़ता है और परिणाम को वापस वेरिएबल पर निर्दिष्ट करता है।

ए = 10
a += 3 # a = a + 3 के समतुल्य
प्रिंट(ए) # आउटपुट: 13

घटाव असाइनमेंट (-=): बाईं ओर के वेरिएबल से दाईं ओर का मान घटाता है और परिणाम को वापस वेरिएबल पर निर्दिष्ट करता है।

बी = 7
b -– 2 # b – b - 2 के रामतुल्य
प्रिंट(बी) # आउटपुट: 5

गुणन असाइनमेंट (*=): बाईं ओर के वेरिएबल को दाईं ओर के मान से गुणा करता है और परिणाम को वापस वेरिएबल पर निर्दिष्ट करता है।

सी = 4

सी * = 2 # सी = सी * 2 के बराबर
प्रिंट(सी) # आउटपुट: 8

प्रभाग असाइनमेंट (/=): बाईं ओर के वेरिएबल को दाईं ओर के मान से विभाजित करता है और परिणाम को वापस वेरिएबल पर निर्दिष्ट करता है।

डी = 15
d /= 3 # d = d/3 के समतुल्य
प्रिंट(डी) # आउटपुट: 5.0

पूर्णांक प्रभाग असाइनमेंट (//=): बाईं ओर के चर का दाईं ओर के मान से पूर्णांक विभाजन करता है और परिणाम को वापस चर पर निर्दिष्ट करता है।

ई = 17
ई //= 4 # ई = ई // 4 के बराबर
प्रिंट(ई) # आउटपुट: 4

मापांक असाइनमेंट (%=): बाईं ओर के चर के विभाजन के शेष भाग की गणना दाईं ओर के मान से करता है और परिणाम को वापस चर पर निर्दिष्ट करता है।

एफ = 17
f %= 4 # f = f % 4 के समतुल्य
प्रिंट(एफ) # आउटपुट: 1

घातांक असाइनमेंट (=)**: बाईं ओर के वेरिएबल को दाईं ओर के मान की शक्ति तक बढ़ाता है और परिणाम को वापस वेरिएबल पर निर्दिष्ट करता है।

जी = 2
g **= 3 # g = g ** 3 के समतुल्य
प्रिंट(जी) # आउटपुट: 8

ये असाइनमेंट ऑपरेटर किसी ऑपरेशन को करने और परिणाम को उसी वेरिएबल पर वापस असाइन करने के लिए शॉर्टकट हैं। जब आपको कुछ गणनाओं के आधार पर वेरिएबल्स को अपडेट करने की आवश्यकता होती है तो वे आपके कोड को अधिक संक्षिप्त और पठनीय बना सकते हैं।

5.3. पायथन तुलना ऑपरेटर्स

तुलना ऑपरेटरों का उपयोग दो मानों की तुलना करने के लिए किया जाता है:

ऑपरेटर	नाम	उदाहरण
==	बराबर	एक्स == वाई
!=	सम नही	एक्स != वाई
>	से अधिक	एक्स > वाई
<	से कम	एक्स <य
>=	इससे बड़ा या इसके बराबर	एक्स >= वाई
<=	से कम या बराबर	एक्स <= वाई

पायथन में तुलना ऑपरेटरों का उपयोग दो मूल्यों की तुलना करने और उनके बीच संबंध निर्धारित करने के लिए किया जाता है। तुलना सही है या गलत, इसके आधार पर ये ऑपरेटर बूलियन मान (सही या गलत) लौटाते हैं। यहां पायथन में तुलना ऑपरेटरों के साथ-साथ प्रत्येक के लिए स्पष्टीकरण और उदाहरण दिए गए हैं:

(==) के बराबर: जाँचता है कि क्या दो मान बराबर हैं।

एक्स = 5

y = 5
परिणाम = x == y # सत्य, क्योंकि 5, 5 के बराबर है
प्रिंट (परिणाम) # आउटपुट: सत्य
(!=) के बराबर नहीं: जाँचता है कि क्या दो मान समान नहीं हैं।
ए = 10
बी = 7
परिणाम = ए != बी # सत्य, क्योंकि 10, 7 के बराबर नहीं है
प्रिंट (परिणाम) # आउटपुट: सत्य
(>) से बड़ा: जाँचता है कि बायाँ मान दाएँ मान से अधिक है या नहीं।
पी = 15
क्यू = 10
परिणाम = p > q # सत्य, क्योंकि 15, 10 से बड़ा है
प्रिंट(परिणाम)#आउटपुट है: सत्य
(<) से कम: जाँचता है कि बायाँ मान दाएँ मान से कम है या नहीं।
एम = 5
एन = 8
परिणाम = m < n # सत्य, क्योंकि 5, 8 से कम है
प्रिंट (परिणाम) # आउटपुट: सत्य
(>=) से बड़ा या उसके बराबर: जाँचता है कि बायाँ मान दाएँ मान से अधिक या उसके बराबर है।
मैं = 20
जे = 20
परिणाम = i >= j # सत्य, क्योंकि 20, 20 के बराबर है
प्रिंट (परिणाम) # आउटपुट: सत्य
(<=) से कम या उसके बराबर: जाँचता है कि बायाँ मान दाएँ मान से कम या उसके बराबर है।
आर = 25
एस = 30
परिणाम = r <= s # सत्य, क्योंकि 25, 30 से कम है
प्रिंट (परिणाम) # आउटपुट: सत्य
इन तुलना ऑपरेटरों का उपयोग विभिन्न प्रोग्रामिंग संदर्भों में अभिव्यक्तियों और स्थितियों का मूल्यांकन करने के लिए किया जाता है। उदाहरण के लिए, आप तुलनात्मक परिणामों के आधार पर अपने प्रोग्राम के प्रवाह को नियंत्रित करने के लिए सशर्त बयानों (यदि, एलिफ, अन्यथा) में उनका उपयोग कर सकते हैं। ध्यान रखें कि तुलना ऑपरेटरों को असाइनमेंट ऑपरेटर (=) के साथ भ्रमित नहीं होना चाहिए, जिसका उपयोग वेरिएबल्स को मान निर्दिष्ट करने के लिए किया जाता है।

5.4. पायथन लॉजिकल ऑपरेटर्स

सशर्त कथनों को संयोजित करने के लिए तार्किक ऑपरेटरों का उपयोग किया जाता है:

ऑपरेटर	विवरण	उदाहरण
और	यदि दोनों कथन सत्य हैं तो सत्य लौटाता है	x <5 और x <10
या	यदि कोई एक कथन सत्य है तो सत्य लौटता है	एक्स <5 या एक्स <4
नहीं	परिणाम को उल्टा करें, यदि परिणाम सत्य है तो गलत लौटाता है	नहीं(x <5 और x <10)

पायथन में लॉजिकल ऑपरेटरों का उपयोग बूलियन मानों को संयोजित या हेरफेर करने के लिए किया जाता है। वे आपको कई बूलियन अभिव्यक्तियों को संयोजित करके अधिक जटिल स्थितियाँ बनाने की अनुमति देते हैं। पायथन में तीन तार्किक ऑपरेटर हैं: और, या, और नहीं। यहां उदाहरणों के साथ प्रत्येक का स्पष्टीकरण दिया गया है:

तार्किक और (और): यदि दोनों ऑपरेंड सत्य हैं तो यह सत्य लौटाता है, अन्यथा यह गलत लौटाता है।
एक्स = सत्य
y = ग़लत
परिणाम = x और y # असत्य, क्योंकि x और y दोनों सत्य नहीं हैं
प्रिंट (परिणाम) # आउटपुट: ग़लत
तार्किक या (या): यदि ऑपरेंड में से कम से कम एक सत्य है तो यह सत्य लौटाता है, अन्यथा, यह गलत लौटाता है।
ए = सत्य
बी = गलत
परिणाम = a या b # सत्य, क्योंकि a और b में से कम से कम एक सत्य है
प्रिंट (परिणाम) # आउटपुट: सत्य
तार्किक नहीं (नहीं): ऑपरेंड का विपरीत बूलियन मान लौटाता है। यदि ऑपरेंड सत्य है, तो यह गलत लौटाता है, और इसके विपरीत।
पी = सत्य
क्यू = गलत
परिणाम_पी = पी नहीं # असत्य, क्योंकि सत्य नहीं तो असत्य है
परिणाम_क्यू = क्यू नहीं # सत्य, क्योंकि असत्य सत्य नहीं है
प्रिंट(परिणाम_पी) # आउटपुट: ग़लत
प्रिंट(परिणाम_क्यू) # आउटपुट: सत्य
आप अधिक जटिल स्थितियाँ बनाने के लिए तार्किक ऑपरेटरों को भी जोड़ सकते हैं:
संख्या = 7
परिणाम = (संख्या > 5) और (संख्या <10) # सत्य, क्योंकि संख्या 5 से अधिक और 10 से कम है
प्रिंट (परिणाम) # आउटपुट: सत्य
शर्तों के आधार पर आपके प्रोग्राम के प्रवाह को नियंत्रित करने के लिए इन तार्किक ऑपरेटरों का उपयोग अक्सर सशर्त बयानों (if, elif, else) और लूप में किया जाता है। तार्किक ऑपरेटरों का उपयोग करके, आप ऐसी अभिव्यक्तियाँ बना सकते हैं जिनमें कई स्थितियाँ शामिल होती हैं और आपके कोड को अधिक बहुमुखी और शक्तिशाली बनाते हैं।

5.5. पायथन आइडेंटिटी ऑपरेटर्स

पहचान ऑपरेटरों का उपयोग वस्तुओं की तुलना करने के लिए किया जाता है, यदि वे समान नहीं हैं, लेकिन यदि वे वास्तव में एक ही वस्तु हैं, समान स्मृति स्थान के साथ:

ऑपरेटर	विवरण	उदाहरण
है	यदि दोनों चर एक ही वस्तु हैं तो यह सत्य लौटाता है	x, y है
क्या नहीं है	यदि दोनों चर एक ही वस्तु नहीं हैं तो यह सत्य लौटाता है	x, y नहीं है

पहचान ऑपरेटर है:
यदि दोनों ऑपरेंड मेमोरी में एक ही ऑब्जेक्ट को संदर्भित करते हैं तो is ऑपरेटर सत्य लौटाता है।
उदाहरण 1
एक्स = [1, 2, 3]
वाई = एक्स
परिणाम 1 = x, y है
प्रिंट(परिणाम1) # आउटपुट: सत्य

उदाहरण 2
ए = "हैलो"
बी = "हैलो"
परिणाम2 = ए, बी है

प्रिंट(परिणाम2) # आउटपुट: सत्य

उदाहरण 3
एम = 10
एन = 10
परिणाम3 = एम एन है
प्रिंट(परिणाम3) # आउटपुट: सत्य

इन उदाहरणों में, परिणाम 1 सत्य है क्योंकि x और y दोनों एक ही सूची ऑब्जेक्ट को संदर्भित करते हैं। इसी तरह, परिणाम 2 और परिणाम 3 सत्य हैं क्योंकि ए और बी, और दोनों एम और एन, क्रमशः, पायथन के ऑब्जेक्ट कैशिंग तंत्र के कारण समान स्ट्रिंग और पूर्णांक ऑब्जेक्ट को संदर्भित करते हैं।

पहचान ऑपरेटर नहीं है:

यदि दोनों ऑपरेंड मेमोरी में एक ही ऑब्जेक्ट को संदर्भित नहीं करते हैं, तो is not ऑपरेटर सही लौटाता है।

उदाहरण 1
पी = [1, 2, 3]
क्यू = [1, 2, 3]
परिणाम4 = p, q नहीं है
प्रिंट(परिणाम4) # आउटपुट: सत्य

उदाहरण 2
सी = "दुनिया"
डी = "हैलो"
परिणाम5 = c, d नहीं है
प्रिंट(परिणाम5) # आउटपुट: सत्य

उदाहरण 3
एक्स = 5
y = 6
परिणाम6 = x, y नहीं है
प्रिंट(परिणाम6) # आउटपुट: सत्य

इन उदाहरणों में, परिणाम 4 सत्य है क्योंकि पी और क्यू अलग-अलग सूची वस्तुओं को संदर्भित करते हैं, परिणाम 5 सच है क्योंकि सी और डी अलग-अलग स्ट्रिंग ऑब्जेक्ट को संदर्भित करते हैं, और परिणाम 6 सच है क्योंकि एक्स और वाई अलग-अलग पूर्णांक वस्तुओं को संदर्भित करते हैं।

याद रखें कि पहचान ऑपरेटर वस्तुओं के मेमोरी स्थानों की तुलना करते हैं, उनकी सामग्री की नहीं। उनका उपयोग अक्सर यह जांचने के लिए किया जाता है कि क्या दो चर किसी ऑब्जेक्ट के एक ही उदाहरण को संदर्भित करते हैं, खासकर जब उपयोगकर्ता-परिभाषित कक्षाओं की सूचियों या उदाहरणों जैसी परिवर्तनशील वस्तुओं के साथ काम करते हैं।

5.6. पायथन सदस्यता संचालक

सदस्यता ऑपरेटरों का उपयोग यह जांचने के लिए किया जाता है कि किसी ऑब्जेक्ट में अनुक्रम प्रस्तुत किया गया है या नहीं:

ऑपरेटर	विवरण	उदाहरण
में	यदि ऑब्जेक्ट में निर्दिष्ट मान वाला अनुक्रम मौजूद है तो यह सत्य लौटाता है	x में y
अंदर नही	यदि ऑब्जेक्ट में निर्दिष्ट मान वाला कोई अनुक्रम मौजूद नहीं है, तो यह सत्य लौटाता है	x, y में नहीं है

पायथन में सदस्यता ऑपरेटरों का उपयोग यह जांचने के लिए किया जाता है कि कोई मान किसी अनुक्रम का सदस्य है, जैसे स्ट्रिंग, सूची, टपल या सेट। यदि अनुक्रम में मान पाया जाता है तो वे सत्य लौटाते हैं और अन्यथा गलत लौटाते हैं। पायथन में दो सदस्यता ऑपरेटर हैं: इन और नॉट इन। यहां उदाहरणों के साथ प्रत्येक का स्पष्टीकरण दिया गया है:

ऑपरेटर में सदस्यता:

यदि अनुक्रम में कोई मान पाया जाता है तो इन ऑपरेटर सही लौटाता है, और यदि नहीं मिलता है तो गलत लौटाता है।

```
# उदाहरण 1
पाठ = "हैलो, विश्व!"
परिणाम1 = पाठ में "हैलो"।
प्रिंट(परिणाम1) # आउटपुट: सत्य

# उदाहरण 2
संख्याएँ = [1, 2, 3, 4, 5]
परिणाम2 = 3 संख्या में
प्रिंट(परिणाम2) # आउटपुट: सत्य

# उदाहरण 3
फल = ("सेब", "केला", "चेरी")
परिणाम3 = फलों में "नारंगी"।
प्रिंट(परिणाम3) # आउटपुट: ग़लत
```

इन उदाहरणों में, परिणाम 1 सत्य है क्योंकि सबस्ट्रिंग "हैलो" स्ट्रिंग टेक्स्ट में मौजूद है, परिणाम 2 सत्य है क्योंकि संख्या 3 सूची संख्याओं में मौजूद है, और परिणाम 3 गलत है क्योंकि स्ट्रिंग "नारंगी" टुपल में मौजूद नहीं है फल।

ऑपरेटर में गैर-सदस्यता नहीं:

यदि अनुक्रम में कोई मान नहीं मिलता है तो नॉट इन ऑपरेटर सही लौटाता है, और यदि पाया जाता है तो गलत लौटाता है।

```
# उदाहरण 1
शब्द = "पायथन"
परिणाम4 = "जावा" शब्द में नहीं है
प्रिंट(परिणाम4) # आउटपुट: सत्य

# उदाहरण 2
ग्रेड = {"ऐलिस": 95, "बॉब": 82, "चार्ली": 75}
परिणाम5 = "चार्ली" ग्रेड में नहीं
प्रिंट(परिणाम5) # आउटपुट: ग़लत

# उदाहरण 3
अक्षर = ['ए', 'बी', 'सी']
परिणाम6 = 'डी' अक्षरों में नहीं
प्रिंट(परिणाम6) # आउटपुट: सत्य
```

इन उदाहरणों में, परिणाम 4 सत्य है क्योंकि सबस्ट्रिंग "जावा" स्ट्रिंग शब्द में मौजूद नहीं है, परिणाम 5 गलत है क्योंकि कुंजी "चार्ली" शब्दकोश ग्रेड में मौजूद है, और परिणाम 6 सत्य है क्योंकि अक्षर 'डी' मौजूद नहीं है सूची में पत्र.

सदस्यता ऑपरेटर तब उपयोगी होते हैं जब आप आगे की कार्रवाई करने से पहले यह जांचना चाहते हैं कि संग्रह या अनुक्रम में कोई मान मौजूद है या नहीं। मान मौजूद है या नहीं, इसके आधार पर आपके प्रोग्राम के प्रवाह को नियंत्रित करने के लिए इन्हें आमतौर पर सशर्त बयानों में उपयोग किया जाता है।

5.7. पायथन बिटवाइज़ ऑपरेटर्स

बिटवाइज ऑपरेटरों का उपयोग (बाइनरी) संख्याओं की तुलना करने के लिए किया जाता है:

ऑपरेटर	नाम	विवरण	उदाहरण

<table>
<tr><td>&</td><td>और</td><td>यदि दोनों बिट 1 हैं तो प्रत्येक बिट को 1 पर सेट करता है</td><td>एक्स और वाई</td></tr>
<tr><td>|</td><td>या</td><td>यदि दो बिट्स में से एक 1 है तो प्रत्येक बिट को 1 पर सेट करता है</td><td>एक्स | य</td></tr>
<tr><td>^</td><td>एक्सओआर</td><td>यदि दो बिट्स में से केवल एक बिट 1 है तो प्रत्येक बिट को 1 पर सेट करता है</td><td>एक्स ^ वाई</td></tr>
<tr><td>~</td><td>नहीं</td><td>सभी बिट्स को उलट देता है</td><td>~x</td></tr>
<tr><td><<</td><td>शून्य भरण बाईं ओर शिफ्ट</td><td>दाईं ओर से शून्य को अंदर धकेल कर बाईं ओर शिफ्ट करें और सबसे बाईं ओर के बिट्स को गिरने दें</td><td>एक्स << 2</td></tr>
<tr><td>>></td><td>दाईं ओर बदलाव पर हस्ताक्षर किए गए</td><td>सबसे बाएँ बिट की प्रतियों को बाएँ से अंदर धकेल कर दाएँ शिफ्ट करें, और सबसे दाएँ बिट को गिरने दें</td><td>एक्स >> 2</td></tr>
</table>

पायथन में बिटवाइज़ ऑपरेटरों का उपयोग पूर्णांक मानों पर बिट-स्तरीय संचालन करने के लिए किया जाता है। ये ऑपरेटर संख्याओं के बाइनरी प्रतिनिधित्व के भीतर अलग-अलग बिट्स में हेरफेर करते हैं। पायथन में छह बिटवाइज़ ऑपरेटर हैं: & (AND), | (OR), ^ (XOR), ~ (नहीं), << (बाएं शिफ्ट), और >> (दाएं शिफ्ट)। आइए उनमें से प्रत्येक को उदाहरणों के साथ विस्तार से जानें:

बिटवाइज़ और (&): दो पूर्णांकों के संगत बिट्स के बीच बिटवाइज और ऑपरेशन करता है। परिणाम में एक बिट तभी सेट किया जाता है जब दोनों ऑपरेंड के संबंधित बिट सेट किए गए हों।

a = 5 # 0b0101 बाइनरी में
बी = 3 # 0बी0011 बाइनरी में
परिणाम_और = ए और बी
प्रिंट(परिणाम_और) # आउटपुट: 1 (बाइनरी में 0बी0001)

बिटवाइज या (|): दो पूर्णांकों के संगत बिट्स के बीच बिटवाइज या ऑपरेशन निष्पादित करता है। यदि ऑपरेंड के संबंधित बिट्स में से कोई भी सेट किया गया है तो परिणाम में एक बिट सेट किया गया है।

x = 5 # 0b0101 बाइनरी में
y = 3 # 0b0011 बाइनरी में
परिणाम_या = x | य
प्रिंट(परिणाम_या) # आउटपुट: 7 (बाइनरी में 0बी0111)

बिटवाइज़ XOR (^): दो पूर्णांकों के संगत बिट्स के बीच बिटवाइज़ XOR (एक्सक्लूसिव OR) ऑपरेशन करता है। यदि ऑपरेंड के संबंधित बिट भिन्न हैं तो परिणाम में एक बिट सेट किया जाता है।

एम = 5 # 0बी0101 बाइनरी में
n = 3 # 0b0011 बाइनरी में
परिणाम_xor = एम ^ एन
प्रिंट(परिणाम_xor) # आउटपुट: 6 (बाइनरी में 0बी0110)

बिटवाइज़ नहीं (~): किसी पूर्णांक के बिट्स को फ़्लिप करता है, जिसके परिणामस्वरूप संख्या का पूरक बनता है। ध्यान दें कि यह कार्रवाई ऋणात्मक संख्याओं को दर्शाने के तरीके के आधार पर भिन्न हो सकती है।

संख्या = 5 # 0b00000101 बाइनरी में
परिणाम_नहीं = ~संख्या
प्रिंट(परिणाम_नहीं) # आउटपुट: -6 (2 का पूरक प्रतिनिधित्व मानते हुए)

बायां शिफ्ट (<<): किसी पूर्णांक के बिट्स को निर्दिष्ट संख्या में स्थिति द्वारा बाईं ओर स्थानांतरित करता है। सबसे बाईं ओर के बिट्स खो गए हैं, और दाईं ओर शून्य भर गए हैं।

पी = 5 # 0बी0101 बाइनरी में
शिफ्ट_लेफ्ट = पी << 2
प्रिंट(shifted_left) # आउटपुट: 20 (बाइनरी में 0b10100)

5.8. संचालक वरीयता

ऑपरेटर प्राथमिकता उस क्रम का वर्णन करती है जिसमें संचालन किया जाता है।
प्राथमिकता क्रम को नीचे दी गई तालिका में वर्णित किया गया है, जो शीर्ष पर उच्चतम प्राथमिकता से शुरू होता है:

ऑपरेटर	विवरण
()	कोष्टक
**	
+x -x ~x	यूनरी प्लस, यूनरी माइनस और बिटवाइज़ नोट
* // %	गुणन, विभाजन, तल विभाजन और मापांक
+ -	जोड़ना और घटाना
<< >>	बिटवाइज़ बाएँ और दाएँ शिफ्ट
&	बिटवाइज़ और
^	बिटवाइज़ XOR
|	बिटवाइज़ या
== != > >= < <= है अंदर नहीं है	तुलना, पहचान और सदस्यता संचालक
नहीं	तार्किक नहीं
और	और
या	या

पायथन में ऑपरेटर प्राथमिकता उन नियमों को संदर्भित करती है जो उस क्रम को निर्धारित करते हैं जिसमें विभिन्न ऑपरेटरों का मूल्यांकन किया जाता है जब एक अभिव्यक्ति में कई ऑपरेटर शामिल होते हैं। ये नियम सुनिश्चित करते हैं कि अभिव्यक्तियों का लगातार मूल्यांकन किया जाता है और अपेक्षित परिणाम मिलते हैं। ऑपरेटर प्राथमिकता जटिल अभिव्यक्तियों में अस्पष्टता से बचने में मदद करती है और उस क्रम को निर्धारित करती है जिसमें संचालन किया जाता है।
पायथन PEMDAS/BODMAS नियम का पालन करता है, जो कोष्ठक/कोष्ठक, घातांक/आदेश, गुणा और भाग, और जोड़ और घटाव के लिए है। इस नियम को संचालन के क्रम के रूप में भी जाना जाता है। यह सुनिश्चित करता है कि कोष्ठक के अंदर संचालन का मूल्यांकन पहले किया जाता है, उसके बाद घातांक, फिर गुणा और भाग (बाएं से दाएं), और अंत में जोड़ और घटाव (बाएं से दाएं) किया जाता है।
उदाहरण के लिए:
परिणाम = 3 + 4 * 5 # जोड़ने से पहले गुणा: 3 + (4 * 5) = 23

यदि आप संचालन के डिफ़ॉल्ट क्रम को ओवरराइड करना चाहते हैं, तो आप अभिव्यक्तियों को स्पष्ट रूप से समूहित करने के लिए कोष्ठक का उपयोग कर सकते हैं:

परिणाम = (3 + 4) * 5 # गुणन से पहले जोड़: (3 + 4) * 5 = 35

जब अभिव्यक्तियों में समान प्राथमिकता स्तर के कई ऑपरेटर शामिल होते हैं, तो मूल्यांकन क्रम उनकी संबद्धता पर निर्भर करता है। पायथन में अधिकांश ऑपरेटर बाएं-सहयोगी हैं, जिसका अर्थ है कि उनका मूल्यांकन बाएं से दाएं किया जाता है। उदाहरण के लिए, 5 - 3 - 1 में, घटाव संक्रियाएँ बाएँ से दाएँ की जाती हैं: (5 - 3) - 1 = 1।

यह ध्यान रखना महत्वपूर्ण है कि विभिन्न ऑपरेटरों के पास अलग-अलग प्राथमिकता स्तर होते हैं। उदाहरण के लिए, जोड़ और घटाव की तुलना में गुणा और भाग को अधिक प्राथमिकता दी जाती है। तार्किक संचालकों की प्राथमिकता अंकगणितीय संचालकों की तुलना में कम होती है। यह सुनिश्चित करने के लिए कि आपकी अभिव्यक्ति का मूल्यांकन उद्देश्य के अनुसार किया गया है, आपके द्वारा उपयोग किए जा रहे ऑपरेटरों की प्राथमिकता और संबद्धता के बारे में जागरूक होना महत्वपूर्ण है।

ऐसी स्थितियों में जहां प्राथमिकता और संबद्धता भ्रम पैदा कर सकती है, संचालन के क्रम को स्पष्ट रूप से परिभाषित करने के लिए कोष्ठक का उपयोग करना एक अच्छा अभ्यास है। यह न केवल आपके कोड को अधिक पठनीय बनाता है बल्कि संभावित त्रुटियों से भी बचाता है।

कुल मिलाकर, ऑपरेटर प्राथमिकता को समझना सही और कुशल पायथन कोड लिखने के लिए मौलिक है, खासकर जब कई ऑपरेटरों से जुड़े जटिल अभिव्यक्तियों से निपटना हो।

फॉर्म का शीर्ष

सारांश

पायथन में, ऑपरेटर ऐसे प्रतीक होते हैं जो एक या अधिक ऑपरेंड (मान या चर) पर संचालन करते हैं। वे आपको विभिन्न तरीकों से डेटा में हेरफेर करने की अनुमति देते हैं, जैसे अंकगणितीय गणना करना, मूल्यों की तुलना करना और बहुत कुछ। यहां पायथन में विभिन्न प्रकार के ऑपरेटरों का सारांश दिया गया है:

तुलना संचालक:

(==) के बराबर: जाँचता है कि क्या दो ऑपरेंड बराबर हैं।
(!= के बराबर नहीं): जाँचता है कि क्या दो ऑपरेंड बराबर नहीं हैं।
ग्रेटर दैन (>): जाँचता है कि पहला ऑपरेंड दूसरे से बड़ा है या नहीं।
(<) से कम: जाँचता है कि पहला ऑपरेंड दूसरे से कम है या नहीं।
(>=) से बड़ा या उसके बराबर: जाँचता है कि पहला ऑपरेंड दूसरे से बड़ा है या उसके बराबर है।
(<=) से कम या उसके बराबर: जाँचता है कि पहला ऑपरेंड दूसरे से कम या उसके बराबर है।

लॉजिकल ऑपरेटर्स:

और: यदि दोनों ऑपरेंड सत्य हैं तो सत्य लौटाता है।
या: यदि कम से कम एक ऑपरेंड सत्य है तो सत्य लौटाता है।
नहीं: ऑपरेंड का तार्किक निषेध लौटाता है।

असाइनमेंट ऑपरेटर:

=: बाईं ओर के वेरिएबल के दाईं ओर का मान निर्दिष्ट करता है।
+=: दाएँ ऑपरेंड को बाएँ ऑपरेंड में जोड़ता है और परिणाम को बाएँ ऑपरेंड को निर्दिष्ट करता है।
-=: बाएँ ऑपरेंड से दाएँ ऑपरेंड को घटाता है और परिणाम को बाएँ ऑपरेंड को निर्दिष्ट करता है।
*=: बाएं ऑपरेंड को दाएं ऑपरेंड से गुणा करता है और परिणाम को बाएं ऑपरेंड को निर्दिष्ट करता है।
/=: बाएं ऑपरेंड को दाएं ऑपरेंड से विभाजित करता है और परिणाम को बाएं ऑपरेंड को निर्दिष्ट करता है।
%=: दाएं ऑपरेंड के साथ बाएं ऑपरेंड के मापांक की गणना करता है और परिणाम को बाएं ऑपरेंड को निर्दिष्ट करता है।
//=: फ़्लोर डिवीज़न निष्पादित करता है और परिणाम को बाएँ ऑपरेंड को निर्दिष्ट करता है।
**=: बाएं ऑपरेंड को दाएं ऑपरेंड की शक्ति तक बढ़ाता है और परिणाम को बाएं ऑपरेंड को निर्दिष्ट करता है।

अंकगणितीय आपरेटर:

जोड़ (+): दो ऑपरेंड जोड़ता है।
घटाव (-): पहले से दूसरे ऑपरेंड को घटाता है।
गुणन (*): दो ऑपरेंड को गुणा करता है।
डिवीजन (/): पहले ऑपरेंड को दूसरे से विभाजित करता है (एक फ्लोट लौटाता है)।
फ़्लोर डिवीजन (//): परिणाम को पूर्णांक में विभाजित और छोटा करता है।

मापांक (%): विभाजन का शेष भाग लौटाता है।
घातांक (**): पहले ऑपरेंड को दूसरे की शक्ति तक बढ़ाता है।
बिटवाइज ऑपरेटर्स (व्यक्तिगत बिट्स पर काम करते हैं):
और: बिटवाइज़ और
|: बिटवाइज़ या
^: बिटवाइज़ XOR
~: बिटवाइज़ नहीं
<<: वाम पारी
: सही बदलाव
सदस्यता संचालक:
in: यदि किसी अनुक्रम में कोई मान पाया जाता है तो यह सत्य लौटाता है।
इसमें नहीं: यदि किसी अनुक्रम में कोई मान नहीं मिलता है तो यह सत्य लौटाता है।
पहचान संचालक:
है: यदि दो ऑपरेंड एक ही ऑब्जेक्ट को संदर्भित करते हैं तो सत्य लौटाता है।
नहीं है: यदि दो ऑपरेंड एक ही ऑब्जेक्ट को संदर्भित नहीं करते हैं तो यह सत्य लौटाता है।
ये ऑपरेटर पायथन में कई प्रकार के संचालन और गणना करने के लिए आवश्यक हैं।

अभ्यास 1:

बहुविकल्पीय प्रश्न (एमसीक्यू):

प्रश्न 1:पायथन में घातांक के लिए किस ऑपरेटर का उपयोग किया जाता है?

a) ** b) ^
c) ^^ d) *^

प्रश्न 2:पायथन में 15/2 का परिणाम क्या है?

a) 7 b) 7.5
c) 7.0 d) 8

प्रश्न 3:पायथन में फ्लोर डिवीजन करने के लिए किस ऑपरेटर का उपयोग किया जाता है?

a) // b) %
c) %% d) /

प्रश्न 4:मॉड्यूलो ऑपरेटर (%) क्या करता है?

a) विभाजन का भागफल लौटाता है b) विभाजन का शेष भाग लौटाता है
c) दो संख्याओं का गुणनफल लौटाता है d) किसी संख्या का वर्गमूल लौटाता है

प्रश्न 5:"हैलो" + "वर्ल्ड" का परिणाम क्या है?

a) "हैलो वर्ल्ड" b) "हैलो + वर्ल्ड"
c) त्रुटि d) "हैलोवर्ल्ड"

प्रश्न 6:पायथन में == ऑपरेटर का उद्देश्य क्या है?

a) जाँचता है कि क्या दो चर समान हैं b) एक वेरिएबल के लिए एक मान निर्दिष्ट करता है
c) गणितीय जोड़ करता है d) जाँचता है कि क्या दो चर समान नहीं हैं

प्रश्न 7:यह जांचने के लिए किस ऑपरेटर का उपयोग किया जाता है कि कोई मान अनुक्रम में नहीं है?

a) नहीं है b) अंदर नहीं
c) !== d) !=

प्रश्न 8:पायथन में ऑपरेटरों की प्राथमिकता का क्रम क्या है?

ए) कोष्ठक > घातांक > गुणा/भाग > जोड़/घटाव
बी) घातांक > कोष्ठक > गुणा/भाग > जोड़/घटाव
ग) कोष्ठक > गुणा/भाग > जोड़/घटाव > घातांक
घ) घातांक > गुणा/भाग > जोड़/घटाव > कोष्ठक

उत्तर

1. ए 2. बी 3.ए 4.बी 5.डी 6.ए 7.बी 8.ए

व्यायाम 2:

सही/गलत प्रश्न:

प्रश्न 1: Python में घटाने के लिए += ऑपरेटर का उपयोग किया जाता है।

प्रश्न 2:यदि कम से कम एक ऑपरेंड है तो और ऑपरेटर सत्य लौटाता है

प्रश्न 3:बूलियन अभिव्यक्ति के मान को नकारने के लिए नॉट ऑपरेटर का उपयोग किया जाता है।

प्रश्न 4:== ऑपरेटर दो चर और उनके डेटा प्रकारों के मानों की तुलना करता है।

प्रश्न 5:is ऑपरेटर का उपयोग यह जांचने के लिए किया जाता है कि क्या दो वेरिएबल का मान समान है।

उत्तर

1. गलत 2. गलत 3. सही 4. गलत 5. गलत

व्यायाम 3:

समीक्षा प्रश्न:

प्रश्न 1: पायथन में ऑपरेटर क्या हैं और उनका मूल कार्य क्या है?

प्रश्न 2: अंकगणितीय ऑपरेटर तुलना ऑपरेटरों से किस प्रकार भिन्न हैं?

प्रश्न 3: पायथन में += ऑपरेटर क्या करता है?

प्रश्न 4: क्या आप == और is ऑपरेटरों के बीच अंतर समझा सकते हैं?

प्रश्न 5: तार्किक ऑपरेटरों की भूमिका क्या है जैसे और, या, और नहीं?

प्रश्न 6: मॉड्यूलस ऑपरेटर % का उपयोग कैसे किया जाता है, और यह क्या लौटाता है?
प्रश्न 7: बिटवाइज़ ऑपरेटर क्या हैं, और क्या आप कुछ के नाम बता सकते हैं?
प्रश्न 8: आप पायथन में ऑपरेटरों का उपयोग करके घातांक कैसे निष्पादित करते हैं?
प्रश्न 9: ऑपरेटर प्राथमिकता क्या है, और यह किसी अभिव्यक्ति के परिणाम को कैसे प्रभावित करती है?
प्रश्न 10: फ़्लोर डिविज़न ऑपरेटर // क्या करता है?
प्रश्न 11: पायथन में टर्नरी ऑपरेटर का उपयोग कैसे किया जाता है?
प्रश्न 12: पहचान ऑपरेटर क्या हैं और वे क्या जांचते हैं?
प्रश्न 13: पायथन में += और =+ के बीच क्या अंतर है?
प्रश्न 14: *=, -=, और /= जैसे असाइनमेंट ऑपरेटर कैसे काम करते हैं?
प्रश्न 15: सूचियों या स्ट्रिंग्स जैसे संग्रहों के साथ उपयोग किए जाने पर इन ऑपरेटर क्या जाँच करता है?
प्रश्न 16: क्या आप स्ट्रिंग्स के साथ अंकगणितीय ऑपरेटरों का उपयोग कर सकते हैं? यदि ऐसा है तो एक उदाहरण दीजिए।
प्रश्न 17: पायथन में नॉट ऑपरेटर का उपयोग करने की क्या सीमाएँ हैं?
प्रश्न 18: एकाधिक ऑपरेटरों वाले जटिल अभिव्यक्तियों में कोष्ठक () का क्या महत्व है?
प्रश्न 19: << और >> बिटवाइज़ ऑपरेटर कैसे कार्य करते हैं?
प्रश्न 20: ** ऑपरेटर का उपयोग किसके लिए किया जाता है और यह ^ से किस प्रकार भिन्न है?

अध्याय 6: पायथन डेटा संरचना

डेटा संरचनाएं कंप्यूटर विज्ञान और प्रोग्रामिंग में मूलभूत अवधारणाएं हैं जो आपको विशिष्ट आवश्यकताओं के आधार पर डेटा को कुशलतापूर्वक व्यवस्थित और संग्रहीत करने की अनुमति देती हैं। वे डेटा के प्रबंधन और हेरफेर के लिए एक रूपरेखा प्रदान करते हैं, जिससे विभिन्न परिदृश्यों में संचालन, पहुंच और जानकारी को संशोधित करना आसान हो जाता है। पायथन में, डेटा संरचनाओं की अवधारणा अच्छी तरह से समर्थित है और विभिन्न प्रकार के डेटा के साथ काम करने का एक सरल और बहुमुखी तरीका प्रदान करती है।

पायथन विभिन्न प्रकार की अंतर्निहित डेटा संरचनाएं प्रदान करता है जो विभिन्न उपयोग के मामलों और परिदृश्यों को पूरा करती हैं। इन डेटा संरचनाओं में शामिल हैं:

सूचियों: तत्वों का क्रमबद्ध संग्रह जो विभिन्न डेटा प्रकार के हो सकते हैं। सूचियाँ परिवर्तनशील हैं, जिसका अर्थ है कि आप तत्वों को आसानी से जोड़, हटा और संशोधित कर सकते हैं।

टुपल्स: सूचियों के समान लेकिन अपरिवर्तनीय, जिसका अर्थ है कि निर्माण के बाद उनके तत्वों को बदला नहीं जा सकता है। जब आप डेटा अखंडता सुनिश्चित करना चाहते हैं तो टुपल्स का अक्सर उपयोग किया जाता है।

शब्दकोश:: कुंजी-मूल्य जोड़े जो आपको अद्वितीय कुंजी के आधार पर डेटा संग्रहीत और पुनर्प्राप्त करने की अनुमति देते हैं। शब्दकोश तेज़ लुकअप और रिश्तों के मानचित्रण के लिए उपयोगी हैं।

सेट: अद्वितीय तत्वों का अव्यवस्थित संग्रह। सेट अद्वितीय मान खोजने, गणितीय सेट संचालन करने और डुप्लिकेट को हटाने में सहायक होते हैं।

पायथन उन्नत डेटा संरचनाओं जैसे पेड़, ग्राफ़, स्टैक, कतार और बहुत कुछ का भी समर्थन करता है। इन डेटा संरचनाओं को अंतर्निहित डेटा संरचनाओं या कस्टम कार्यान्वयन का उपयोग करके कार्यान्वित किया जा सकता है।

पायथन की सरलता और अभिव्यंजक वाक्यविन्यास इसे सीखने और डेटा संरचनाओं के साथ काम करने के लिए एक आदर्श भाषा बनाता है। इन संरचनाओं से जुड़े अंतर्निहित कार्य और विधियाँ सामान्य संचालन को सरल बनाती हैं। पायथन की गतिशील टाइपिंग आपको विषम डेटा संरचनाएं बनाने की अनुमति देती है, जहां विभिन्न प्रकार के डेटा को एक साथ संग्रहीत किया जा सकता है।

कुशल और सुव्यवस्थित कार्यक्रम विकसित करने के लिए पायथन में डेटा संरचनाओं के बारे में सीखना आवश्यक है। किसी विशिष्ट समस्या के लिए सही डेटा संरचना का चयन आपके कोड के प्रदर्शन और पठनीयता पर महत्वपूर्ण प्रभाव डाल सकता है। पायथन की डेटा संरचनाओं को प्रभावी ढंग से समझने और उपयोग करके, आप क्लीनर, अधिक रखरखाव योग्य और अधिक प्रदर्शन करने वाला कोड लिख सकते हैं।

6.1. सूची अनुक्रमण एवं विभाजन

सूचियों के साथ काम करते समय पायथन में सूची अनुक्रमण और विभाजन आवश्यक अवधारणाएँ हैं। आइए उदाहरण सहित इन दोनों के बारे में विस्तार से जानें।

सूची अनुक्रमण:पायथन में इंडेक्सिंग का तात्पर्य किसी सूची में अलग-अलग तत्वों को उनकी स्थिति के आधार पर एक्सेस करना है। पायथन में सूचियाँ शून्य-अनुक्रमित होती हैं, जिसका अर्थ है कि पहले तत्व का सूचकांक 0 है, दूसरे तत्व का सूचकांक 1 है, इत्यादि। आप नकारात्मक अनुक्रमण का भी उपयोग कर सकते हैं, जहां -1 अंतिम तत्व का प्रतिनिधित्व करता है, -2 दूसरे से अंतिम तत्व का प्रतिनिधित्व करता है, और इसी तरह।

```
मेरी_सूची = [10, 20, 30, 40, 50]

# सकारात्मक अनुक्रमण का उपयोग करके तत्वों तक पहुँचना
पहला_तत्व = मेरी_सूची[0] #10
दूसरा_तत्व = मेरी_सूची[1] #20

# नकारात्मक अनुक्रमण का उपयोग करके तत्वों तक पहुँचना
अंतिम_तत्व = मेरी_सूची[-1] #50
दूसरे_से_अंतिम = मेरी_सूची[-2] #40

प्रिंट (पहला_तत्व, दूसरा_तत्व, अंतिम_तत्व, दूसरा_से_अंतिम)
```

सूची विभाजन:सूची विभाजन में नई सूची बनाने के लिए सूची के एक हिस्से को निकालना शामिल है। यह स्लाइसिंग का उपयोग करके किया जा सकता है, जहां आप आरंभ और समाप्ति सूचकांक निर्दिष्ट करते हैं। स्लाइस में शुरुआती इंडेक्स से लेकर अंतिम इंडेक्स तक के सभी तत्व शामिल हैं, लेकिन इसमें शामिल नहीं हैं।

मेरी_सूची = [10, 20, 30, 40, 50]
नई सूची बनाने के लिए स्लाइसिंग
उप_सूची = मेरी_सूची[1:4] # [20, 30, 40]

यदि आप प्रारंभिक सूचकांक को छोड़ देते हैं, तो पायथन मान लेता है कि यह सूची की शुरुआत है। यदि आप अंतिम सूचकांक को छोड़ देते हैं, तो पायथन मान लेता है कि यह सूची का अंत है।

शुरू से ही काटना
प्रथम_तीन = मेरी_सूची[:3] # [10, 20, 30]
#अंत तक काटना
अंतिम_तीन = मेरी_सूची[2:] # [30, 40, 50]

आप स्लाइस करते समय तत्वों को छोड़ने के लिए एक चरण मान भी निर्दिष्ट कर सकते हैं।

2 के चरण में स्लाइस करना
हर_सेकंड = मेरी_सूची[::2] # [10, 30, 50]

कटी हुई सूची के क्रम को उलटने के लिए नकारात्मक चरण मानों का उपयोग किया जा सकता है।

सूची को उलटने के लिए एक नकारात्मक कदम के साथ स्लाइस करना
उलट_सूची = मेरी_सूची[::-1] # [50, 40, 30, 20, 10]

डेटा संग्रह के साथ काम करने के लिए सूची अनुक्रमण और स्लाइसिंग शक्तिशाली उपकरण हैं। वे आपको तत्वों तक कुशलतापूर्वक पहुंचने और उनमें हेरफेर करने की अनुमति देते हैं, चाहे आप विशिष्ट वस्तुओं को पुनः प्राप्त कर रहे हों या मौजूदा वस्तुओं के सबसेट के आधार पर नई सूचियां बना रहे हों। पायथन में, आप इंडेक्सिंग का उपयोग करके विशिष्ट तत्वों को नए मान निर्दिष्ट करके किसी सूची के मूल्यों को अपडेट कर सकते हैं। सूचियाँ परिवर्तनशील हैं, जिसका अर्थ है कि उनके तत्वों को बनने के बाद बदला जा सकता है। यहां बताया गया है कि आप सूची मानों को कैसे अपडेट कर सकते हैं:

मेरी_सूची = [10, 20, 30, 40, 50]
# एकल तत्व को अद्यतन करना
my_list[2] = 35 # इंडेक्स 2 से 35 पर मान अपडेट कर रहा हूं
प्रिंट(मेरी_सूची) # आउटपुट: [10, 20, 35, 40, 50]

आप स्लाइसिंग का उपयोग करके एक साथ कई तत्वों को अपडेट भी कर सकते हैं:

मेरी_सूची = [10, 20, 30, 40, 50]
स्लाइसिंग का उपयोग करके अनेक तत्वों को अद्यतन करना
my_list[1:4] = [25, 30, 35] # सूचकांक 1, 2, और 3 पर मान अद्यतन किया जा रहा है
प्रिंट(मेरी_सूची) # आउटपुट: [10, 25, 30, 35, 50]

स्लाइसिंग का उपयोग करके एकाधिक तत्वों को अपडेट करते समय सूची की लंबाई समान होने की आवश्यकता नहीं है। पायथन तदनुसार सूची का आकार समायोजित करेगा:

मेरी_सूची = [10, 20, 30, 40, 50]
विभिन्न तत्वों की संख्या के साथ अद्यतन करना
my_list[1:4] = [15, 25] # सूचकांक 1, 2, और 3 पर मान अद्यतन किया जा रहा है
प्रिंट(मेरी_सूची) # आउटपुट: [10, 15, 25, 50]

आप पूरी सूची को अद्यतन करने या इसे पूरी तरह साफ़ करने के लिए स्लाइसिंग का उपयोग भी कर सकते हैं:

मेरी_सूची = [10, 20, 30, 40, 50]
पूरी सूची अपडेट की जा रही है
my_list[:] = [1, 2, 3] # सभी तत्वों को बदलना
प्रिंट(मेरी_सूची) # आउटपुट: [1, 2, 3]

ध्यान रखें कि इंडेक्सिंग और स्लाइसिंग का उपयोग करके सूची मानों को अपडेट करने से मौजूदा सूची उसी स्थान पर संशोधित हो जाती है। यदि आप वेरिएबल को एक नई सूची निर्दिष्ट करते हैं, तो यह मूल सूची को संशोधित नहीं करेगा बल्कि इसके बजाय एक नई सूची बनाएगा:

मेरी_सूची = [10, 20, 30, 40, 50]
new_list = my_list # my_list और new_list दोनों एक ही सूची की ओर इशारा करते हैं

नई_सूची[2] = 35 # यह मेरी_सूची को भी अद्यतन करेगा
प्रिंट(मेरी_सूची) # आउटपुट: [10, 20, 35, 40, 50]
प्रिंट(नई_सूची) # आउटपुट: [10, 20, 35, 40, 50]
सूची मानों को अद्यतन करना सूचियों के साथ काम करने का एक महत्वपूर्ण हिस्सा है, खासकर जब आपको किसी संग्रह में डेटा को संशोधित, पुनर्व्यवस्थित या अद्यतन करने की आवश्यकता होती है।

6.1.1. तत्वों तक पहुंचें

पायथन में, आप इंडेक्सिंग का उपयोग करके सूची में अलग-अलग आइटम तक पहुंच सकते हैं। सूचियाँ शून्य-अनुक्रमित होती हैं, जिसका अर्थ है कि पहले तत्व का सूचकांक 0 है, दूसरे तत्व का सूचकांक 1 है, इत्यादि। आप सूची के अंत से तत्वों तक पहुँचने के लिए नकारात्मक अनुक्रमण का भी उपयोग कर सकते हैं। यहां बताया गया है कि आप सूची आइटम तक कैसे पहुंच सकते हैं:
एक सूची बनाएं
फल = ["सेब", "केला", "चेरी", "खजूर", "एल्डरबेरी"]
सकारात्मक अनुक्रमण का उपयोग करके तत्वों तक पहुँचना
पहला_फल = फल[0] # "सेब"
दूसरा_फल = फल[1] # "केला"
तीसरा_फल = फल[2] # "चेरी"
नकारात्मक अनुक्रमण का उपयोग करके तत्वों तक पहुँचना
अंतिम_फल = फल[-1] # "एल्डरबेरी"
दूसरा_से_अंतिम_फल = फल[-2] # "तारीख"
प्रिंट (पहला_फल, दूसरा_फल, तीसरा_फल, आखिरी_फल, दूसरा_से_अंतिम_फल)
इस उदाहरण में, सूची "फल" में पाँच तत्व शामिल हैं। सकारात्मक अनुक्रमण का उपयोग पहले, दूसरे और तीसरे तत्वों तक पहुँचने के लिए किया जाता है, जबकि नकारात्मक अनुक्रमण का उपयोग अंतिम और दूसरे से अंतिम तत्वों तक पहुँचने के लिए किया जाता है।
यह याद रखना महत्वपूर्ण है कि सूची सूचकांक 0 से शुरू होते हैं और लंबाई-1 तक जाते हैं। किसी ऐसे इंडेक्स तक पहुंचने का प्रयास जो सीमा से बाहर है, परिणामस्वरुप "इंडेक्सएरर" होगा।
किसी ऐसे सूचकांक तक पहुँचना जो सीमा से बाहर है
इसका परिणाम IndexError होगा
अमान्य_सूचकांक = फल[5]
सूची स्लाइसिंग का उपयोग किसी सूची के भीतर तत्वों की एक श्रृंखला तक पहुंचने के लिए भी किया जा सकता है:
तत्वों की एक श्रृंखला तक पहुंचने के लिए स्लाइसिंग
चयनित_फल = फल[1:4] # ["केला", "चेरी", "खजूर"]
स्लाइसिंग में प्रारंभिक सूचकांक से लेकर अंतिम सूचकांक तक के तत्व शामिल हैं, लेकिन इसमें शामिल नहीं हैं। यह तब मददगार हो सकता है जब आपको सूची के सबसेट के साथ काम करने की आवश्यकता हो।
पायथन में सूची आइटम तक पहुंचने में व्यक्तिगत तत्वों को पुनः प्राप्त करने के लिए सूचकांक मानों का उपयोग करना शामिल है। सूचियाँ डेटा के संग्रह को संग्रहीत करने और हेरफेर करने का एक लचीला तरीका प्रदान करती हैं, और यह समझना कि उनके तत्वों तक कैसे पहुंचा जाए, प्रोग्रामिंग में एक मौलिक कौशल है।

नकारात्मक अनुक्रमण

पायथन सूचियों में नकारात्मक अनुक्रमण आपको सूची के अंत से तत्वों तक पहुंचने की अनुमति देता है। जब आप नकारात्मक सूचकांकों का उपयोग करते हैं, तो -1 अंतिम आइटम को संदर्भित करता है, -2 दूसरे से अंतिम आइटम को संदर्भित करता है, इत्यादि। यह सूची की सटीक लंबाई जानने की आवश्यकता के बिना तत्वों तक पहुंचने का एक सुविधाजनक तरीका प्रदान करता है।
उदाहरण के लिए, इस सूची = ["सेब", "केला", "चेरी"] की एक सूची पर विचार करें। नकारात्मक अनुक्रमण का उपयोग करना:
यह सूची[-1]अंतिम आइटम को संदर्भित करता है, जो "चेरी" है।
यह सूची[-2]दूसरी-से-अंतिम वस्तु को संदर्भित करता है, जो "केला" है।
यह सूची[-3]तीसरी से आखिरी वस्तु को संदर्भित करता है, जो "सेब" है।
यहाँ उदाहरण कोड है:
यह सूची = ["सेब", "केला", "चेरी"]

नकारात्मक अनुक्रमण का उपयोग करके तत्वों तक पहुँचना
अंतिम_आइटम = यह सूची[-1] # "चेरी"
दूसरा_से_अंतिम_आइटम = यह सूची[-2] # "केला"
प्रिंट करें ("अंतिम आइटम:", अंतिम_आइटम)
प्रिंट करें ("दूसरा-से-अंतिम आइटम:", दूसरा_से_अंतिम_आइटम)
नकारात्मक अनुक्रमण पायथन में एक उपयोगी सुविधा है जो सूची की लंबाई के आधार पर उनकी सटीक स्थिति की गणना किए बिना सूचियों के अंत में तत्वों तक पहुंच को सरल बनाती है।

6.1.3. तत्व जोड़ें

पायथन में, आप विभिन्न तरीकों का उपयोग करके किसी सूची में आइटम जोड़ सकते हैं। सूचियाँ गतिशील और बहुमुखी डेटा संरचनाएँ हैं जो आपको उनकी सामग्री को आसानी से संशोधित करने की अनुमति देती हैं। आइए किसी सूची में आइटम जोड़ने के विभिन्न तरीकों के बारे में विस्तार से जानें:

परिशिष्ट() विधि का उपयोग करना:सूची के अंत में एक तत्व जोड़ने के लिए एपेंड () विधि का उपयोग किया जाता है। यह सूची को उसी स्थान पर संशोधित करता है और सूची को विस्तारित करने का एक सरल तरीका है।
फल = ["सेब", "केला", "चेरी"]
फल.जोड़ें('नारंगी')
प्रिंट (फल) # आउटपुट: ["सेब", "केला", "चेरी", "नारंगी"]
सम्मिलित() विधि का उपयोग करना:इन्सर्ट() विधि आपको सूची में एक विशिष्ट सूचकांक पर एक तत्व जोड़ने की अनुमति देती है। मौजूदा तत्वों को दाईं ओर स्थानांतरित कर दिया गया है।
संख्याएँ = [1, 2, 3, 5, 6]
number.insert(3, 4) # सूचकांक 3 पर 4 सम्मिलित करना
प्रिंट(नंबर) # आउटपुट: [1, 2, 3, 4, 5, 6]
संयोजन का उपयोग करना:आप + ऑपरेटर का उपयोग करके दो सूचियों को जोड़ सकते हैं। यह दोनों सूचियों के तत्वों वाली एक नई सूची बनाता है।
सूची1 = [1, 2, 3]
सूची2 = [4, 5, 6]
संयोजित_सूची = सूची 1 + सूची 2
प्रिंट (संक्षिप्त_सूची) # आउटपुट: [1, 2, 3, 4, 5, 6]
सूची1 = [1, 2, 3]
सूची2 = [4, 5, 6]
संयोजित_सूची = सूची 1 + सूची 2
प्रिंट (संक्षिप्त_सूची) # आउटपुट: [1, 2, 3, 4, 5, 6]
सूची स्लाइसिंग का उपयोग करना:आप सूची में विशिष्ट स्थानों पर एकाधिक तत्वों को जोड़ने के लिए सूची स्लाइसिंग का उपयोग कर सकते हैं। यह विधि आपको तत्वों की एक श्रृंखला को एक नई सूची से बदलने की अनुमति देती है।
डेटा = [10, 20, 30, 40, 50]
डेटा[1:4] = [25, 35, 45] # सूचकांक 1, 2, और 3 पर मानों को बदलना
प्रिंट (डेटा) # आउटपुट: [10, 25, 35, 45, 50]
विस्तार() विधि का उपयोग करना:विस्तार () विधि का उपयोग सूची के अंत में एक पुनरावर्तनीय (अन्य सूची, टपल, आदि) से कई तत्वों को जोड़ने के लिए किया जाता है।
सब्जियाँ = ["गाजर", "सलाद"]
new_vegetables = ["ब्रोकोली", "पालक"]
सब्जियां.विस्तार(नई_सब्जियां)
प्रिंट (सब्जियां) # आउटपुट: ["गाजर", "सलाद", "ब्रोकोली", "पालक"]
ये Python में किसी सूची में आइटम जोड़ने के कुछ सामान्य तरीके हैं। विधि का चुनाव आपके विशिष्ट उपयोग के मामले और वांछित व्यवहार पर निर्भर करता है। पायथन में सूचियाँ गतिशील हैं, इसलिए आप उनकी सामग्री को आसानी से संशोधित कर सकते हैं और उन्हें अपने प्रोग्राम की आवश्यकताओं के अनुसार अनुकूलित कर सकते हैं।

आप विभिन्न तरीकों का उपयोग करके किसी सूची से आइटम हटा सकते हैं। सूचियाँ परिवर्तनशील हैं, जिसका अर्थ है कि आप तत्वों को हटाने सहित उनकी सामग्री को संशोधित कर सकते हैं। आइए उदाहरणों के साथ किसी सूची से आइटम हटाने के विभिन्न तरीकों का पता लगाएं:

निकालें() विधि का उपयोग करना:सूची से किसी विशिष्ट मान की पहली घटना को हटाने के लिए रिमूव() विधि का उपयोग किया जाता है। यदि मान नहीं मिलता है, तो यह एक वैल्यूएरर उत्पन्न करता है।

फल = ["सेब", "केला", "चेरी", "केला"]
फल.निकालें("केला")
प्रिंट (फल) # आउटपुट: ["सेब", "चेरी", "केला"]

पॉप() विधि का उपयोग करना:पॉप() विधि एक निर्दिष्ट सूचकांक पर एक तत्व को हटा देती है और उसका मान लौटा देती है। यदि कोई सूचकांक प्रदान नहीं किया गया है, तो यह अंतिम तत्व को हटा देता है और वापस कर देता है। यह विधि आपको हटाए गए मान को कैप्चर करने की भी अनुमति देती है।

संख्याएँ = [10, 20, 30, 40, 50]
हटाए गए_मूल्य = संख्याएं.पॉप(2) # सूचकांक 2 (30) पर तत्व हटाएं
प्रिंट(हटाया_मूल्य) # आउटपुट: 30
प्रिंट(नंबर) # आउटपुट: [10, 20, 40, 50]

डेल स्टेटमेंट का उपयोग करना:डेल स्टेटमेंट का उपयोग सूची से किसी तत्व या स्लाइस को हटाने के लिए किया जाता है। यह हटाए गए तत्व को वापस नहीं करता है और सूची को उसी स्थान पर संशोधित करता है।

रंग = ["लाल", "हरा", "नीला", "पीला"]
डेल कलर्स[1] # इंडेक्स 1 ("हरा") पर तत्व हटाएं
प्रिंट (रंग) # आउटपुट: ["लाल", "नीला", "पीला"]

स्पष्ट() विधि का उपयोग करना:क्लियर() विधि सूची से सभी तत्वों को हटा देती है, जिससे यह खाली हो जाती है।

पालतू जानवर = ["कुत्ता", "बिल्ली", "खरगोश"]
पालतू जानवर.स्पष्ट()
प्रिंट(पालतू जानवर) # आउटपुट: []

सूची समझ का उपयोग करना:किसी शर्त के आधार पर कुछ तत्वों को छोड़कर एक नई सूची बनाने के लिए सूची समझ का उपयोग किया जा सकता है।

संख्याएँ = [1, 2, 3, 4, 5, 6, 7, 8, 9, 10]
फ़िल्टर_नंबर = [संख्याओं में संख्या के लिए संख्या यदि संख्या% 2 == 0] # विषम संख्याएँ हटाएँ
प्रिंट (फ़िल्टर_नंबर) # आउटपुट: [2, 4, 6, 8, 10]

पायथन में किसी सूची से आइटम हटाने के लिए ये कुछ सामान्य तरीके हैं। आपके द्वारा चुनी गई विधि उस विशिष्ट व्यवहार पर निर्भर करती है जिसे आप प्राप्त करना चाहते हैं। यह ध्यान रखना महत्वपूर्ण है कि ये विधियाँ सूची को उसी स्थान पर संशोधित करती हैं, इसलिए इनका उपयोग करते समय आपको सावधान रहना चाहिए।

6.2. पायथन टुपल

पायथन में एक टपल कोष्ठक () में संलग्न क्रमबद्ध, अपरिवर्तनीय तत्वों का एक संग्रह है। टुपल्स सूचियों के समान हैं, लेकिन मुख्य अंतर यह है कि टुपल्स अपरिवर्तनीय हैं, जिसका अर्थ है कि उनके तत्वों को निर्माण के बाद संशोधित नहीं किया जा सकता है। यह अपरिवर्तनीयता तब उपयोगी हो सकती है जब आप मूल्यों का एक संग्रह बनाना चाहते हैं जो आपके कार्यक्रम के दौरान नहीं बदलना चाहिए।

यहां उदाहरणों के साथ टुपल्स की व्याख्या दी गई है:

टुपल्स बनाना:आप अल्पविराम से अलग किए गए मानों को कोष्ठकों में संलग्न करके एक टुपल बना सकते हैं।

# टुपल बनाना
my_tuple = (1, 2, 3, 4, 5)
प्रिंट(my_tuple) # आउटपुट: (1, 2, 3, 4, 5)

तत्वों तक पहुँचना:आप सूचियों की तरह ही इंडेक्सिंग का उपयोग करके टुपल के तत्वों तक पहुंच सकते हैं।

टुपल तत्वों तक पहुँचना
पहला_तत्व = my_tuple[0] # 1
दूसरा_तत्व = my_tuple[1] # 2

मिश्रित डेटा प्रकार वाले टुपल्स:टुपल्स में विभिन्न डेटा प्रकार के तत्व हो सकते हैं।

मिश्रित_टुपल = ("सेब", 3.14, 42, सत्य)

टपल पैकिंग और अनपैकिंग:टुपल पैकिंग अल्पविराम से अलग किए गए मानों के साथ टुपल बनाने की प्रक्रिया है। टपल अनपैकिंग में वेरिएबल्स को टपल तत्व निर्दिष्ट करना शामिल है।

```
# टुपल पैकिंग
व्यक्ति = ("जॉन", 25, "यूएसए")
# टुपल अनपैकिंग
नाम, उम्र, देश = व्यक्ति
प्रिंट (नाम, उम्र, देश) # आउटपुट: जॉन 25 यूएसए
```

रिटर्न मान के रूप में टुपल्स:फ़ंक्शंस कई मानों को टपल के रूप में लौटा सकते हैं, जिन्हें बाद में अनपैक किया जा सकता है।

```
def get_name_age():
वापसी "ऐलिस", 30
नाम, उम्र = get_name_age()
```

अपरिवर्तनीय प्रकृति:सूचियों के विपरीत, टुपल्स अपरिवर्तनीय हैं। एक बार निर्मित होने के बाद, उनके तत्वों को बदला नहीं जा सकता।

```
my_tuple[0] = 10 # इसके परिणामस्वरूप टाइप एरर आएगा
```

टुपल्स बनाम सूचियाँ:टुपल्स तब उपयोगी होते हैं जब आप यह सुनिश्चित करना चाहते हैं कि डेटा अपरिवर्तित रहे। सूचियाँ अधिक लचीली होती हैं और तत्वों में संशोधन की अनुमति देती हैं।

```
मेरी_सूची = [1, 2, 3]
my_tuple = (1, 2, 3)
मेरी_सूची[0] = 10 # मान्य
my_tuple[0] = 10 # लेखन त्रुटि: 'टुपल' ऑब्जेक्ट आइटम असाइनमेंट का समर्थन नहीं करता है
```

टुपल्स का उपयोग अक्सर तब किया जाता है जब आप उन वस्तुओं का संग्रह बनाना चाहते हैं जिन्हें बदलना नहीं चाहिए, जैसे निर्देशांक, कॉन्फ़िगरेशन सेटिंग्स, या डेटाबेस रिकॉर्ड में आइटम। वे उन परिदृश्यों के लिए सूचियों का एक हल्का विकल्प प्रदान करते हैं जहां अपरिवर्तनीयता वांछित है। फॉर्म का शीर्ष

6.3. पायथन में शब्दकोश

पायथन में एक शब्दकोश कुंजी-मूल्य जोड़े का एक अव्यवस्थित संग्रह है, जहां प्रत्येक कुंजी अद्वितीय है और एक विशिष्ट मूल्य पर मैप करती है। शब्दकोशों को अन्य प्रोग्रामिंग भाषाओं में "साहचर्य सारणी" या "हैश मैप्स" के रूप में भी जाना जाता है। वे संख्यात्मक सूचकांकों के बजाय वर्णनात्मक कुंजियों के आधार पर डेटा को संग्रहीत करने और पुनर्प्राप्त करने के लिए बहुत उपयोगी हैं, जिससे जानकारी तक कुशल और सुविधाजनक पहुंच प्रदान की जाती है।

यहां उदाहरणों के साथ शब्दकोशों की व्याख्या दी गई है:

शब्दकोश बनाना:शब्दकोश घुंघराले ब्रेसिज़ {} का उपयोग करके बनाए जाते हैं। प्रत्येक कुंजी-मान जोड़ी को कोलन द्वारा अलग किया जाता है: और जोड़े को अल्पविराम द्वारा अलग किया जाता है।

```
#शब्दकोश बनाना
विद्यार्थी = {
"नाम": "ऐलिस",
"आयु": 25,
"ग्रेड ए",
"शहर": "न्यूयॉर्क"
}
```

मूल्यों तक पहुँचना:आप किसी शब्दकोश में संबंधित कुंजियों का उपयोग करके मानों तक पहुंच सकते हैं।

```
नाम = छात्र["नाम"] # "ऐलिस"
आयु = छात्र["उम्र"] #25
```

आइटम जोड़ना और अपडेट करना:आप नए कुंजी-मूल्य जोड़े जोड़ सकते हैं या मौजूदा मान अपडेट कर सकते हैं।

```
# एक नई कुंजी-मूल्य जोड़ी जोड़ना
छात्र["लिंग"] = "महिला"
# मान अपडेट किया जा रहा है
छात्र["उम्र"] = 26
```

शब्दकोश विधियाँ:शब्दकोशों में हेरफेर के लिए विभिन्न तरीके हैं, जैसे कुंजी(), मान(), और आइटम(), जो क्रमशः कुंजी, मान और कुंजी-मूल्य जोड़े के दृश्य लौटाते हैं।

कुंजियाँ = विद्यार्थी.कुंजियाँ() # ["नाम", "उम्र", "ग्रेड", "शहर", "लिंग"]
मान = छात्र.मान() # ["ऐलिस", 26, "ए", "न्यूयॉर्क", "महिला"]
आइटम = छात्र.आइटम() # [("नाम", "ऐलिस"), ("उम्र", 26), ...]

आइटम हटाना:आप किसी विशिष्ट कुंजी-मूल्य जोड़ी को हटाने के लिए डेल स्टेटमेंट का उपयोग कर सकते हैं।

डेल छात्र["ग्रेड"]

मुख्य अस्तित्व की जाँच:आप यह जांचने के लिए in कीवर्ड का उपयोग कर सकते हैं कि शब्दकोश में कोई कुंजी मौजूद है या नहीं।

यदि छात्र में "उम्र":
प्रिंट करें ("आयु:", छात्र["उम्र"])

नेस्टेड शब्दकोश:शब्दकोशों में अन्य शब्दकोशों को मान के रूप में शामिल किया जा सकता है, जिससे अधिक जटिल डेटा संरचनाओं की अनुमति मिलती है।

परिवार = {
"पिता": {"नाम": "जॉन", "उम्र": 45},
"माँ": {"नाम": "जेन", "उम्र": 40}
}

शब्दकोश पायथन में बहुमुखी डेटा संरचनाएं हैं जो आपको वर्णनात्मक कुंजियों के साथ मूल्यों को जोड़ने की अनुमति देते हैं। इनका उपयोग आमतौर पर सेटिंग्स संग्रहीत करने, डेटाबेस प्रबंधित करने और वास्तविक दुनिया की वस्तुओं और रिश्तों का प्रतिनिधित्व करने जैसे कार्यों के लिए किया जाता है।

6.4. पायथन में सेट करें

पायथन में एक सेट अद्वितीय तत्वों का एक अव्यवस्थित संग्रह है। सेट तब उपयोगी होते हैं जब आप वस्तुओं का एक संग्रह संग्रहीत करना चाहते हैं जहां ऑर्डर मायने नहीं रखता है और आप यह सुनिश्चित करना चाहते हैं कि प्रत्येक आइटम केवल एक बार दिखाई दे। सेट का उपयोग आमतौर पर यूनियन, इंटरसेक्शन और अंतर जैसे विभिन्न गणितीय कार्यों को करने के लिए भी किया जाता है।

यहां उदाहरणों के साथ सेटों की व्याख्या दी गई है:

सेट बनाना:सेट घुंघराले ब्रेसिज़ {} का उपयोग करके बनाए जाते हैं। प्रत्येक तत्व को अल्पविराम द्वारा अलग किया जाता है।

एक सेट बनाना
फल = {"सेब", "केला", "चेरी"}

तत्व जोड़ना:आप ऐड() विधि का उपयोग करके किसी सेट में तत्व जोड़ सकते हैं।

फल.जोड़ें('नारंगी')

तत्वों को हटाना:आप रिमूव() या डिस्कार्ड() विधियों का उपयोग करके किसी सेट से तत्वों को हटा सकते हैं। यदि तत्व मौजूद नहीं है तो रिमूव() विधि एक त्रुटि उत्पन्न करती है, जबकि त्यागें() नहीं।

फल.निकालें("केला")
फल.त्यागें("नाशपाती")

सेट संचालन:सेट संघ, प्रतिच्छेदन और अंतर जैसे गणितीय कार्यों का समर्थन करते हैं।

सेट1 = {1, 2, 3, 4}
सेट2 = {3, 4, 5, 6}
संघ = सेट1 | सेट2 # {1, 2, 3, 4, 5, 6}
प्रतिच्छेदन = सेट1 और सेट2 # {3, 4}
अंतर = सेट1 - सेट2 # {1, 2}

सदस्यता की जाँच हो रही है:यह जांचने के लिए कि कोई तत्व सेट में है या नहीं, आप in कीवर्ड का उपयोग कर सकते हैं।

यदि फलों में "सेब" है:
प्रिंट करें ("सेट में एक सेब है")

सेट पर पुनरावृत्ति:आप किसी सेट के तत्वों पर पुनरावृति करने के लिए फॉर लूप का उपयोग कर सकते हैं।

फलों में फल के लिए:
प्रिंट(फल)

समझ सेट करें:आप सूची समझ के समान, समझ का उपयोग करके सेट बना सकते हैं।
सम_नंबर = {x श्रेणी में x के लिए (10) यदि x % 2 == 0}
सेट विशेष रूप से तब उपयोगी होते हैं जब आप अद्वितीय तत्वों के संग्रह के साथ काम करना चाहते हैं और सेट-संबंधित संचालन कुशलतापूर्वक करना चाहते हैं। वे एक बहुमुखी डेटा संरचना हैं जो विशिष्ट मूल्यों और सदस्यता परीक्षण से जुड़े कार्यों को सरल बना सकती हैं।

6.5. पायथन में डेल स्टेटमेंट

पायथन में, डेल स्टेटमेंट का उपयोग मेमोरी से ऑब्जेक्ट को हटाने या हटाने के लिए किया जाता है। इसका उपयोग वेरिएबल्स, किसी सूची से तत्व, किसी सूची से स्लाइस, किसी ऑब्जेक्ट से विशेषताएँ और बहुत कुछ हटाने के लिए किया जा सकता है। डेल स्टेटमेंट आपके प्रोग्राम में मेमोरी और संसाधनों के प्रबंधन के लिए एक शक्तिशाली उपकरण है।
यहां डेल स्टेटमेंट के कुछ सामान्य उपयोग दिए गए हैं:
वेरिएबल हटाना:आप किसी वेरिएबल और उससे संबंधित डेटा को मेमोरी से हटाने के लिए डेल स्टेटमेंट का उपयोग कर सकते हैं।
एक्स = 10
del x # वेरिएबल 'x' को हटाता है
सूची तत्वों को हटाना:आप किसी सूची से विशिष्ट तत्वों को हटाने के लिए डेल स्टेटमेंट का उपयोग कर सकते हैं।
संख्याएँ = [1, 2, 3, 4, 5]
डेल नंबर[2] # इंडेक्स 2 (3) पर तत्व को हटाता है
किसी सूची से स्लाइस हटाना:आप स्लाइसिंग का उपयोग करके सूची से तत्वों की एक श्रृंखला को हटाने के लिए डेल स्टेटमेंट का भी उपयोग कर सकते हैं
संख्याएँ = [1, 2, 3, 4, 5]
डेल नंबर[1:4] # सूचकांक 1, 2, और 3 पर तत्वों को हटाता है
विशेषताएँ हटाना:आप ऑब्जेक्ट से विशेषताएँ हटाने के लिए डेल स्टेटमेंट का उपयोग कर सकते हैं।
वर्ग व्यक्ति:
def __init__(स्वयं, नाम):
स्व.नाम = नाम

व्यक्ति = व्यक्ति ("ऐलिस")
delperson.name # 'नाम' विशेषता को हटाता है
संपूर्ण ऑब्जेक्ट हटाना:आप संपूर्ण ऑब्जेक्ट को हटाने के लिए डेल स्टेटमेंट का उपयोग कर सकते हैं, जो इसकी मेमोरी और संसाधनों को रिलीज़ करता है।
my_dict = {"ए": 1, "बी": 2, "सी": 3}
del my_dict["b"] # कुंजी "b" के साथ कुंजी-मान जोड़ी को हटाता है

सारांश

सूचियाँ: सूचियाँ वस्तुओं का क्रमबद्ध संग्रह है, जो विभिन्न प्रकार की हो सकती हैं। वे परिवर्तनशील हैं, जिसका अर्थ है कि आप निर्माण के बाद उनके तत्वों को संशोधित कर सकते हैं। सूचियाँ वर्गाकार कोष्ठकों का उपयोग करके बनाई जाती हैं और डुप्लिकेट मान संग्रहीत कर सकती हैं।
टुपल्स: टुपल्स सूचियों के समान हैं लेकिन अपरिवर्तनीय हैं, जिसका अर्थ है कि निर्माण के बाद उनके तत्वों को बदला नहीं जा सकता है। वे कोष्ठकों का उपयोग करके बनाए जाते हैं और अक्सर संबंधित डेटा को समूहीकृत करने के लिए उपयोग किए जाते हैं।
सेट: सेट अद्वितीय तत्वों का अव्यवस्थित संग्रह है। वे अलग-अलग मूल्यों को संग्रहीत करने और उनमें हेरफेर करने के लिए उपयोगी हैं। सेट घुंघराले ब्रेसिज़ का उपयोग करके बनाए जाते हैं और यूनियन, इंटरसेक्शन और अंतर जैसे सेट ऑपरेशन कर सकते हैं।
शब्दकोश: शब्दकोश कुंजी-मूल्य युग्मों का संग्रह हैं। वे मूल्यों को अद्वितीय कुंजियों के साथ जोड़ने का एक तरीका प्रदान करते हैं, जिससे उनकी कुंजियों के आधार पर मूल्यों को देखना आसान हो जाता है। कुंजी और मानों को अलग करने के लिए घुंघराले ब्रेसिज़ और कोलन का उपयोग करके शब्दकोश बनाए जाते हैं।

स्ट्रिंग्स: स्ट्रिंग्स वर्णों के अनुक्रम हैं और पाठ्य डेटा का प्रतिनिधित्व करने के लिए उपयोग किए जाते हैं। वे अपरिवर्तनीय हैं, इसलिए आप एक स्ट्रिंग के भीतर अलग-अलग वर्णों को नहीं बदल सकते। पायथन टेक्स्ट के साथ काम करने के लिए विभिन्न स्ट्रिंग मैनिपुलेशन विधियां प्रदान करता है।

सूचियाँ, टुपल्स और शब्दकोश समझ: कॉम्प्रिहेंशन प्रत्येक आइटम के लिए एक अभिव्यक्ति को पुनरावृत्त में लागू करके सूचियाँ, टुपल्स और शब्दकोश बनाने का एक संक्षिप्त तरीका प्रदान करता है। वे पारंपरिक लूप के लिए अधिक पठनीय और कुशल विकल्प प्रदान करते हैं।

सेट और मैप्स (सेट और संग्रह मॉड्यूल का उपयोग करके): पायथन में सेट डेटा संरचना सेट का कार्यान्वयन प्रदान करती है, जबकि संग्रह मॉड्यूल विभिन्न उन्नत उपयोग मामलों के लिए डिफॉल्टडिक्ट, काउंटर और ऑर्डरेडडिक्ट जैसी विशेष डेटा संरचनाएं प्रदान करता है।

ये डेटा संरचनाएं पायथन प्रोग्रामिंग में आवश्यक बिल्डिंग ब्लॉक्स के रूप में काम करती हैं, जिससे आप डेटा संगठन और हेरफेर कार्यों की एक विस्तृत श्रृंखला को प्रभावी ढंग से संभाल सकते हैं।

अभ्यास 1:

बहुविकल्पीय प्रश्न (एमसीक्यू):

प्रश्न 1:कौन सी पायथन डेटा संरचना क्रमबद्ध, परिवर्तनशील है और डुप्लिकेट तत्वों की अनुमति देती है?

a) सूची b) टुपल

c) सेट करें d) शब्दकोश

प्रश्न 2:पायथन डिक्शनरी में, कुंजियों का उद्देश्य क्या है?

a) मूल्यों को संग्रहीत करने के लिए b) व्यवस्था बनाए रखने के लिए

c) डुप्लिकेट प्रविष्टियों की अनुमति देना d) मूल्यों की विशिष्ट पहचान करना

प्रश्न 3:कौन सी डेटा संरचना लास्ट-इन-फर्स्ट-आउट (LIFO) सिद्धांत का पालन करती है?

a) कतार b) सेट करें

c) ढेर d) टुपल

प्रश्न 4:निम्नलिखित में से कौन सा पायथन में अंतर्निहित डेटा संरचना नहीं है?

a) सरणी b) सूची

c) टुपल d) शब्दकोश

प्रश्न 5:किस पायथन डेटा संरचना का उपयोग अद्वितीय तत्वों को संग्रहीत करने और यूनियन और इंटरसेक्शन जैसे सेट संचालन का समर्थन करने के लिए किया जाता है?

a) सूची b) टुपल

c) सेट करें d) शब्दकोश

प्रश्न 6:सर्कुलर बफर को कुशलतापूर्वक लागू करने के लिए किस डेटा संरचना का उपयोग किया जाता है?

a) ढेर b) कतार

c) लिंक्ड सूची d) सेट करें

प्रश्न 7:अपरिवर्तनीय डेटा संरचना की प्रमुख विशेषता क्या है?

a) यह गतिशील रूप से अपना आकार बदल सकता है। b) इसमें डुप्लिकेट तत्व हो सकते हैं।

c) निर्माण के बाद इसके तत्वों को संशोधित नहीं किया जा सकता है। d) यह पाठ्य डेटा संग्रहीत करने के लिए उपयुक्त नहीं है।

प्रश्न 8:पायथन में कौन सा मॉड्यूल डिफॉल्टडिक्ट और ऑर्डरेडडिक्ट जैसी उन्नत डेटा संरचनाएं प्रदान करता है?

a) संग्रह b) सरणी

c) सुत्र d) गणित

उत्तर

1. ए 2. डी 3. सी 4. ए 5. सी 6. बी 7. सी 8. ए

व्यायाम 2:

सही/गलत प्रश्न:

प्रश्न 1:पायथन में सूचियाँ अपरिवर्तनीय हैं।

प्रश्न 2:टुपल्स निर्माण के बाद तत्वों को बदलने की अनुमति देते हैं।

प्रश्न 3: पायथन में शब्दकोश डेटा को संरचित, क्रमबद्ध तरीके से संग्रहीत करते हैं।

प्रश्न 4:पायथन शब्दकोश सम्मिलन के आधार पर तत्वों के क्रम को बनाए रखते हैं।

प्रश्न 5:एक कतार लास्ट-इन-फर्स्ट-आउट (LIFO) सिद्धांत का पालन करती है।

उत्तर

1. गलत 2. गलत 3. गलत 4. सही 5. गलत

व्यायाम 3:

समीक्षा प्रश्न:

प्रश्न 1: वस्तुओं के संग्रह को संग्रहीत करने के लिए पायथन में उपलब्ध प्राथमिक डेटा संरचनाएं क्या हैं?

प्रश्न 2: परिवर्तनशीलता के संदर्भ में सूचियाँ और टुपल्स किस प्रकार भिन्न हैं?

प्रश्न 3: पायथन में शब्दकोशों के लिए प्राथमिक उपयोग का मामला क्या है?

प्रश्न 4: आप एक खाली सेट को कैसे प्रारंभ करते हैं?

प्रश्न 5: क्या किसी सूची में तत्व के रूप में कोई अन्य सूची शामिल हो सकती है?

प्रश्न 6: किसी सूची में संलग्न () और विस्तार () विधियों के बीच क्या अंतर है?
प्रश्न 7: आप शब्दकोश में मूल्यों तक कैसे पहुँचते हैं?
प्रश्न 8: सूचियों और टुपल्स के साथ काम करते समय ज़िप() फ़ंक्शन का उद्देश्य क्या है?
प्रश्न 9: आप सेट से किसी तत्व को कैसे हटाते हैं?
प्रश्न 10: पायथन डिक्शनरी में किस प्रकार की कुंजियों की अनुमति है?
प्रश्न 11: क्या टुपल में सूची की तरह परिवर्तनशील तत्व शामिल हो सकते हैं?
प्रश्न 12: आप दोहराए गए तत्वों के साथ एक सूची कैसे बनाएंगे?
प्रश्न 13: सूची समझ क्या है और यह कैसे उपयोगी है?
प्रश्न 14: आप किसी सूची में तत्वों को कैसे क्रमबद्ध करते हैं?
प्रश्न 15: किसी शब्दकोश में तत्वों को जोड़ने या हटाने की प्रमुख विधियाँ क्या हैं?
प्रश्न 16: आप किसी सूची को टुपल में और इसके विपरीत कैसे परिवर्तित करते हैं?
प्रश्न 17: आप लूप का उपयोग किए बिना कैसे जांचते हैं कि कोई तत्व किसी सूची या टुपल में मौजूद है या नहीं?
प्रश्न 18: सूचियों के साथ काम करते समय enumerate() फ़ंक्शन की क्या भूमिका है?
प्रश्न 19: आप दो शब्दकोशों का विलय कैसे करते हैं?
प्रश्न 20: किसी सूची और शब्दकोश में सभी तत्वों को दोहराने के कुछ तरीके क्या हैं?

अध्याय 7: पायथन स्थिति विवरण (यदि-अन्यथा)

पायथन में सशर्त कथन आपको शर्तों के आधार पर अपने कोड में निर्णय लेने की अनुमति देते हैं। ये कथन आपके प्रोग्राम को विभिन्न कोड ब्लॉक निष्पादित करने में सक्षम बनाते हैं, जो इस बात पर निर्भर करता है कि कोई निश्चित स्थिति सही है या गलत। पायथन में सबसे आम प्रकार के सशर्त कथन हैं यदि, एलिफ ("अन्य यदि" के लिए संक्षिप्त), और अन्य कथन। आइए उनमें से प्रत्येक का अन्वेषण करें:

कथन	विवरण
यदि कथन	यदि कथन का उपयोग किसी विशिष्ट स्थिति का परीक्षण करने के लिए किया जाता है। यदि शर्त सत्य है, तो कोड का एक ब्लॉक (if-ब्लॉक) निष्पादित किया जाएगा।
यदि - अन्यथा कथन	इफ-एल्स स्टेटमेंट इफ स्टेटमेंट के समान है, सिवाय इस तथ्य के कि, यह जांच की जाने वाली स्थिति के गलत मामले के लिए कोड का ब्लॉक भी प्रदान करता है। यदि if कथन में दी गई शर्त गलत है, तो अन्यथा कथन निष्पादित किया जाएगा।
यदि कथन नेस्टेड है	नेस्टेड if कथन हमें if का उपयोग करने में सक्षम बनाते हैं? किसी बाहरी if कथन के अंदर अन्यथा कथन।

पायथन में, सशर्त कथन निर्णय लेने वाले तंत्र के रूप में कार्य करते हैं, जो आपको विशिष्ट परिस्थितियों के आधार पर अपने कार्यक्रम के प्रवाह को निर्देशित करने में सक्षम बनाते हैं। ये कथन यह मूल्यांकन करने में मदद करते हैं कि कोई विशेष स्थिति सही है या गलत, इसके बाद तदनुसार कोड ब्लॉक निष्पादित करते हैं। सबसे प्रचलित सशर्त कथन हैं यदि, एलिफ़ ("अन्य यदि" का संक्षिप्त नाम), और अन्यथा, प्रत्येक सशर्त तर्क में एक अद्वितीय भूमिका निभाता है।

यदि कथन किसी दी गई स्थिति का आकलन करता है; यदि शर्त सत्य है, तो अगला कोड ब्लॉक निष्पादित किया जाता है। यह सशर्त प्रोग्रामिंग का सबसे बुनियादी रूप है, जो आपको मूल्यांकन के लिए एकल शर्त स्थापित करने की अनुमति देता है।

दूसरी ओर, यदि-अन्यथा कथन कार्यक्षमता की एक अतिरिक्त परत लाते हैं। जबकि if भाग किसी शर्त का परीक्षण करता है, अन्य भाग एक वैकल्पिक कोड ब्लॉक प्रदान करता है जो शर्त विफल होने पर निष्पादित होगा। यह संरचना आपके प्रोग्राम को एक विशिष्ट शर्त पूरी न होने पर 'फ़ॉलबैक' योजना बनाने की अनुमति देती है।

इसके अलावा, पायथन नेस्टेड इफ़ स्टेटमेंट्स और एलिफ़ कीवर्ड के माध्यम से अधिक जटिल निर्णय लेने की अनुमति देता है। नेस्टेड इफ़ स्टेटमेंट्स का मतलब है कि आप शर्तों की कई परतों की पेशकश करते हुए एक इफ़ स्टेटमेंट को दूसरे के भीतर रख सकते हैं। एलिफ़ स्टेटमेंट का उपयोग कई स्थितियों को क्रमिक रूप से श्रृंखलाबद्ध करने के लिए किया जाता है। यह विशेष रूप से तब उपयोगी होता है जब आपके पास एक ही मूल्यांकन के लिए दो से अधिक संभावित परिणाम हों।

कुल मिलाकर, पायथन में सशर्त बयान आपके प्रोग्राम को विभिन्न इनपुट या स्थितियों पर अलग-अलग प्रतिक्रिया देने की क्षमता देते हैं। वे आपके कोड में लचीलापन और परिष्कार जोड़ते हैं, जिससे यह सामने आने वाली स्थितियों के अनुसार अनुकूलन और प्रतिक्रिया करने में सक्षम होता है।

7.1. यदि कथन

यदि कथन:यदि कथन पायथन में एक मौलिक नियंत्रण संरचना है जो आपको कोड के एक ब्लॉक को निष्पादित करने की अनुमति देता है केवल तभी जब एक निर्दिष्ट स्थिति सत्य का मूल्यांकन करती है। इसका उपयोग आपके कार्यक्रमों में निर्णय लेने की प्रक्रिया शुरू करने के लिए किया जाता है, जिससे उन्हें वर्तमान स्थिति या इनपुट के आधार पर अलग-अलग प्रतिक्रिया देने की अनुमति मिलती है।

यहां उदाहरणों के साथ if कथन का अधिक विस्तृत विवरण दिया गया है:

वाक्य - विन्यास:यदि शर्त:

यदि स्थिति सत्य है तो निष्पादित करने के लिए कोड

शर्त एक अभिव्यक्ति है जिसका मूल्यांकन सत्य या असत्य के आधार पर किया जाता है।

यदि शर्त सत्य है, तो if कथन के अंतर्गत इंडेंट किया गया कोड ब्लॉक निष्पादित किया जाता है।

यदि स्थिति गलत है, तो इंडेंटेड कोड ब्लॉक को छोड़ दिया जाता है, और प्रोग्राम if ब्लॉक के बाद अगले स्टेटमेंट के साथ जारी रहता है।

एक्स = 10

यदि x > 5:
प्रिंट करें ("x 5 से बड़ा है")
इस उदाहरण में, शर्त x > 5 सत्य पर मूल्यांकन करती है क्योंकि x वास्तव में 5 से बड़ा है। इसलिए, इंडेंटेड ब्लॉक के अंदर कोड (प्रिंट ("x 5 से बड़ा है")) निष्पादित किया जाता है, और आउटपुट "x है" 5" से अधिक.
एक और उदाहरण:
एक्स = 19
यदि x > 5:
प्रिंट करें ("x 5 से बड़ा है")

7.2. यदि-अन्यथा का उपयोग करना:

पायथन में if-else स्टेटमेंट आपको किसी शर्त के सही या गलत होने के आधार पर कोड के विभिन्न ब्लॉकों को निष्पादित करने की अनुमति देता है। यह निर्माण तब उपयोगी होता है जब आप उन मामलों के लिए वैकल्पिक कार्रवाइयां प्रदान करना चाहते हैं जहां प्रारंभिक शर्त पूरी नहीं होती है। उदाहरण के साथ यहां बताया गया है कि if-else स्टेटमेंट कैसे काम करता है:
वाक्य - विन्यास:
यदि शर्त:
यदि स्थिति सत्य है तो निष्पादित करने के लिए कोड
अन्य:
यदि स्थिति गलत है तो निष्पादित करने के लिए कोड

- यदि स्थिति सत्य है, तो if कथन के अंतर्गत इंडेंट किया गया कोड ब्लॉक निष्पादित किया जाता है, और अन्य कथन के अंतर्गत कोड ब्लॉक छोड़ दिया जाता है।
- यदि स्थिति गलत है, तो अन्य कथन के अंतर्गत इंडेंट किए गए कोड ब्लॉक को निष्पादित किया जाता है, और यदि कथन के अंतर्गत कोड ब्लॉक को छोड़ दिया जाता है।

एक्स = 7
यदि x > 10:
प्रिंट करें ("x 10 से बड़ा है")
अन्य:
प्रिंट करें ("x 10 से अधिक नहीं है")
इस उदाहरण में, x 7 है, जो 10 से अधिक नहीं है। इसलिए, शर्त x > 10 गलत है, और अन्य कथन के तहत कोड ब्लॉक निष्पादित किया गया है। आउटपुट होगा "x 10 से अधिक नहीं है"।

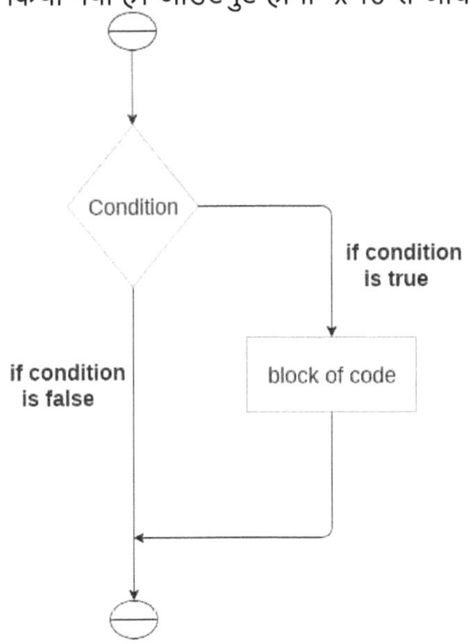

7.3. नेस्टेड यदि-अन्यथा कथन:अधिक जटिल परिदृश्यों को संभालने के लिए आप यदि-अन्यथा कथनों को भी नेस्ट कर सकते हैं।
एक्स = 12

यदि x > 5:
यदि x <10:
प्रिंट करें ("x 5 और 10 के बीच है")
अन्य:
प्रिंट करें ("x 10 से बड़ा या उसके बराबर है")
अन्य:
प्रिंट करें ("x 5 या उससे कम है")

इस उदाहरण में, बाहरी if स्थिति यह जाँचती है कि x 5 से बड़ा है या नहीं। चूँकि x वास्तव में 5 से बड़ा है, प्रोग्राम नेस्टेड ब्लॉक में प्रवेश करता है। नेस्टेड if कंडीशन जांचती है कि x 10 से कम है या नहीं। चूंकि यह कंडीशन गलत है (क्योंकि x 12 है), प्रोग्राम नेस्टेड if-else के अंदर अन्य ब्लॉक को निष्पादित करता है। परिणामस्वरूप, आउटपुट "x 10 से बड़ा या उसके बराबर है" होगा। यदि-अन्यथा कथन किसी स्थिति के सत्य मूल्य के आधार पर कार्रवाई के दो अलग-अलग तरीकों के बीच चयन करने का एक तरीका प्रदान करता है। यह प्रोग्राम प्रवाह को नियंत्रित करने और आपके कोड में निर्णय लेने के लिए एक मौलिक निर्माण है।

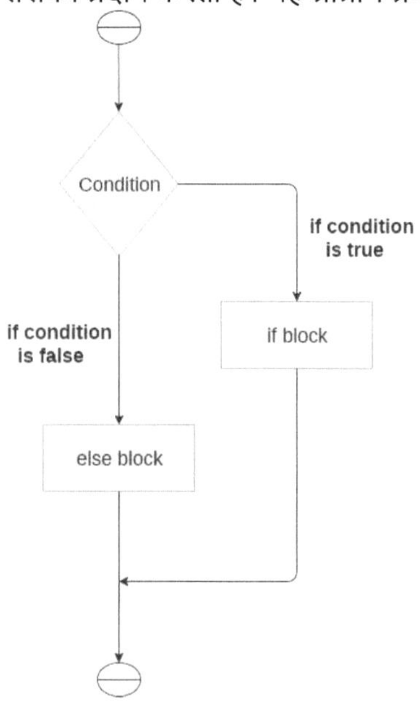

7.4. यदि-एलिफ़-अन्यथा कथन

पायथन में if-elif-else स्टेटमेंट का उपयोग तब किया जाता है जब आपके पास जांचने के लिए कई शर्तें होती हैं। यह आपको कई शर्तें और उनके संबंधित कोड ब्लॉक निर्दिष्ट करने की अनुमति देता है। यह निर्माण तब उपयोगी होता है जब आप कई संभावित परिणामों के साथ एक निर्णय वृक्ष बनाना चाहते हैं। उदाहरण के साथ यहां बताया गया है कि if-elif-else कथन कैसे काम करता है:

यदि शर्त 1:
यदि कंडीशन 1 सत्य है तो निष्पादित करने के लिए कोड
एलिफ कंडीशन2:
यदि कंडीशन 2 सही है तो कोड निष्पादित करें
एलिफ कंडीशन3:
यदि कंडीशन3 सत्य है तो निष्पादित करने के लिए कोड
अन्य:
यदि कोई भी शर्त सत्य नहीं है तो निष्पादित करने के लिए कोड

यदि स्थिति का मूल्यांकन पहले किया जाता है। यदि यह सत्य है, तो संबंधित कोड ब्लॉक निष्पादित किया जाता है, और शेष elif और else ब्लॉक छोड़ दिए जाते हैं।

यदि यदि स्थिति गलत है, तो प्रोग्राम क्रमिक रूप से एलिफ स्थितियों का मूल्यांकन करता है, पहले कोड ब्लॉक को निष्पादित करता है जहां स्थिति सही है।

यदि कोई भी शर्त (if और सभी elif शर्तों सहित) सत्य नहीं है, तो अन्य कथन के तहत कोड ब्लॉक निष्पादित किया जाता है।

एक्स = 7
यदि x > 10:
प्रिंट करें ("x 10 से बड़ा है")
एलिफ़ एक्स > 5:
प्रिंट करें ("x 5 से बड़ा है लेकिन 10 से अधिक नहीं")
अन्य:
प्रिंट करें ("x 5 या उससे कम है")

इस उदाहरण में, x 7 है। पहली शर्त x > 10 गलत है, इसलिए प्रोग्राम अगली शर्त की जाँच करता है। दूसरी शर्त x > 5 सत्य है, और संबंधित कोड ब्लॉक निष्पादित किया गया है। इसलिए, आउटपुट होगा "x 5 से बड़ा है लेकिन 10 से अधिक नहीं है"।

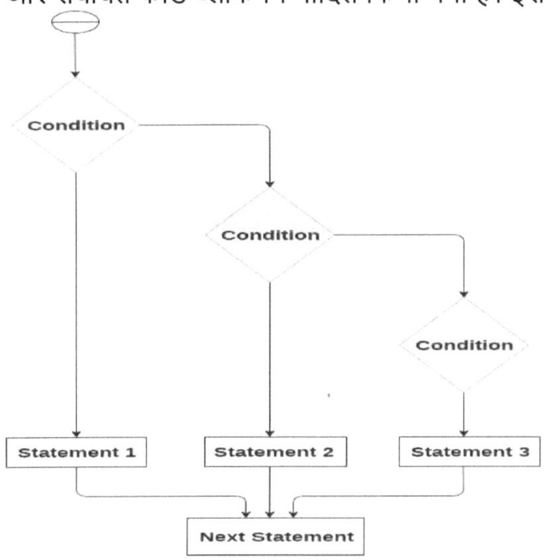

7.5. नेस्टेड if-elif-else कथन:निर्णय लेने की कई परतों के साथ अधिक जटिल परिदृश्यों को संभालने के लिए आप if-elif-else कथनों को भी नेस्ट कर सकते हैं।

एक्स = 12
यदि x > 5:
यदि x <10:
प्रिंट करें ("x 5 और 10 के बीच है")
अन्य:
प्रिंट करें ("x 10 से बड़ा या उसके बराबर है")
अन्य:
प्रिंट करें ("x 5 या उससे कम है")

इस उदाहरण में, बाहरी if स्थिति यह जाँचती है कि x 5 से बड़ा है या नहीं। चूँकि x वास्तव में 5 से बड़ा है, प्रोग्राम नेस्टेड ब्लॉक में प्रवेश करता है। नेस्टेड if कंडीशन जांचती है कि x 10 से कम है या नहीं। चूंकि यह कंडीशन गलत है (क्योंकि x 12 है), प्रोग्राम नेस्टेड if-else के अंदर अन्य ब्लॉक को निष्पादित करता है। परिणामस्वरूप, आउटपुट होगा "x 10 से बड़ा या उसके बराबर है"। if-elif-else कथन एक बहुमुखी निर्माण है जो आपको अपने कार्यक्रमों में जटिल निर्णय वृक्षों को संभालने की अनुमति देता है, जो विभिन्न के आधार पर निष्पादन के विभिन्न पथ प्रदान करता है। स्थितियाँ।

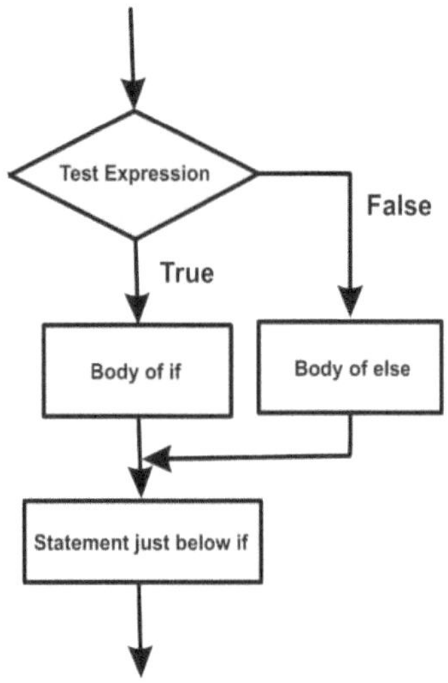

7.6. नेस्टेड यदि कथन:अधिक जटिल स्थितियों को संभालने के लिए आप सशर्त बयानों को एक-दूसरे के भीतर भी घोंसला बना सकते हैं।

पायथन में एक नेस्टेड if स्टेटमेंट तब होता है जब एक if स्टेटमेंट को दूसरे if स्टेटमेंट के अंदर रखा जाता है। यह आपको कई स्थितियों की जाँच करके और उन स्थितियों के आधार पर कोड के विभिन्न ब्लॉकों को निष्पादित करके अधिक जटिल निर्णय लेने वाली संरचनाएँ बनाने की अनुमति देता है। नेस्टेड यदि कथन विशेष रूप से तब उपयोगी होते हैं जब आपको निर्णय लेने के विभिन्न स्तरों को संभालने की आवश्यकता होती है।

यहां एक उदाहरण के साथ नेस्टेड if कथनों की अधिक विस्तृत व्याख्या दी गई है:

```
यदि बाहरी स्थिति:
# बाहरी स्थिति के लिए कोड
यदि आंतरिक_स्थिति:
# आंतरिक स्थिति के लिए कोड
अन्य:
# यदि आंतरिक स्थिति गलत है तो कोड करें
अन्य:
# यदि बाहरी स्थिति गलत है तो कोड करें
```

बाहरी यदि कथन बाहरी स्थिति का मूल्यांकन करता है। यदि यह सत्य है, तो बाहरी if कथन के अंतर्गत इंडेंट किया गया कोड ब्लॉक निष्पादित किया जाता है। यदि यह गलत है, तो प्रोग्राम बाहरी कोड ब्लॉक को छोड़ देता है और अगले कथन के साथ जारी रहता है।

यदि इनर_कंडीशन (इनर इफ स्टेटमेंट के अंदर) सत्य है, तो इनर इफ स्टेटमेंट के तहत इंडेंट किया गया कोड ब्लॉक निष्पादित किया जाता है। यदि यह गलत है, तो प्रोग्राम आंतरिक कोड ब्लॉक को छोड़ देता है और या तो अन्य ब्लॉक को निष्पादित करता है या नेस्टेड if स्टेटमेंट के बाद अगले स्टेटमेंट के साथ जारी रखता है।

```
एक्स = 12
यदि x > 5:
प्रिंट करें ("x 5 से बड़ा है")
यदि x <10:
प्रिंट करें ("x भी 10 से कम है")
अन्य:
प्रिंट करें ("x 10 से बड़ा या उसके बराबर है")
अन्य:
प्रिंट करें ("x 5 या उससे कम है")
```

इस उदाहरण में, बाहरी if स्थिति यह जाँचती है कि x 5 से बड़ा है या नहीं। चूँकि x वास्तव में 5 से बड़ा है, बाहरी if के अंतर्गत कोड ब्लॉक निष्पादित किया जाता है। बाहरी if ब्लॉक के अंदर, एक नेस्टेड if स्थिति होती है जो जांच करती है कि x 10 से कम

है या नहीं। चूँकि x 12 है, आंतरिक स्थिति गलत है, और नेस्टेड if के भीतर अन्य कथन के तहत कोड ब्लॉक निष्पादित होता है। इसलिए, आउटपुट होगा:
x 5 से बड़ा है
x, 10 से बड़ा या उसके बराबर है
नेस्टेड यदि कथन आपके कोड में निर्णय लेने की अतिरिक्त परतें जोड़ने का एक तरीका प्रदान करते हैं, जिससे आप अधिक जटिल परिदृश्यों को संभाल सकते हैं जहां कई स्थितियों का मूल्यांकन करने की आवश्यकता होती है। हालाँकि, नेस्टेड इफ़ स्टेटमेंट का उपयोग करते समय अपने कोड को व्यवस्थित और पठनीय रखना महत्वपूर्ण है, क्योंकि अत्यधिक नेस्टिंग से आपके कोड को समझना और बनाए रखना कठिन हो सकता है।

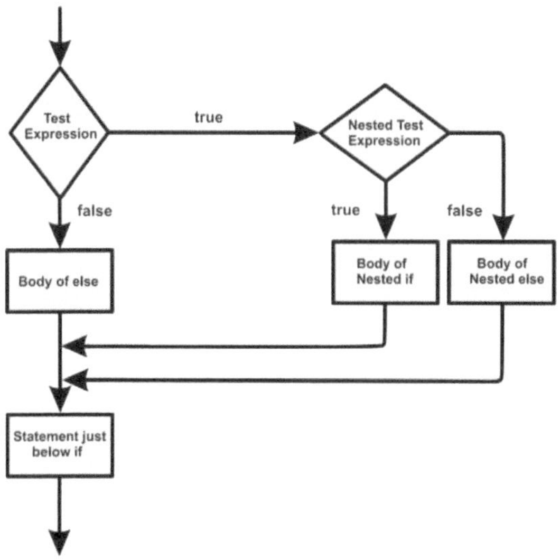

7.7. संक्षिप्त हाथ यदि कथन
पायथन में, शॉर्टहैंड इफ़ स्टेटमेंट, जिसे टर्नरी कंडीशनल ऑपरेटर के रूप में भी जाना जाता है, आपको एक शर्त का परीक्षण करने और एक पंक्ति में उस स्थिति के परिणाम के आधार पर एक मान वापस करने की अनुमति देता है।
वाक्यविन्यास है:
value_if_true यदि शर्त अन्यथा value_if_false
यह अन्यथा कथन लिखने का एक अधिक संक्षिप्त तरीका है, और इसका उपयोग अक्सर सरल सशर्त असाइनमेंट के लिए किया जाता है।
उदाहरण:
मान लीजिए कि आप एक वेरिएबल x को 'सम' मान देना चाहते हैं, यदि कोई अन्य वेरिएबल संख्या सम है, और अन्यथा 'विषम' है। यदि कथन के आशुलिपि का उपयोग करते हुए, आप लिख सकते हैं:
संख्या = 10 # कुछ पूर्णांक मान
x = 'सम' यदि संख्या % 2 == 0 अन्यथा 'विषम'
इस उदाहरण में, संख्या % 2 == 0 स्थिति की जाँच की जा रही है। यदि यह सत्य है, तो x को 'सम' मान दिया जाएगा। यदि यह गलत है, तो x को 'विषम' मान दिया जाएगा।
एक और उदाहरण:
मान लीजिए कि आपके पास दो वेरिएबल ए और बी हैं, और आप इन दोनों वेरिएबल्स में से न्यूनतम खोजना चाहते हैं और इसे न्यूनतम नामक वेरिएबल को निर्दिष्ट करना चाहते हैं।
यहां बताया गया है कि आप इसे शॉर्टहैंड इफ स्टेटमेंट के साथ कैसे कर सकते हैं:
ए = 5
बी = 10
न्यूनतम = ए यदि ए < बी अन्यथा बी
यदि a, b से कम है, तो न्यूनतम को a का मान दिया जाएगा। अन्यथा, न्यूनतम को b का मान दिया जाएगा।

जबकि आशुलिपि यदि कथन आपके कोड को अधिक संक्षिप्त बनाते हैं, तो वे इसे कम पठनीय भी बना सकते हैं यदि जाँच की जा रही स्थिति जटिल है या यदि आप कई टर्नरी ऑपरेटरों को नेस्ट कर रहे हैं। ऐसे मामलों में, स्पष्टता के लिए पारंपरिक यदि-अन्यथा कथनों पर टिके रहना अक्सर बेहतर होता है।

7.8. शॉर्ट हैंड यदि..अन्यथा कथन

पायथन में, यदि शॉर्टहैंड ... अन्यथा कथन, जिसे आमतौर पर टर्नरी कंडीशनल ऑपरेटर के रूप में जाना जाता है, आपको एक एकल, अधिक संक्षिप्त पंक्ति में यदि-अन्यथा स्थिति निष्पादित करने देता है। यह साधारण सशर्त जाँचों के लिए विशेष रूप से उपयोगी है।

वाक्य - विन्यास

पायथन में शॉर्टहैंड if... else स्टेटमेंट का सिंटैक्स है:

परिणाम = value_if_true यदि शर्त अन्यथा value_if_false

यहां सबसे पहले स्थिति का मूल्यांकन किया जाता है. यदि यह सत्य है, तो परिणाम को value_if_true निर्दिष्ट किया जाता है। यदि यह गलत है, तो परिणाम को value_if_false असाइन किया गया है।

उदाहरण 1: सरल स्थिति

मान लीजिए कि आप यह निर्धारित करना चाहते हैं कि कोई संख्या सम है या विषम। आम तौर पर, आप इस तरह if-else कथन का उपयोग करेंगे:

```
संख्या = 10 # एक उदाहरण संख्या

यदि संख्या % 2 == 0:
परिणाम = "सम"
अन्य:
परिणाम = "अजीब"
```

शॉर्टहैंड if... else कथन का उपयोग करके, आप एक ही पंक्ति में समान परिणाम प्राप्त कर सकते हैं:

```
संख्या = 10 # एक उदाहरण संख्या
परिणाम = "सम" यदि संख्या % 2 == 0 अन्यथा "विषम"
```

उदाहरण 2: न्यूनतम मान ज्ञात करना

दूसरे उदाहरण में, मान लीजिए कि आपके पास दो संख्याएँ हैं, a और b, और आप दोनों का न्यूनतम ज्ञात करना चाहते हैं।

पारंपरिक यदि-अन्यथा दृष्टिकोण:

```
ए = 5
बी = 10

यदि ए < बी:
न्यूनतम = ए
अन्य:
न्यूनतम = बी
```

आशुलिपि का उपयोग करना यदि... अन्यथा:

```
ए = 5
बी = 10
न्यूनतम = ए यदि ए < बी अन्यथा बी
```

पठनीयता संबंधी विचार

हालाँकि शॉर्टहैंड if... else आपके कोड को अधिक संक्षिप्त बना सकता है, लेकिन इसका उपयोग विवेकपूर्ण तरीके से करना महत्वपूर्ण है। जटिल स्थितियों या एकाधिक नेस्टेड स्थितियों के लिए, शॉर्टहैंड सिंटैक्स को पढ़ना और समझना कठिन हो सकता है। ऐसे मामलों में, स्पष्टता के लिए मानक यदि-अन्यथा कथनों का उपयोग करना अक्सर बेहतर होता है।

शॉर्टहैंड if... else पायथन में if-else शर्तों को निष्पादित करने का एक अधिक कॉम्पैक्ट तरीका है, लेकिन पठनीयता बनाए रखने के लिए यह सरल स्थितियों के लिए सबसे उपयुक्त है।

7.9. और या नहीं बयान

पायथन में, आप अधिक जटिल सशर्त तर्क बनाने के लिए यदि और अन्य कथनों के साथ तार्किक ऑपरेटरों और, या, और नहीं का उपयोग कर सकते हैं। ये ऑपरेटर हैं:

और: यदि दोनों स्थितियाँ सत्य हैं तो सत्य लौटाता है
या: यदि कम से कम एक शर्त सत्य है तो सत्य लौटाता है
नहीं: यदि स्थिति गलत है तो सत्य लौटाता है

और यदि कथनों का उपयोग करना

और ऑपरेटर का उपयोग तब किया जाता है जब आप चाहते हैं कि कई शर्तें सत्य हों।

एक्स = 10
y = 5

यदि x > 5 और y > 1:
प्रिंट करें ("दोनों स्थितियाँ सत्य हैं")
अन्य:
प्रिंट करें ("कम से कम एक शर्त गलत है")

इफ़ स्टेटमेंट्स का उपयोग करना

या ऑपरेटर का उपयोग तब किया जाता है जब कम से कम एक शर्त का सत्य होना आवश्यक होता है।

एक्स = 2
y = 5

यदि x > 5 या y > 1:
प्रिंट करें ("कम से कम एक शर्त सत्य है")
अन्य:
प्रिंट करें ("दोनों स्थितियाँ गलत हैं")

if कथनों में not का उपयोग करना

किसी शर्त को उलटने के लिए नॉट ऑपरेटर का उपयोग किया जाता है।

एक्स = 10

यदि नहीं x <5:
प्रिंट करें ("x 5 से कम नहीं है")
अन्य:
प्रिंट करें ("x 5 से कम है")

संयोजन और, या, नहीं

आप अधिक जटिल स्थितियों के लिए इन तार्किक ऑपरेटरों को जोड़ सकते हैं।

एक्स = 10
y = 5
जेड = -1

यदि x > 5 और (y > 1 या नहीं z > 0):
प्रिंट करें ("जटिल स्थिति सत्य है")
अन्य:
प्रिंट करें ("जटिल स्थिति गलत है")

इस उदाहरण में, स्थिति x > 5 और (y > 1 या नहीं z > 0) का मूल्यांकन सत्य होगा क्योंकि:

x > 5 सत्य है
y > 1 या नहीं z > 0 सत्य है क्योंकि y > 1 सत्य है

चूँकि दोनों सत्य हैं, और ऑपरेटर सत्य लौटाता है, और इस प्रकार if ब्लॉक निष्पादित होता है।
इन तार्किक ऑपरेटरों की प्राथमिकता और संबद्धता को समझना (पहले मूल्यांकन नहीं किया जाता है, उसके बाद और, और फिर या) आपको जटिल परिस्थितियों में उन्हें प्रभावी ढंग से संयोजित करने में मदद कर सकता है। जब आवश्यक हो तो मूल्यांकन के क्रम को स्पष्ट रूप से निर्दिष्ट करने के लिए कोष्ठक का उपयोग करें।

सारांश

उद्देश्य:सशर्त कथन विशिष्ट स्थितियों के आधार पर विभिन्न कोड ब्लॉक निष्पादित करके पायथन कार्यक्रमों में निर्णय लेने की अनुमति देते हैं।
यदि कथन:कोड का एक ब्लॉक तभी निष्पादित होता है जब दी गई शर्त सत्य होती है।
यदि अन्यथा कथन:"if" कथन में स्थिति गलत होने पर निष्पादित करने के लिए एक वैकल्पिक कोड ब्लॉक प्रदान करता है।
यदि-एलिफ़-अन्यथा कथन:अनुक्रम में कई स्थितियों को संभालता है, सामने आई पहली वास्तविक स्थिति से जुड़े ब्लॉक को निष्पादित करता है।
नेस्टेड यदि कथन:जटिल निर्णय संरचनाओं को सक्षम करते हुए, एक या अधिक सशर्त बयानों को दूसरे के भीतर रखने की अनुमति देता है।
स्थितियाँ:वे अभिव्यक्तियाँ हैं जो "==, "!=, "<", ">", "<=, ">=, और तार्किक ऑपरेटरों "और", " जैसे तुलनात्मक ऑपरेटरों का उपयोग करके सही या गलत का मूल्यांकन करती हैं। या नहीं"।
प्रवाह नियंत्रण:विभिन्न स्थितियों के आधार पर गतिशील व्यवहार को सक्षम करने, कार्यक्रम प्रवाह को निर्देशित करने के लिए सशर्त बयान महत्वपूर्ण हैं।

अभ्यास 1:

बहुविकल्पीय प्रश्न (एमसीक्यू):

प्रश्न 1:फॉर्म का शीर्षपायथन में सशर्त कथनों का प्राथमिक उद्देश्य क्या है?

a) कोड ब्लॉक को दोहराने के लिए b) फ़ंक्शन बनाने के लिए

c) शर्तों के आधार पर निर्णय लेना और कोड निष्पादित करना d) अपवादों को संभालने के लिए

प्रश्न 2:किसी निर्दिष्ट शर्त के सत्य होने पर ही कोड के ब्लॉक को निष्पादित करने के लिए किस कथन का उपयोग किया जाता है?

a) यदि-अन्यथा b) यदि

c) के लिए d) जबकि

प्रश्न 3:कौन सा पायथन लॉजिकल ऑपरेटर दो स्थितियों को जोड़ता है और केवल तभी सत्य का मूल्यांकन करता है जब दोनों स्थितियाँ सत्य हों?

a) और b)या

c) नहीं d) एक्सओआर

प्रश्न 4:"यदि-अन्यथा" कथन में "अन्यथा" भाग का उद्देश्य क्या है?

a) यह "यदि" स्थिति सत्य होने पर निष्पादित करने के लिए कोड का एक वैकल्पिक ब्लॉक प्रदान करता है।

b) यह तब निष्पादित होता है जब "यदि" स्थिति सत्य होती है।

c) यह तब निष्पादित होता है जब "if" शर्त गलत होती है।

d) यह कई स्थितियों को संभालता है।

प्रश्न 5:एकाधिक स्थितियों को संभालने और पहली सच्ची स्थिति से जुड़े ब्लॉक को निष्पादित करने के लिए किस कथन का उपयोग किया जाता है?

a) यदि-अन्यथा b) यदि

c) यदि-एलिफ़-अन्यथा d) एलिफ

प्रश्न 6:व्यंजक 10 > 5 और 7 <3 का परिणाम क्या है?

a) सच्चा b) गलत

c) त्रुटि d) कोई नहीं

प्रश्न 7:दो मान बराबर हैं या नहीं इसकी तुलना करने के लिए किस प्रकार के ऑपरेटर का उपयोग किया जाता है?

a) असाइनमेंट ऑपरेटर (=) b) समानता ऑपरेटर (==)

c) तुलना ऑपरेटर (>) d) तार्किक ऑपरेटर (और)

प्रश्न 8:नेस्टेड if कथनों में, आंतरिक if कथन किस उद्देश्य की पूर्ति करता है?

a) यह बाहरी स्थिति की परवाह किए बिना कार्यान्वित होता है। b) यह भ्रम पैदा करता है और इससे बचना चाहिए।

c) यह कोड में जटिलता की एक अतिरिक्त परत जोड़ता है। d) यह बाहरी स्थिति के परिणाम के आधार पर अतिरिक्त जांच की अनुमति देता है।

उत्तर

1. सी 2. बी 3. ए 4. सी 5. सी 6. बी 7. बी 8. डी

व्यायाम 2:

सही या गलत कथन:

1. सही या गलत: सशर्त बयानों का उपयोग विशिष्ट स्थितियों के आधार पर विभिन्न कोड ब्लॉकों को निष्पादित करने के लिए किया जाता है।
2. सही या गलत: पायथन में "if" स्टेटमेंट कोड के एक ब्लॉक को केवल तभी निष्पादित करता है जब निर्दिष्ट स्थिति गलत हो।
3. सही या गलत: "अगर-और" कथन का उपयोग कई स्थितियों को संभालने और पहली सच्ची स्थिति से जुड़े ब्लॉक को निष्पादित करने के लिए किया जाता है।
4. सही या गलत: पायथन में स्थितियाँ या तो सही या गलत का मूल्यांकन करती हैं, और "और", "या", और "नहीं" जैसे तार्किक ऑपरेटरों का उपयोग स्थितियों को संयोजित करने के लिए किया जा सकता है।
5. सही या ग़लत: यदि कथन जटिल निर्णय संरचनाएँ बनाने के लिए एक या अधिक सशर्त कथनों को दूसरे के भीतर रखने की अनुमति देते हैं तो नेस्टेड।

उत्तर

1. सही2. गलत 3. गलत 4. सही 5. सही

व्यायाम 3:

समीक्षा प्रश्न:

प्रश्न 1:पायथन में सशर्त कथनों का प्राथमिक उद्देश्य क्या है?
प्रश्न 2:क्या आप if स्टेटमेंट का मूल सिंटैक्स समझा सकते हैं?
प्रश्न 3:एलिफ कीवर्ड इफ़ स्टेटमेंट की कार्यक्षमता को कैसे बढ़ाता है?
प्रश्न 4:सशर्त कथनों में अन्य कीवर्ड क्या भूमिका निभाता है?
प्रश्न 5:क्या आप if कथनों को एक दूसरे के भीतर घोंसला बना सकते हैं? ऐसा करने से क्या फायदा या नुकसान है?
प्रश्न 6:पायथन किसी स्थिति में शून्य मान की व्याख्या कैसे करता है?
प्रश्न 7:किसी स्थिति में किस प्रकार के डेटा का मूल्यांकन सही या गलत के रूप में किया जा सकता है?
प्रश्न 8:और और या ऑपरेटरों के संदर्भ में शॉर्ट-सर्किट मूल्यांकन क्या है?
प्रश्न 9:सशर्त कथनों में नॉट ऑपरेटर का उपयोग कैसे किया जाता है?
प्रश्न 10:क्या आप सशर्त ऑपरेटरों का उपयोग करके दो स्ट्रिंग्स की तुलना कर सकते हैं? यदि हां, तो पायथन स्थिति का मूल्यांकन कैसे करता है?
प्रश्न 11:आप एक ही if कथन में एकाधिक स्थितियों की जाँच कैसे करते हैं?
प्रश्न 12:पायथन सशर्त कथनों में इंडेंटेशन का क्या महत्व है?
प्रश्न 13:क्या प्रत्येक if कथन के साथ elif और else खंडों का उपयोग करना आवश्यक है?
प्रश्न 14:किसी सूची या टुपल में किसी आइटम की जांच करने के लिए आप in कीवर्ड का उपयोग कैसे करते हैं?
प्रश्न 15:क्या आप if स्थिति में तार्किक ऑपरेटरों (और, या, नहीं) का उपयोग कर सकते हैं?
प्रश्न 16:यह जांचने के लिए आप एक शर्त कैसे लिखेंगे कि कोई चर न तो कोई नहीं है और न ही खाली है?
प्रश्न 17:क्या आप सूची समझ के अंतर्गत सशर्त कथनों का उपयोग कर सकते हैं?
प्रश्न 18:टर्नरी कंडीशनल ऑपरेटर्स क्या हैं, और वे यदि-अन्यथा कथनों को कैसे सरल बनाते हैं?
प्रश्न 19:आप कैसे परीक्षण करते हैं कि if स्टेटमेंट में कोई शब्दकोश कुंजी मौजूद है या नहीं?
प्रश्न 20:सशर्त कथन for और while जैसे लूप के साथ कैसे इंटरैक्ट करते हैं?

अध्याय 8: फ़ंक्शन और लूप

पायथन में लूप्स प्रोग्रामिंग संरचनाएं हैं जो आपको कोड के एक ब्लॉक को कई बार दोहराने की अनुमति देती हैं। इनका उपयोग दोहराए जाने वाले कार्यों को स्वचालित करने, अनुक्रमों (जैसे सूचियां या स्ट्रिंग) पर पुनरावृत्ति करने और एक निश्चित शर्त पूरी होने तक क्रियाएं करने के लिए किया जाता है।

पायथन में, लूप और फ़ंक्शन मौलिक संरचनाएं हैं जो अधिक कुशल और पुन: प्रयोज्य कोड को सक्षम करते हैं। एक लूप किसी क्रिया या क्रियाओं के अनुक्रम को दोहराने की अनुमति देता है। पायथन में दो प्राथमिक प्रकार के लूप हैं फॉर लूप्स और व्हाइल लूप्स। एक लूप एक सूची या एक स्ट्रिंग की तरह एक अपरिवर्तनीय पर पुनरावृत्त होता है, प्रत्येक तत्व के लिए कोड के एक ब्लॉक को निष्पादित करता है। जब तक एक निश्चित स्थिति सत्य रहती है तब तक while लूप का निष्पादन जारी रहता है।

दूसरी ओर, फ़ंक्शंस कोड के पुन: प्रयोज्य टुकड़े होते हैं जो विशिष्ट कार्य करते हैं। def कीवर्ड का उपयोग करके परिभाषित, फ़ंक्शन इनपुट (तर्क) ले सकते हैं और आउटपुट लौटा सकते हैं। वे मॉड्यूलर प्रोग्रामिंग और कोड संगठन के लिए आवश्यक हैं।

लूप और फ़ंक्शंस का संयोजन शक्तिशाली हो सकता है। उदाहरण के लिए, किसी फ़ंक्शन में दोहरावदार गणना या कार्रवाई करने के लिए एक लूप शामिल हो सकता है। इसी तरह, एक लूप विभिन्न तर्कों के साथ एक फ़ंक्शन को कई बार कॉल कर सकता है, जिससे कोड दोहराव कम हो जाता है।

पायथन में दो मुख्य प्रकार के लूप हैं: "लूप के लिए" और "जबकि लूप।" पायथन में, लूप के लिए कोई सी शैली नहीं है, अर्थात, (i=0; i <n; i++) के लिए। एक "फॉर" लूप है जो अन्य भाषाओं में प्रत्येक लूप के समान है। आइए जानें कि अनुक्रमिक ट्रैवर्सल के लिए लूप का उपयोग कैसे करें।

8.1. लूप्स के लिए

पायथन में "फॉर लूप" का उपयोग अनुक्रम (जैसे कि सूची, टुपल, स्ट्रिंग, या रेंज) पर पुनरावृत्ति करने और अनुक्रम में प्रत्येक तत्व के लिए क्रियाओं का एक सेट करने के लिए किया जाता है। लूप अनुक्रम में प्रत्येक आइटम के माध्यम से पुनरावृत्त होता है और प्रत्येक पुनरावृत्ति के लिए कोड के एक ब्लॉक को निष्पादित करता है।

यहां पायथन में फॉर लूप का मूल सिंटैक्स दिया गया है:

क्रम में तत्व के लिए:

प्रत्येक तत्व के लिए # कोड निष्पादित किया जाना है

- **तत्व**: एक चर जो प्रत्येक पुनरावृत्ति के दौरान अनुक्रम में प्रत्येक आइटम का मान लेगा।
- **अनुक्रम**: उन वस्तुओं का क्रम जिन पर आप पुनरावृति करना चाहते हैं।

कोलन के बाद कोड का इंडेंटेड ब्लॉक अनुक्रम में प्रत्येक तत्व के लिए निष्पादित किया जाएगा।

यहां संख्याओं की सूची को दोहराने और प्रत्येक संख्या को प्रिंट करने के लिए लूप के उपयोग का एक उदाहरण दिया गया है:

संख्याएँ = [1, 2, 3, 4, 5]

संख्याओं में संख्या के लिए:

प्रिंट(संख्या)

आउटपुट:

1

2

3

4

5

इस उदाहरण में, लूप संख्या सूची में प्रत्येक तत्व (संख्या) के माध्यम से पुनरावृत्त होता है और उसे प्रिंट करता है।

आप पुनरावृत्त करने के लिए संख्याओं का अनुक्रम उत्पन्न करने के लिए रेंज() फ़ंक्शन का भी उपयोग कर सकते हैं। यहाँ एक उदाहरण है:

रेंज में i के लिए (1, 6):

प्रिंट(i)

आउटपुट:

1

2

3

4
5
इस उदाहरण में, रेंज (1, 6) 1 से 5 (समावेशी) तक संख्याएँ उत्पन्न करती है और लूप इन संख्याओं पर पुनरावृत्ति करता है, प्रत्येक को प्रिंट करता है।
लूप्स का उपयोग विभिन्न प्रकार के कार्यों के लिए किया जा सकता है, जैसे कंटेनर में तत्वों को संसाधित करना, गणना करना और बहुत कुछ। बस याद रखें कि पायथन में इंडेंटेशन महत्वपूर्ण है, क्योंकि यह लूप के शरीर के दायरे को परिभाषित करता है।

8.1.1. पायथन में रेंज() फ़ंक्शन

पायथन में रेंज() फ़ंक्शन का उपयोग संख्याओं का अनुक्रम उत्पन्न करने के लिए किया जाता है। इसका उपयोग आमतौर पर लूप के साथ किया जाता है, विशेष रूप से लूप के लिए, मानों की एक विशिष्ट श्रेणी पर पुनरावृति करने के लिए। रेंज() फ़ंक्शन एक अपरिवर्तनीय अनुक्रम प्रकार लौटाता है जो पूर्णांकों की एक श्रृंखला का प्रतिनिधित्व करता है। यह ध्यान रखना महत्वपूर्ण है कि रेंज() फ़ंक्शन स्वयं संख्याओं की सूची नहीं बनाता है; बल्कि, यह आवश्यकतानुसार तुरंत संख्याएँ उत्पन्न करता है।
यहां रेंज() फ़ंक्शन का सिंटैक्स दिया गया है:
रेंज (प्रारंभ, रोकें, कदम)

- **शुरू**: रेंज का प्रारंभिक मूल्य (समावेशी)। यदि छोड़ दिया जाए, तो यह 0 पर डिफॉल्ट हो जाता है।
- **रुकना**: सीमा का रोक मूल्य (अनन्य)। अनुक्रम इस मान तक मान उत्पन्न करेगा, लेकिन इसमें शामिल नहीं होगा।
- **कदम**: अनुक्रम में लगातार संख्याओं के बीच का अंतर। यदि छोड़ दिया जाए, तो यह 1 पर डिफॉल्ट हो जाता है।

अब, आइए यह समझने के लिए कुछ उदाहरण देखें कि रेंज() फ़ंक्शन कैसे काम करता है:
उदाहरण 1: 0 से 4 (4 को छोड़कर) तक संख्याओं का अनुक्रम उत्पन्न करना।
श्रेणी में संख्या के लिए (5):
प्रिंट(संख्या)
आउटपुट:
0
1
2
3
उदाहरण 2: 0 से 10 (10 को छोड़कर) तक सम संख्याओं का अनुक्रम उत्पन्न करना।
श्रेणी में संख्या के लिए (0, 10, 2):
प्रिंट(संख्या)
आउटपुट:
0
2
4
6
8
उदाहरण 3: 1 से 10 तक की संख्याओं के योग की गणना करने के लिए लूप में रेंज() का उपयोग करना।
कुल = 0
श्रेणी में संख्या के लिए (1, 11):
कुल += संख्या
प्रिंट(कुल)
आउटपुट:
55
रेंज() फ़ंक्शन मेमोरी-कुशल है क्योंकि यह एक ही बार में संख्याओं का संपूर्ण अनुक्रम उत्पन्न नहीं करता है। इसके बजाय, जब आप उन पर पुनरावृत्ति करते हैं तो यह तुरंत संख्याएँ उत्पन्न करता है। यह अत्यधिक मेमोरी का उपभोग किए बिना बड़ी रेंज के माध्यम से पुनरावृत्ति के लिए इसे विशेष रूप से उपयोगी बनाता है।
ध्यान रखें कि यदि आपको संख्याओं की वास्तविक सूची की आवश्यकता है, तो आप सूची() फ़ंक्शन का उपयोग करके रेंज() को सूची में परिवर्तित कर सकते हैं:
संख्या_सूची = सूची(श्रेणी(1, 6))

प्रिंट(संख्या_सूची) # आउटपुट: [1, 2, 3, 4, 5]
कुल मिलाकर, रेंज() फ़ंक्शन संख्याओं के अनुक्रम उत्पन्न करने के लिए एक बहुमुखी उपकरण है, खासकर जब लूप के साथ संयोजन में उपयोग किया जाता है।

8.1.2. लूप के साथ अन्य कथन का उपयोग करना

पायथन में, आप कोड के एक ब्लॉक को निर्दिष्ट करने के लिए लूप के साथ अन्य स्टेटमेंट का उपयोग कर सकते हैं जिसे लूप के सामान्य रूप से पूरा होने के बाद निष्पादित किया जाना चाहिए (यानी, ब्रेक स्टेटमेंट से बाधित नहीं)। यदि लूप ब्रेक स्टेटमेंट का सामना किए बिना सभी पुनरावृत्तियों के माध्यम से चलता है तो अन्य ब्लॉक के अंदर का कोड निष्पादित किया जाएगा। यह तब उपयोगी हो सकता है जब आप कोई कार्रवाई तभी करना चाहते हैं जब लूप पुनरावृत्तियों के दौरान कोई शर्त पूरी न हो।
किसी अन्य कथन के साथ लूप के लिए सिंटैक्स यहां दिया गया है:
अनुक्रम में चर के लिए:
लूप बॉडी
अन्य:
यदि लूप सामान्य रूप से पूरा होता है तो निष्पादित करने के लिए कोड
अब, आइए लूप के साथ अन्य कथन के उपयोग को दर्शाने के लिए कुछ उदाहरण देखें:
उदाहरण 1: किसी अन्य ब्लॉक के साथ लूप का उपयोग करके यह जांचना कि कोई संख्या अभाज्य है या नहीं।
संख्या = 17
रेंज में i के लिए (2, int(num ** 0.5) + 1):
यदि संख्या % मैं == 0:
प्रिंट (संख्या, "प्राइम नहीं है")
तोड़ना
अन्य:
प्रिंट (संख्या, "प्रमुख है")
आउटपुट:
17 अभाज्य है
इस उदाहरण में, लूप 2 से लेकर संख्या के वर्गमूल तक की संख्याओं को दोहराता है, यह जाँचता है कि उनमें से कोई भी संख्या को समान रूप से विभाजित करता है या नहीं। यदि एक विभाजक पाया जाता है, तो लूप टूट जाता है और अन्य ब्लॉक निष्पादित नहीं होता है। यदि लूप विभाजक ढूंढे बिना पूरा हो जाता है, तो अन्य ब्लॉक निष्पादित होता है, जो दर्शाता है कि संख्या अभाज्य है।
उदाहरण 2: किसी अन्य ब्लॉक के साथ फॉर लूप का उपयोग करके किसी सूची में एक तत्व ढूंढना।
मेरी_सूची = [1, 2, 3, 4, 5]
खोज_मूल्य - 6
my_list में आइटम के लिए:
यदि आइटम == search_value:
प्रिंट करें ("मिला", search_value)
तोड़ना
अन्य:
प्रिंट (search_value, "सूची में नहीं मिला")
आउटपुट:
6 सूची में नहीं मिले
इस उदाहरण में, लूप my_list में आइटमों के माध्यम से पुनरावृत्त होता है और search_value की खोज करता है। यदि मान पाया जाता है, तो लूप टूट जाता है और अन्य ब्लॉक निष्पादित नहीं होता है। यदि लूप मान खोजे बिना पूरा हो जाता है, तो अन्य ब्लॉक निष्पादित होता है, जो दर्शाता है कि मान सूची में मौजूद नहीं है।
लूप के साथ अन्य कथन उन परिदृश्यों को संभालने के लिए एक शक्तिशाली उपकरण हो सकता है जहां आप केवल एक कार्रवाई करना चाहते हैं यदि लूप के पुनरावृत्तियों के दौरान एक निश्चित शर्त पूरी नहीं होती है।

8.1.3. तोड़ो बयान

ब्रेक स्टेटमेंट पायथन में एक नियंत्रण प्रवाह स्टेटमेंट है जिसका उपयोग एक निश्चित शर्त पूरी होने पर तुरंत आंतरिक लूप (या तो लूप या थोड़ी देर के लूप) से बाहर निकलने के लिए किया जाता है। इसका उपयोग आमतौर पर किसी लूप को समय से पहले समाप्त करने के लिए किया जाता है जब आपने कोई विशिष्ट लक्ष्य या स्थिति हासिल कर ली हो, जिससे आप सभी पुनरावृत्तियों को पूरा किए बिना लूप से जल्दी बाहर निकल सकते हैं।

यहां ब्रेक स्टेटमेंट का सिंटैक्स दिया गया है:

अनुक्रम में चर के लिए:

यदि शर्त:

कुछ कोड

ब्रेक # तुरंत लूप से बाहर निकलें

अब, आइए ब्रेक स्टेटमेंट के उपयोग को स्पष्ट करने के लिए कुछ उदाहरण देखें:

उदाहरण 1: किसी सूची में पहली सम संख्या ज्ञात करने के लिए ब्रेक का उपयोग करना।

संख्याएँ = [3, 5, 8, 11, 12, 15]

संख्याओं में संख्या के लिए:

यदि संख्या % 2 == 0:

प्रिंट करें ("पहली सम संख्या मिली:", संख्या)

तोड़ना

आउटपुट:

प्रथम सम संख्या पाई गई: 8

इस उदाहरण में, लूप संख्या सूची के माध्यम से पुनरावृत्त होता है और जाँचता है कि क्या प्रत्येक संख्या सम है। एक बार जब एक सम संख्या मिल जाती है, तो ब्रेक स्टेटमेंट सामने आता है, जिससे लूप तुरंत समाप्त हो जाता है और प्रोग्राम पाए गए सम संख्या को प्रिंट कर देता है।

उदाहरण 2: किसी सूची में किसी विशिष्ट नाम को खोजने के लिए ब्रेक का उपयोग करना।

नाम = ["ऐलिस", "बॉब", "चार्ली", "डेविड", "ईव"]

search_name = "चार्ली"

नामों में नाम के लिए:

यदि नाम == search_name:

प्रिंट (search_name, "सूची में पाया गया।")

तोड़ना

अन्य:

प्रिंट (search_name, "सूची में नहीं मिला।")

चार्ली को सूची में पाया गया।

इस उदाहरण में, लूप नाम सूची के माध्यम से पुनरावृत्त होता है और प्रत्येक नाम की तुलना search_name से करता है। यदि search_name मिल जाता है, तो लूप टूट जाता है, और प्रोग्राम एक संदेश प्रिंट करता है जो दर्शाता है कि नाम मिल गया है। यदि लूप नाम ढूंढे बिना पूरा हो जाता है, तो अन्य ब्लॉक निष्पादित हो जाता है, जो दर्शाता है कि नाम सूची में मौजूद नहीं है।

ब्रेक स्टेटमेंट तब उपयोगी होता है जब आपको किसी निश्चित स्थिति के आधार पर लूप के निष्पादन को समय से पहले रोकने की आवश्यकता होती है। हालाँकि, अप्रत्याशित व्यवहार से बचने के लिए इसका सावधानीपूर्वक उपयोग करना महत्वपूर्ण है, जैसे कि गलती से आवश्यक पुनरावृत्तियों को छोड़ देना या अनपेक्षित तर्क त्रुटियाँ पैदा करना।

8.1.4. वक्तव्य जारी रखें

जारी रखें कथन पायथन में एक नियंत्रण प्रवाह कथन है जिसका उपयोग लूप के वर्तमान पुनरावृत्ति (या तो लूप या थोड़ी देर के लूप) के अंदर शेष कोड को छोड़ने और अगले पुनरावृत्ति पर जाने के लिए किया जाता है। इसका उपयोग आमतौर पर तब किया जाता है जब आप लूप को पूरी तरह से समाप्त किए बिना, किसी विशिष्ट स्थिति के आधार पर कुछ पुनरावृत्तियों को छोड़ना चाहते हैं। लूप अगले पुनरावृत्ति के साथ जारी रहता है, वर्तमान पुनरावृत्ति के भीतर जारी कथन का अनुसरण करने वाले किसी भी कोड को दरकिनार कर देता है।

यहां जारी कथन का सिंटैक्स दिया गया है:

अनुक्रम में चर के लिए:

यदि शर्त:

कुछ कोड

जारी रखें # इस पुनरावृत्ति में शेष कोड को छोड़ें और अगले पुनरावृत्ति पर जाएँ
अब, आइए जारी कथन के उपयोग को स्पष्ट करने के लिए कुछ उदाहरण देखें:
उदाहरण 1: किसी सूची में विषम संख्याओं को छोड़ना।
संख्याएँ = [1, 2, 3, 4, 5, 6, 7, 8, 9, 10]
संख्याओं में संख्या के लिए:
यदि संख्या % 2 != 0:
जारी रखना
प्रिंट करें ("सम संख्या:", संख्या)
आउटपुट:
सम संख्या: 2
सम संख्या: 4
सम संख्या: 6
सम संख्या: 8
सम संख्या: 10
इस उदाहरण में, लूप संख्या सूची के माध्यम से पुनरावृत्त होता है। जब एक विषम संख्या सामने आती है, तो जारी कथन चालू हो जाता है, उस पुनरावृत्ति (प्रिंट स्टेटमेंट) में शेष कोड को छोड़कर अगले पुनरावृत्ति पर चला जाता है।
नाम = ["ऐलिस", "बॉब", "चार्ली", "डेविड", "ईव"]
नाम_टू_स्किप = ["बॉब", "ईव"]
नामों में नाम के लिए:
यदि नाम में नाम_तो_छोड़ें:
जारी रखना
प्रिंट करें ("प्रसंस्करण:", नाम)
आउटपुट:
प्रसंस्करण: ऐलिस
प्रसंस्करण: चार्ली
प्रसंस्करण: डेविड
इस उदाहरण में, लूप नाम सूची के माध्यम से पुनरावृत्त होता है। जब Names_to_skip सूची में मौजूद कोई नाम सामने आता है, तो जारी कथन चालू हो जाता है, उस नाम की प्रोसेसिंग को छोड़कर अगले नाम पर चला जाता है।
जारी रखें कथन तब उपयोगी हो सकता है जब आपको विशिष्ट स्थितियों के आधार पर कुछ पुनरावृत्तियों को चुनिंदा रूप से छोड़ने की आवश्यकता होती है। हालाँकि, यह सुनिश्चित करने के लिए इसका विवेकपूर्ण उपयोग करना महत्वपूर्ण है कि आपका लूप लॉजिक स्पष्ट और समझने में आसान रहे, क्योंकि जारी कथनों का अत्यधिक उपयोग कभी-कभी कोड को अधिक जटिल और बनाए रखने में कठिन बना सकता है।

8.1.5. अन्यथा लूप के लिए

पायथन में फॉर लूप में, आप कोड के एक ब्लॉक को निर्दिष्ट करने के लिए अन्य स्टेटमेंट का उपयोग कर सकते हैं जिसे लूप के सामान्य रूप से पूरा होने के बाद निष्पादित किया जाना चाहिए (यानी, ब्रेक स्टेटमेंट से बाधित हुए बिना)। यदि लूप को ब्रेक स्टेटमेंट द्वारा समाप्त किया जाता है तो अन्य ब्लॉक निष्पादित नहीं किया जाएगा। यह तब उपयोगी हो सकता है जब आप कोई कार्रवाई तभी करना चाहते हैं जब लूप किसी विशिष्ट स्थिति का सामना किए बिना सभी पुनरावृत्तियों को पूरा करता है।
यहाँ for लूप के साथ else का उपयोग करने का सिंटैक्स दिया गया है:
अनुक्रम में चर के लिए:
लूप बॉडी
अन्य:
यदि लूप सामान्य रूप से पूरा हो जाता है (बिना किसी रुकावट के) तो निष्पादित करने के लिए कोड
अब, आइए लूप के साथ अन्य कथन के उपयोग को दर्शाने के लिए एक उदाहरण देखें:
उदाहरण: किसी अन्य ब्लॉक के साथ लूप का उपयोग करके अभाज्य संख्याओं की जाँच करना।
श्रेणी में संख्या के लिए (10, 20):
रेंज में i के लिए (2, int(num ** 0.5) + 1):
यदि संख्या % मैं == 0:

प्रिंट (संख्या, "प्राइम नहीं है")
तोड़ना
अन्य:
प्रिंट (संख्या, "प्रमुख है")
आउटपुट :
10 अभाज्य नहीं है
11 अभाज्य है
12 अभाज्य नहीं है
13 अभाज्य है
14 अभाज्य नहीं है
15 अभाज्य नहीं है
16 अभाज्य नहीं है
17 अभाज्य है
18 अभाज्य नहीं है
19 अभाज्य है
लूप के साथ अन्य कथन का उपयोग करते हुए यहां एक और उदाहरण दिया गया है:
उदाहरण: किसी अन्य ब्लॉक के साथ लूप का उपयोग करके किसी सूची में किसी तत्व की खोज करना।
फल = ["सेब", "केला", "संतरा", "अंगूर", "नाशपाती"]
search_fruit = "अंगूर"
फलों में फल के लिए:
यदि फल == search_fruit:
प्रिंट (search_fruit, "सूची में पाया गया।")
तोड़ना
अन्य:
प्रिंट(search_fruit, "सूची में नहीं मिला।")
आउटपुट :
चकोतरा सूची में नहीं मिला.
इस उदाहरण में, लूप फलों की सूची के माध्यम से पुनरावृत्त होता है और प्रत्येक फल की तुलना search_fruit से करता है। यदि search_fruit पाया जाता है, तो लूप को ब्रेक का उपयोग करके समाप्त कर दिया जाता है, और अन्य ब्लॉक निष्पादित नहीं किया जाता है। यदि लूप फल को खोजे बिना पूरा हो जाता है, तो अन्य ब्लॉक निष्पादित हो जाता है, जो दर्शाता है कि फल सूची में मौजूद नहीं है।

8.1.6. अंतर प्रविष्ट पाश

यह पैटर्न उन परिदृश्यों के लिए उपयोगी हो सकता है जहां आप लूप के पुनरावृत्तियों के दौरान एक विशेष शर्त पूरी नहीं होने पर विशिष्ट कार्रवाई करना चाहते हैं। अन्य कथन उस मामले को संभालने का एक तरीका प्रदान करता है जब लूप किसी ऐसी स्थिति का सामना किए बिना सभी पुनरावृत्तियों को पूरा करता है जिसके लिए शीघ्र समाप्ति की आवश्यकता होती है। पायथन में एक नेस्टेड लूप दूसरे लूप के भीतर एक लूप है। यह आपको एक लूप (बाहरी लूप) का उपयोग करके एक अनुक्रम पर पुनरावृत्ति करने की अनुमति देता है और, बाहरी लूप के प्रत्येक पुनरावृत्ति के लिए, एक अलग लूप (आंतरिक लूप) का उपयोग करके दूसरे अनुक्रम पर पुनरावृत्ति करता है। नेस्टेड लूप 2डी डेटा संरचनाओं, जैसे मैट्रिसेस, ग्रिड और टेबल के साथ काम करने के लिए उपयोगी होते हैं, जहां आपको प्रत्येक तत्व को पंक्ति और कॉलम द्वारा एक्सेस करने की आवश्यकता होती है।
नेस्टेड लूप का मूल सिंटैक्स यहां दिया गया है:
बाहरी_अनुक्रम में बाहरी_आइटम के लिए:
बाहरी लूप कोड
आंतरिक अनुक्रम में आंतरिक आइटम के लिए:
आंतरिक लूप कोड

बाहरी वस्तु: एक चर जो बाहरी अनुक्रम पर पुनरावृत्त होता है।
बाहरी_अनुक्रम: वह अनुक्रम जिसे आप बाहरी लूप के साथ पुनरावृत्त करना चाहते हैं।
भीतरी वस्तु: एक चर जो आंतरिक अनुक्रम पर पुनरावृत्त होता है।

आंतरिक अनुक्रम: वह अनुक्रम जिसे आप आंतरिक लूप के साथ पुनरावृत्त करना चाहते हैं।

अब, नेस्टेड लूप्स को बेहतर ढंग से समझने के लिए एक उदाहरण देखें:

उदाहरण: नेस्टेड लूप्स का उपयोग करके गुणन तालिका प्रिंट करना।

रेंज में i के लिए (1, 6): # पंक्तियों के लिए बाहरी लूप

श्रेणी (1, 11) में j के लिए: # स्तंभों के लिए आंतरिक लूप

उत्पाद = मैं * जे

प्रिंट(f"{i} * {j} = {उत्पाद}")

प्रिंट() # प्रत्येक पंक्ति के बाद एक खाली लाइन प्रिंट करें

आउटपुट:

1 * 1 = 1
1 * 2 = 2
1 * 3 = 3
1 * 4 = 4
1 * 5 = 5
1 * 6 = 6
1 * 7 = 7
1 * 8 = 8
1 * 9 = 9
1 * 10 = 10

2 * 1 = 2
2 * 2 = 4
2 * 3 = 6
2 * 4 = 8
2 * 5 = 10
2 * 6 = 12
2 * 7 = 14
2 * 8 = 16
2*9 = 18
2 * 10 = 20

... (और इसी तरह अन्य पंक्तियों के लिए)

इस उदाहरण में, बाहरी लूप गुणन तालिका की पंक्तियों का प्रतिनिधित्व करते हुए 1 से 5 तक की संख्याओं को दोहराता है। प्रत्येक पंक्ति के लिए, आंतरिक लूप स्तंभों का प्रतिनिधित्व करते हुए 1 से 10 तक की संख्याओं को दोहराता है। पंक्ति और स्तंभ के उत्पाद की गणना और मुद्रित किया जाता है, और आउटपुट को प्रारूपित करने के लिए प्रत्येक पंक्ति के बाद एक खाली पंक्ति मुद्रित की जाती है।

नेस्टेड लूप जटिल हो सकते हैं, खासकर जब बड़ी डेटा संरचनाओं या नेस्टिंग के कई स्तरों से निपटते हैं। भ्रम और तार्किक त्रुटियों से बचने के लिए प्रत्येक लूप में उपयोग किए गए इंडेंटेशन और वेरिएबल्स का ट्रैक रखना महत्वपूर्ण है।

8.2. जबकि पायथन में लूप

पायथन में थोड़ी देर का लूप एक नियंत्रण प्रवाह कथन है जो बार-बार कोड के एक ब्लॉक को निष्पादित करता है जब तक कि दी गई स्थिति सत्य होती है। फॉर लूप के विपरीत, जो एक अनुक्रम पर पुनरावृत्त होता है, while लूप अपने कोड ब्लॉक को तब तक निष्पादित करता रहता है जब तक कि निर्दिष्ट स्थिति गलत न हो जाए। यह विशेष रूप से तब उपयोगी होता है जब आप पहले से पुनरावृत्तियों की सटीक संख्या नहीं जानते हैं या जब आप एक लूप बनाना चाहते हैं जो एक विशिष्ट स्थिति पूरी होने तक जारी रहता है।

यहाँ थोड़ी देर के लूप की संरचना है:

जबकि शर्त:

कोड ब्लॉक तब तक निष्पादित किया जाएगा जब तक स्थिति सत्य है

आइए थोड़ी देर के लूप के मुख्य बिंदुओं को तोड़ें:
प्रारंभ: लूप में प्रवेश करने से पहले, आप आम तौर पर वेरिएबल प्रारंभ करते हैं जिनका उपयोग लूप की स्थिति का मूल्यांकन करने या लूप के व्यवहार को नियंत्रित करने के लिए किया जाएगा।
स्थिति: लूप तब तक क्रियान्वित होता रहता है जब तक कीवर्ड के बाद प्रदान की गई स्थिति का मूल्यांकन सत्य के रूप में किया जाता है।
कोड ब्लॉक: while स्टेटमेंट के अंतर्गत इंडेंटेड कोड ब्लॉक लूप का मुख्य भाग है। इसमें वे निर्देश शामिल हैं जिन्हें बार-बार निष्पादित किया जाता है जब तक कि स्थिति गलत न हो जाए।
लूप वेरिएबल्स को अपडेट करना: लूप के अंदर, आपको यह सुनिश्चित करने के लिए स्थिति में शामिल वेरिएबल्स को अपडेट करना चाहिए कि स्थिति अंततः गलत हो जाए। वेरिएबल्स को सही ढंग से अपडेट करने में विफल रहने से अनंत लूप हो सकता है।
समापन: जब स्थिति गलत हो जाती है तो लूप समाप्त हो जाता है। यदि स्थिति शुरू से ही गलत है, तो लूप बॉडी बिल्कुल भी निष्पादित नहीं हो सकती है।
अब, आइए प्रत्येक बिंदु को स्पष्ट करने के लिए एक उदाहरण देखें:
उदाहरण: थोड़ी देर के लूप का उपयोग करके 1 से 5 तक संख्याएँ प्रिंट करना।
संख्या = 1 # आरंभीकरण
जबकि संख्या <= 5: # शर्त
प्रिंट(संख्या) # कोड ब्लॉक
संख्या += 1 # लूप वेरिएबल अद्यतन कर रहा है
आउटपुट:
1
2
3
4
5
इस उदाहरण में:
आरंभीकरण: हमने संख्या को 1 पर सेट किया है।
शर्त: लूप तब तक जारी रहता है जब तक संख्या 5 से कम या उसके बराबर है।
कोड ब्लॉक: लूप के अंदर कोड ब्लॉक संख्या का मान प्रिंट करता है।
लूप वेरिएबल को अपडेट करना: प्रत्येक पुनरावृत्ति के बाद, हम संख्या में 1 की वृद्धि करते हैं।
समाप्ति: जब संख्या 6 हो जाती है तो लूप समाप्त हो जाता है, जिससे स्थिति गलत हो जाती है।
जबकि लूप का उपयोग करते समय सावधान रहें, क्योंकि गलत आरंभीकरण या लूप वेरिएबल्स को अपडेट करने से अनंत लूप हो सकते हैं जो समाप्त नहीं होते हैं। ऐसी स्थितियों से बचने के लिए हमेशा सुनिश्चित करें कि स्थिति अंततः झूठी हो जाएगी।
यहां थोड़ी देर के लूप का उपयोग करने का एक और उदाहरण दिया गया है:
उदाहरण: थोड़ी देर के लूप का उपयोग करके किसी संख्या के फैक्टोरियल की गणना करना।
नंबर = int(इनपुट("एक नंबर दर्ज करें:")) # आरंभीकरण
फैक्टोरियल = 1 # आरंभीकरण
जबकि संख्या > 1: # शर्त
फैक्टोरियल *= संख्या # कोड ब्लॉक
संख्या -= 1 # लूप वेरिएबल अद्यतन कर रहा है
प्रिंट ("फैक्टोरियल:", फैक्टरियल)
आउटपुट:
एक संख्या दर्ज करें: 5
फैक्टोरियल: 120
इस उदाहरण में:
आरंभीकरण: हम उपयोगकर्ता से एक इनपुट लेते हैं और इसे संख्या चर को निर्दिष्ट करते हैं। हम फैक्टोरियल वैरिएबल को भी 1 से प्रारंभ करते हैं।
शर्त: लूप तब तक जारी रहता है जब तक संख्या 1 से अधिक है।
कोड ब्लॉक: लूप के अंदर का कोड ब्लॉक फैक्टोरियल को संख्या के वर्तमान मान से गुणा करके अपडेट करता है।

लूप वेरिएबल को अपडेट करना: प्रत्येक पुनरावृत्ति के बाद, हम संख्या को 1 से घटाते हैं।
समाप्ति: जब संख्या 1 हो जाती है तो लूप समाप्त हो जाता है, जिससे स्थिति गलत हो जाती है।
यह उदाहरण दर्शाता है कि संख्या के घटते मानों के साथ फैक्टोरियल वैरिएबल के वर्तमान मूल्य को बार-बार गुणा करके किसी दिए गए संख्या के फैक्टोरियल की गणना करने के लिए थोड़ी देर के लूप का उपयोग कैसे किया जाए।

8.2.1. तोड़ो बयान

पायथन में थोड़ी देर के लूप में ब्रेक स्टेटमेंट का उपयोग एक निश्चित शर्त पूरी होने पर तुरंत लूप से बाहर निकलने के लिए किया जाता है। यह एक नियंत्रण प्रवाह विवरण है जो लूप की स्थिति गलत होने से पहले लूप के निष्पादन को समय से पहले समाप्त करने का एक तरीका प्रदान करता है। ब्रेक स्टेटमेंट विशेष रूप से तब उपयोगी होता है जब आप एक विशिष्ट लक्ष्य प्राप्त होने या एक निश्चित शर्त पूरी होने पर लूप को रोकना चाहते हैं।
यहां बताया गया है कि ब्रेक स्टेटमेंट थोड़ी देर के लूप में कैसे काम करता है:

```
जबकि शर्त:
# लूप बॉडी
यदि कुछ शर्त:
ब्रेक # तुरंत लूप से बाहर निकलें
```

आइए थोड़ी देर के लूप में ब्रेक स्टेटमेंट का उपयोग करने के मुख्य बिंदुओं का पता लगाएं:
लूप आरंभीकरण: आपको लूप में प्रवेश करने से पहले वेरिएबल प्रारंभ करना चाहिए जो आपको लूप की स्थिति का मूल्यांकन करने और लूप के व्यवहार को नियंत्रित करने में मदद करेगा।
लूप स्थिति: लूप तब तक निष्पादित होता रहता है जब तक कि while कीवर्ड का मूल्यांकन सत्य के रूप में किया जाता है।
लूप बॉडी: while स्टेटमेंट के अंतर्गत इंडेंटेड कोड ब्लॉक लूप का मुख्य भाग है। इसमें वे निर्देश शामिल हैं जिन्हें बार-बार तब तक निष्पादित किया जाता है जब तक कि स्थिति गलत न हो जाए।
एक शर्त की जाँच करना: लूप बॉडी के अंदर, आप किसी विशिष्ट स्थिति की जांच के लिए if स्टेटमेंट का उपयोग कर सकते हैं। जब वह शर्त पूरी हो जाती है, तो ब्रेक स्टेटमेंट निष्पादित हो जाता है, और लूप तुरंत समाप्त हो जाता है।
समापन: जैसे ही ब्रेक स्टेटमेंट निष्पादित होता है, लूप समाप्त हो जाता है, भले ही लूप की स्थिति अभी भी सही हो।
अब, आइए थोड़ी देर के लूप में ब्रेक स्टेटमेंट के उपयोग को दर्शाने के लिए दो उदाहरण देखें:
उदाहरण 1: थोड़ी देर के लूप का उपयोग करके एक विशिष्ट संख्या की खोज करना।

```
संख्याएँ = [3, 6, 9, 12, 15]
खोज_संख्या = 12
सूचकांक = 0
जबकि सूचकांक <लेन(संख्या):
यदि संख्याएँ[सूचकांक] == search_number:
प्रिंट (search_number, "सूचकांक पर पाया गया", अनुक्रमणिका)
तोड़ना
सूचकांक += 1
अन्य:
प्रिंट(search_number, "सूची में नहीं मिला।")
```

आउटपुट:
12 सूचकांक 3 पर पाया गया
इस उदाहरण में, लूप संख्या सूची के माध्यम से पुनरावृत्त होता है और जाँचता है कि क्या वर्तमान संख्या search_number से मेल खाती है। यदि search_number पाया जाता है, तो ब्रेक स्टेटमेंट निष्पादित होता है, और लूप तुरंत समाप्त हो जाता है।
उदाहरण 2: एक ऋणात्मक संख्या सामने आने तक संख्याओं के योग की गणना करना।

```
कुल = 0
जबकि सत्य:
संख्या = int(इनपुट("एक संख्या दर्ज करें:"))
यदि संख्या < 0:
तोड़ना
कुल += संख्या
प्रिंट करें ("कुल:", कुल)
```

इस उदाहरण में, लूप उपयोगकर्ता से संख्याएँ दर्ज करने के लिए कहता रहता है। यदि उपयोगकर्ता एक ऋणात्मक संख्या दर्ज करता है, तो ब्रेक स्टेटमेंट का उपयोग करके लूप तुरंत समाप्त हो जाता है। अन्यथा, इनपुट संख्या कुल में जोड़ दी जाती है। ब्रेक स्टेटमेंट आपके लूप के प्रवाह को नियंत्रित करने और कुछ शर्तों के पूरा होने पर जल्दी बाहर निकलने का एक तरीका प्रदान करता है। हालाँकि, सावधान रहें कि इसका अत्यधिक उपयोग न करें, क्योंकि बहुत सारे ब्रेक स्टेटमेंट आपके कोड को पढ़ने और डीबग करने में कठिन बना सकते हैं।

8.2.2. वक्तव्य जारी रखें

पायथन में थोड़ी देर के लूप में जारी कथन का उपयोग लूप के वर्तमान पुनरावृत्ति के अंदर शेष कोड को छोड़ने और अगले पुनरावृत्ति पर जाने के लिए किया जाता है। यह एक नियंत्रण प्रवाह विवरण है जो आपको विशिष्ट स्थिति के आधार पर लूप के निष्पादन के कुछ चरणों को प्रभावी ढंग से "छोड़ने" की अनुमति देता है। जारी कथन का सामना करने के बाद, लूप अगले पुनरावृत्ति पर आगे बढ़ता है, जारी रखने के बाद आने वाले किसी भी कोड को छोड़ देता है।

यहां बताया गया है कि जारी कथन थोड़ी देर के लूप में कैसे काम करता है:

```
जबकि शर्त:
# लूप बॉडी
यदि कुछ शर्त:
जारी रखें # शेष कोड को छोड़ें और अगले पुनरावृत्ति पर जाएं
```

अब, आइए थोड़ी देर के लूप में जारी कथन का उपयोग करने के मुख्य बिंदुओं का पता लगाएं:

लूप आरंभीकरण: आपको लूप में प्रवेश करने से पहले वेरिएबल प्रारंभ करना चाहिए जो आपको लूप की स्थिति का मूल्यांकन करने और लूप के व्यवहार को नियंत्रित करने में मदद करेगा।

लूप स्थिति: लूप तब तक निष्पादित होता रहता है जब तक कि while कीवर्ड का मूल्यांकन सत्य के रूप में किया जाता है।

लूप बॉडी: while स्टेटमेंट के अंतर्गत इंडेंटेड कोड ब्लॉक लूप का मुख्य भाग है। इसमें वे निर्देश शामिल हैं जिन्हें बार-बार तब तक निष्पादित किया जाता है जब तक कि स्थिति गलत न हो जाए।

एक शर्त की जाँच करना: लूप बॉडी के अंदर, आप किसी विशिष्ट स्थिति की जांच के लिए if स्टेटमेंट का उपयोग कर सकते हैं। जब वह शर्त पूरी हो जाती है, तो जारी कथन निष्पादित होता है, और लूप तुरंत अगले पुनरावृत्ति पर आगे बढ़ता है, वर्तमान पुनरावृत्ति में किसी भी शेष कोड को छोड़ देता है।

पुनरावृत्ति निरंतरता: जारी कथन का सामना करने के बाद, लूप बाहर नहीं निकलता है; इसके बजाय, यह अगले पुनरावृत्ति पर आगे बढ़ता है और लूप स्थिति का फिर से मूल्यांकन करता है।

अब, आइए थोड़ी देर के लूप में जारी कथन के उपयोग को दर्शाने के लिए दो उदाहरण देखें:

उदाहरण 1: एक लूप में विषम संख्याओं को छोड़ना।

```
संख्या = 1
जबकि संख्या <= 10:
यदि संख्या % 2 == 1:
संख्या += 1
जारी रखना
प्रिंट करें ("सम संख्या:", संख्या)
संख्या += 1
```

आउटपुट:

```
सम संख्या: 2
सम संख्या: 4
सम संख्या: 6
सम संख्या: 8
सम संख्या: 10
```

इस उदाहरण में, लूप 1 से 10 तक की संख्याओं के माध्यम से पुनरावृत्त होता है। जब एक विषम संख्या सामने आती है, तो जारी कथन निष्पादित होता है, और लूप तुरंत अगले पुनरावृत्ति पर आगे बढ़ता है, विषम संख्याओं के लिए प्रिंट स्टेटमेंट को छोड़ देता है।

उदाहरण 2: एक लूप में विशिष्ट मानों को छोड़ना।

```
मान = [5, 7, 8, 3, 12, 6]
मूल्यों में मूल्य के लिए:
```

यदि मान == 3 या मान == 8:
जारी रखना
प्रिंट करें ("संसाधित मूल्य:", मूल्य)
आउटपुट:
संसाधित मूल्य: 5
संसाधित मूल्य: 7
संसाधित मूल्य: 12
संसाधित मूल्य: 6
इस उदाहरण में, लूप मान सूची के माध्यम से पुनरावृत्त होता है। जब 3 या 8 का मान सामने आता है, तो जारी कथन निष्पादित होता है, और लूप तुरंत अगले पुनरावृत्ति पर आगे बढ़ता है, उन विशिष्ट मानों के लिए प्रिंट स्टेटमेंट को छोड़ देता है।
जारी रखें कथन तब उपयोगी हो सकता है जब आप कुछ शर्तों के आधार पर विशिष्ट पुनरावृत्तियों को छोड़ना चाहते हैं, जिससे आप लूप के निष्पादन के प्रासंगिक चरणों पर ध्यान केंद्रित कर सकते हैं।

8.2.3. और जबकि लूप में

पायथन में, अन्य कथन का उपयोग कोड के एक ब्लॉक को निर्दिष्ट करने के लिए थोड़ी देर के लूप के साथ किया जा सकता है जिसे लूप के सामान्य रूप से पूरा होने के बाद निष्पादित किया जाना चाहिए (ब्रेक स्टेटमेंट द्वारा बाधित किए बिना)। अन्यथा ब्लॉक केवल तभी निष्पादित होगा जब लूप की स्थिति गलत हो जाती है और लूप सभी पुनरावृत्तियों को पूरा कर लेता है। यह तब उपयोगी हो सकता है जब आप लूप का निष्पादन समाप्त होने के बाद कोई कार्रवाई करना चाहते हैं, लेकिन केवल तभी जब लूप को ब्रेक स्टेटमेंट द्वारा समाप्त नहीं किया गया हो।
यहाँ while लूप के साथ else का उपयोग करने की संरचना दी गई है:
जबकि शर्त:
लूप बॉडी
अन्य:
यदि लूप सामान्य रूप से पूरा हो जाता है (बिना किसी रुकावट के) तो निष्पादित करने के लिए कोड
आइए थोड़ी देर के लूप के साथ अन्य कथन का उपयोग करने के मुख्य पहलुओं को तोड़ें:
लूप आरंभीकरण: आपको लूप में प्रवेश करने से पहले वेरिएबल प्रारंभ करना चाहिए जो आपको लूप की स्थिति का मूल्यांकन करने और लूप के व्यवहार को नियंत्रित करने में मदद करेगा।
लूप स्थिति: लूप तब तक निष्पादित होता रहता है जब तक कि while कीवर्ड का मूल्यांकन सत्य के रूप में किया जाता है।
लूप बॉडी: while स्टेटमेंट के अंतर्गत इंडेंटेड कोड ब्लॉक लूप का मुख्य भाग है। इसमें वे निर्देश शामिल हैं जिन्हें बार-बार तब तक निष्पादित किया जाता है जब तक कि स्थिति गलत न हो जाए।
लूप समापन: यदि लूप की स्थिति गलत हो जाती है, यह दर्शाता है कि लूप ने अपनी पुनरावृत्ति पूरी कर ली है, तो अन्य ब्लॉक में कोड निष्पादित किया जाएगा।
ब्रेक स्टेटमेंट: यदि लूप को ब्रेक स्टेटमेंट द्वारा समाप्त किया जाता है, तो अन्य ब्लॉक में कोड निष्पादित नहीं होगा।
थोड़ी देर के लूप के साथ अन्य कथन के उपयोग को दर्शाने के लिए यहां एक उदाहरण दिया गया है:
उदाहरण: किसी अन्य ब्लॉक के साथ थोड़ी देर के लूप का उपयोग करके किसी संख्या का फैक्टोरियल ढूँढना।
संख्या = int(इनपुट("एक संख्या दर्ज करें:"))
फैक्टोरियल = 1
जबकि संख्या > 1:
फैक्टोरियल * = संख्या
संख्या-=1
अन्य:
प्रिंट ("फैक्टोरियल:", फैक्टरियल)
इस उदाहरण में:
आरंभीकरण: हम उपयोगकर्ता से एक इनपुट लेते हैं और इसे संख्या चर को निर्दिष्ट करते हैं। हम फैक्टोरियल वैरिएबल को भी 1 से प्रारंभ करते हैं।
शर्त: लूप तब तक जारी रहता है जब तक संख्या 1 से अधिक है।
कोड ब्लॉक: लूप के अंदर का कोड ब्लॉक संख्या के घटते मूल्यों के साथ फैक्टोरियल के वर्तमान मूल्य को बार-बार गुणा करके संख्या के फैक्टोरियल की गणना करता है।

समाप्ति: जब संख्या 1 हो जाती है तो लूप समाप्त हो जाता है।
अन्य ब्लॉक: लूप सामान्य रूप से पूरा होने के बाद (जब संख्या 1 हो जाती है), गणना किए गए फैक्टोरियल को प्रिंट करते हुए, अन्य ब्लॉक निष्पादित किया जाता है।
यह ध्यान रखना महत्वपूर्ण है कि थोड़ी देर के लूप में अन्य ब्लॉक केवल तभी निष्पादित होगा जब लूप ब्रेक स्टेटमेंट का सामना किए बिना सभी पुनरावृत्तियों को पूरा करता है। यदि कोई ब्रेक स्टेटमेंट सामने आता है, तो लूप जल्दी समाप्त हो जाएगा, और अन्य ब्लॉक निष्पादित नहीं होगा।
थोड़ी देर के लूप के साथ अन्य कथन का उपयोग करते हुए यहां एक और उदाहरण दिया गया है:
उदाहरण: किसी अन्य ब्लॉक के साथ थोड़ी देर के लूप का उपयोग करके किसी श्रेणी में अभाज्य संख्याएँ ढूँढना।

```
प्रारंभ = int (इनपुट ("श्रेणी की शुरुआत दर्ज करें:"))
अंत = int(इनपुट("श्रेणी का अंत दर्ज करें:"))

प्रिंट करें ("सीमा में अभाज्य संख्याएँ:", प्रारंभ, "से", अंत)
जबकि प्रारंभ <= अंत:
यदि प्रारंभ <= 1:
प्रारंभ += 1
जारी रखना

is_प्राइम = सत्य
भाजक = 2
जबकि भाजक <= int(प्रारंभ ** 0.5):
यदि प्रारंभ % भाजक == 0:
is_प्राइम = गलत
तोड़ना
भाजक += 1

यदि है_प्राइम:
प्रिंट (प्रारंभ, अंत = "")

प्रारंभ += 1
अन्य:
प्रिंट करें ("\nप्राइम नंबर खोज पूर्ण।")
```

इस उदाहरण में:
आरंभीकरण: हम उपयोगकर्ता से रेंज की शुरुआत और अंत के लिए इनपुट लेते हैं।
लूप बॉडी: बाहरी लूप निर्दिष्ट सीमा में संख्याओं के माध्यम से पुनरावृत्त होता है।
1 और गैर-सकारात्मक संख्याओं को छोड़ना: गलत परिणामों से बचने के लिए हम जारी कथन का उपयोग करके 1 से कम या उसके बराबर की संख्याओं को छोड़ देते हैं।
अभाज्य संख्या की जांच: 1 से बड़ी प्रत्येक संख्या के लिए, हम संख्या के वर्गमूल तक विभाजक के लिए परीक्षण करके यह जांचने के लिए नेस्टेड लूप का उपयोग करते हैं कि यह अभाज्य है या नहीं।
अभाज्य संख्याएँ मुद्रित करना: यदि कोई संख्या अभाज्य पाई जाती है, तो उसे मुद्रित किया जाता है।
एल्स ब्लॉक: लूप के सामान्य रूप से पूरा होने के बाद (जब रेंज में सभी नंबरों की जांच की जाती है), खोज के अंत को इंगित करने के लिए एल्स ब्लॉक को निष्पादित किया जाता है।
ध्यान दें कि यह उदाहरण उदाहरणात्मक उद्देश्यों के लिए है। हालाँकि अभाज्य संख्या जाँच के लिए नेस्टेड लूप का उपयोग करना बड़ी रेंज के लिए सबसे कुशल दृष्टिकोण नहीं हो सकता है, यह दर्शाता है कि सभी पुनरावृत्तियों को पूरा करने के बाद कार्रवाई करने के लिए थोड़ी देर के लूप के साथ अन्य कथन का उपयोग कैसे किया जाए।

8.3. पायथन फ़ंक्शंस

पायथन में, एक फ़ंक्शन कोड का एक पुन: प्रयोज्य ब्लॉक होता है जो एक विशिष्ट कार्य या कार्यों का सेट करता है। प्रोग्रामिंग में फ़ंक्शंस एक मौलिक अवधारणा हैं क्योंकि वे आपको अपने कोड को व्यवस्थित और मॉड्यूलराइज़ करने की अनुमति देते हैं,

जिससे यह अधिक पठनीय, रखरखाव योग्य और कुशल बन जाता है। फ़ंक्शंस आपको डुप्लिकेट कोड लिखने से बचने में मदद करते हैं और "डोंट रिपीट योरसेल्फ" (DRY) के सिद्धांत को बढ़ावा देते हैं।
पायथन में फ़ंक्शंस की निम्नलिखित विशेषताएं हैं:
फ़ंक्शन परिभाषा: आप फ़ंक्शन के कोड ब्लॉक की शुरुआत को इंगित करने के लिए def कीवर्ड का उपयोग करके एक फ़ंक्शन को परिभाषित करते हैं, उसके बाद फ़ंक्शन नाम, कोष्ठक की एक जोड़ी (), और एक कोलन : का उपयोग करते हैं।
फ़ंक्शन नाम: फ़ंक्शन नाम एक उपयोगकर्ता-परिभाषित पहचानकर्ता है जिसे नामकरण परंपराओं का पालन करना चाहिए और फ़ंक्शन क्या करता है इसका वर्णनात्मक होना चाहिए।
पैरामीटर्स: फ़ंक्शन परिभाषा के कोष्ठकों के अंदर, आप उन पैरामीटर्स (जिन्हें तर्क के रूप में भी जाना जाता है) को सूचीबद्ध कर सकते हैं जिन्हें फ़ंक्शन स्वीकार करता है। पैरामीटर उन मानों के लिए प्लेसहोल्डर के रूप में कार्य करते हैं जिन्हें आप फ़ंक्शन को कॉल करते समय पास करते हैं।
फ़ंक्शन बॉडी: कोलन के बाद इंडेंटेड कोड ब्लॉक में वे कथन होते हैं जो फ़ंक्शन का तर्क बनाते हैं। फ़ंक्शन कॉल करने पर यह ब्लॉक निष्पादित होता है।
रिटर्न वैल्यू: आप रिटर्न स्टेटमेंट का उपयोग उस मान को निर्दिष्ट करने के लिए कर सकते हैं जो फ़ंक्शन को अपने आउटपुट के रूप में उत्पन्न करना चाहिए। यदि किसी फ़ंक्शन में स्पष्ट रूप से रिटर्न स्टेटमेंट नहीं है, तो यह डिफ़ॉल्ट रूप से कोई नहीं लौटाता है।
फ़ंक्शन कॉल: किसी फ़ंक्शन का उपयोग करने के लिए, आप उसे उसके नाम और उसके बाद कोष्ठक से कॉल करते हैं। आप कोष्ठक के अंदर फ़ंक्शन में तर्क पारित कर सकते हैं।

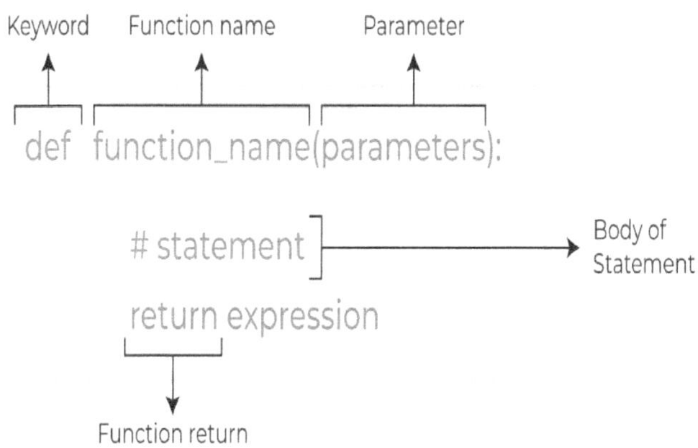

किसी फ़ंक्शन को परिभाषित करने और उसका उपयोग करने का मूल सिंटैक्स यहां दिया गया है:

```
def function_name(पैरामीटर्स):
#कार्यात्मक निकाय
वापसी परिणाम

# फ़ंक्शन कॉल
परिणाम = function_name(तर्क)
```

अब, आइए एक सरल उदाहरण देखें:

```
def नमस्कार(नाम):
वापसी f"हैलो, {नाम}!"

संदेश = नमस्कार("ऐलिस")
प्रिंट (संदेश) # आउटपुट: नमस्ते, ऐलिस!
```

इस उदाहरण में, अभिवादन फ़ंक्शन एक नाम पैरामीटर लेता है और एक शुभकामना संदेश देता है। फिर फ़ंक्शन को "ऐलिस" तर्क के साथ बुलाया जाता है, और लौटाया गया संदेश मुद्रित होता है।
फ़ंक्शंस में डिफ़ॉल्ट पैरामीटर मान, चर-लंबाई तर्क सूचियां और कीवर्ड तर्क भी हो सकते हैं, जिससे आप उन्हें उपयोग करने और परिभाषित करने में अधिक लचीलेपन की अनुमति देते हैं। वे पायथन प्रोग्रामिंग का एक आवश्यक बिल्डिंग ब्लॉक हैं और संरचित और संगठित कोड के निर्माण की सुविधा प्रदान करते हैं।

8.3.1. फ़ंक्शन पैरामीटर्स:

पैरामीटर उन मानों के लिए प्लेसहोल्डर हैं जो किसी फ़ंक्शन को कॉल करने पर प्राप्त होने की उम्मीद होती है। वे आपको फ़ंक्शन में जानकारी भेजने की अनुमति देते हैं। विभिन्न प्रकार के पैरामीटर हैं:

स्थितीय पैरामीटर: ये सबसे सामान्य प्रकार के पैरामीटर हैं. उन्हें फ़ंक्शन की पैरामीटर सूची में दिखाई देने वाले क्रम में परिभाषित किया गया है।

डिफ़ॉल्ट पैरामीटर: आप पैरामीटर्स को डिफ़ॉल्ट मान निर्दिष्ट कर सकते हैं। यदि फ़ंक्शन को कॉल करते समय कोई तर्क प्रदान नहीं किया जाता है, तो यह डिफ़ॉल्ट मान का उपयोग करेगा।

चर-लंबाई पैरामीटर: यदि आप नहीं जानते कि फ़ंक्शन में कितने तर्क पारित किए जाएंगे, तो आप सभी अतिरिक्त स्थितीय तर्कों को टुपल में एकत्रित करने के लिए *args का उपयोग कर सकते हैं।

कीवर्ड पैरामीटर: आप नाम से तर्क निर्दिष्ट कर सकते हैं, जिससे आप क्रम से बाहर तर्क प्रदान कर सकते हैं।

इन पैरामीटर प्रकारों को प्रदर्शित करने वाला एक उदाहरण यहां दिया गया है:

```
def example_function(a, b=10, *args, **kwargs):
प्रिंट करें ("ए:", ए)
प्रिंट करें ("बी:", बी)
प्रिंट('आर्ग:', आर्ग)
प्रिंट("क्वार्ग्स:", क्वार्ग्स)

उदाहरण_फ़ंक्शन(1)
उदाहरण_फ़ंक्शन(1, 2, 3, 4, 5, कुंजी1='मान1', कुंजी2='मान2')
```

पायथन में विभिन्न प्रकार के फ़ंक्शन पैरामीटर हैं:

स्थितीय पैरामीटर: ये सबसे सामान्य प्रकार के पैरामीटर हैं. उन्हें फ़ंक्शन के हस्ताक्षर में परिभाषित किया गया है, और उनके मान उस क्रम से निर्धारित होते हैं जिसमें आप फ़ंक्शन को कॉल करते समय तर्क प्रदान करते हैं।

```
डीईएफ़ नमस्कार(नाम, उम्र):
प्रिंट(f"हैलो, {नाम}! आप {आयु} वर्ष के हैं।")

नमस्कार("ऐलिस", 30) # स्थितीय तर्क: "ऐलिस" को 'नाम' के लिए निर्दिष्ट किया गया है, 30 को 'उम्र' के लिए निर्दिष्ट किया गया है
```

डिफ़ॉल्ट पैरामीटर: यदि कॉलर उन्हें प्रदान नहीं करता है तो आप पैरामीटर्स के लिए डिफ़ॉल्ट मान निर्दिष्ट कर सकते हैं। डिफ़ॉल्ट पैरामीटर को गैर-डिफ़ॉल्ट पैरामीटर के बाद परिभाषित किया जाना चाहिए।

```
डीईएफ़ नमस्कार(नाम, आयु=25):
प्रिंट(f"हैलो, {नाम}! आप {आयु} वर्ष के हैं।")

नमस्कार("बॉब") # 'उम्र' के लिए डिफ़ॉल्ट मान का उपयोग करता है
नमस्कार('चार्ली', 28) # 'उम्र' के लिए डिफ़ॉल्ट मान को ओवरराइड करता है
```

चर-लंबाई स्थितीय पैरामीटर (*args): यदि आप अनिश्चित हैं कि किसी फ़ंक्शन में कितने तर्क पारित किए जाएंगे, तो आप सभी अतिरिक्त स्थितीय तर्कों को टुपल में एकत्रित करने के लिए *args पैरामीटर का उपयोग कर सकते हैं।

```
डीईएफ़ print_args(*args):
आर्ग में आर्ग के लिए:
प्रिंट(आर्ग)

print_args("सेब", "केला", "चेरी")
```

कीवर्ड पैरामीटर्स (kwargs)**: आप किसी शब्दकोश में अतिरिक्त कीवर्ड तर्क एकत्र करने के लिए डबल-एस्टेरिस्क सिंटैक्स का उपयोग कर सकते हैं। def print_kwargs(**kwargs):

```
कुंजी के लिए, kwargs.items() में मान:
प्रिंट (कुंजी, ":", मान)

print_kwargs(नाम='ऐलिस', उम्र=30, शहर='न्यूयॉर्क')
```

पैरामीटर प्रकारों का संयोजन: आप फ़ंक्शन परिभाषा में इन पैरामीटर प्रकारों के संयोजन का उपयोग कर सकते हैं।

def उदाहरण(a, b=10, *args, **kwargs):
प्रिंट करें ("ए:", ए)
प्रिंट करें ("बी:", बी)
प्रिंट('आर्ग:', आर्ग)
प्रिंट("क्वार्ग्स:", क्वार्ग्स)

उदाहरण(1) # 'ए' 1 लेता है, 'बी' डिफ़ॉल्ट मान 10 लेता है, 'आर्ग्स' और 'क्वार्ग्स' खाली हैं
उदाहरण(1, 2, 3, 4, 5, key1='value1', key2='value2') # 'a' में 1, 'b' में 2, 'args' में (3,4,5), ' kwargs' में {'key1': 'value1', 'key2': 'value2'} शामिल है
विभिन्न प्रकार के फ़ंक्शन मापदंडों को समझने और उनका उपयोग करने से आप अधिक बहुमुखी और अनुकूलनीय फ़ंक्शन बना सकते हैं जो विभिन्न प्रकार के इनपुट डेटा और परिदृश्यों को संभाल सकते हैं।

8.3.2. फ़ंक्शन रिटर्न मान:
फ़ंक्शंस रिटर्न स्टेटमेंट का उपयोग करके मान वापस कर सकते हैं। एक फ़ंक्शन में एकाधिक रिटर्न स्टेटमेंट हो सकते हैं, लेकिन एक बार रिटर्न स्टेटमेंट निष्पादित होने पर, फ़ंक्शन तुरंत बाहर निकल जाता है।
डीईएफ़ जोड़ें(ए, बी):
ए + बी लौटाएं

परिणाम = जोड़ें(3,5)
प्रिंट(परिणाम) # आउटपुट: 8
पायथन में, फ़ंक्शन रिटर्न मान वे मान होते हैं जो फ़ंक्शन अपना निष्पादन पूरा करने के बाद कॉलर को वापस भेजता है। जब आप किसी फ़ंक्शन को कॉल करते हैं, तो आप इसके रिटर्न मान को एक वेरिएबल पर निर्दिष्ट कर सकते हैं, इसे एक अभिव्यक्ति में उपयोग कर सकते हैं, या इसके साथ कोई अन्य ऑपरेशन कर सकते हैं।
यहां बताया गया है कि आप पायथन फ़ंक्शंस में रिटर्न वैल्यू का उपयोग कैसे करते हैं:
वापसी विवरण: आप उस मान को निर्दिष्ट करने के लिए रिटर्न स्टेटमेंट का उपयोग करते हैं जो फ़ंक्शन को अपने आउटपुट के रूप में उत्पन्न करना चाहिए। रिटर्न स्टेटमेंट का सामना करने के बाद, फ़ंक्शन तुरंत बाहर निकल जाता है, और निर्दिष्ट मान कॉलर को वापस कर दिया जाता है।
डीईएफ़ जोड़ें(ए, बी):
ए + बी लौटाएं

परिणाम = जोड़ें(3,5)
प्रिंट(परिणाम) # आउटपुट: 8
एकाधिक मान लौटाना: आप टुपल्स, सूचियों या अन्य पुनरावर्तनीय डेटा संरचनाओं का उपयोग करके किसी फ़ंक्शन से एकाधिक मान वापस कर सकते हैं।
डीईएफ़ गणना (ए, बी):
योग_परिणाम = ए + बी
अंतर_परिणाम = ए - बी
वापसी sum_result, diff_result

sum_result, diff_result = गणना (10, 5)
प्रिंट ("योग:", योग_परिणाम) # आउटपुट: योग: 15
प्रिंट("अंतर:", diff_result) # आउटपुट: अंतर: 5
जल्दी लौटना: एक फ़ंक्शन में एकाधिक रिटर्न स्टेटमेंट हो सकते हैं। एक बार रिटर्न स्टेटमेंट निष्पादित हो जाने पर, फ़ंक्शन तुरंत बाहर निकल जाता है, और मान वापस आ जाता है। यह तब उपयोगी होता है जब एक निश्चित शर्त पूरी हो जाती है, और शेष फ़ंक्शन तर्क अनावश्यक होता है।
def निरपेक्ष_मूल्य(x):
यदि x < 0:
वापसी -x

वापसी एक्स

प्रिंट(absolute_value(-5)) # आउटपुट: 5
प्रिंट(एब्सोल्यूट_वैल्यू(3)) # आउटपुट: 3

कोई नहीं लौटा रहा: यदि किसी फ़ंक्शन में रिटर्न स्टेटमेंट नहीं है या बिना मूल्य के रिटर्न स्टेटमेंट है, तो यह डिफ़ॉल्ट रूप से कोई नहीं लौटाता है। यह अक्सर उन कार्यों में देखा जाता है जिनके दुष्प्रभाव होते हैं लेकिन आवश्यक रूप से परिणाम की गणना नहीं की जाती है।

```
def नमस्कार(नाम):
प्रिंट(f"हैलो, {नाम}!")

परिणाम = नमस्कार("ऐलिस")
प्रिंट (परिणाम) # आउटपुट: कोई नहीं
```

रिटर्न मानों का प्रभावी ढंग से उपयोग करने का तरीका समझने से आप ऐसे फ़ंक्शन बना सकते हैं जो गणना करते हैं, निर्णय लेते हैं और कॉल करने वाले को उपयोगी जानकारी प्रदान करते हैं। रिटर्न मान आपके कोड को अधिक मॉड्यूलर बनाते हैं और आपको छोटे कार्यों को जोड़कर जटिल सिस्टम बनाने की अनुमति देते हैं।

8.4. चर का दायरा और जीवनकाल:

किसी फ़ंक्शन के भीतर परिभाषित चर को स्थानीय चर माना जाता है और केवल उस फ़ंक्शन के दायरे में ही पहुंच योग्य होता है। किसी भी फ़ंक्शन के बाहर परिभाषित वेरिएबल को वैश्विक वैरिएबल माना जाता है और इसे स्क्रिप्ट में कहीं भी एक्सेस किया जा सकता है।

```
ग्लोबल_वर = 10

def my_function():
स्थानीय_वर = 5
print(global_var) # ग्लोबल वैरिएबल तक पहुंच संभव है

मेरा_फ़ंक्शन()
print(local_var) # इससे एक त्रुटि उत्पन्न होगी क्योंकि local_var इस दायरे में नहीं है
```

स्थानीय दायरा: किसी फ़ंक्शन के भीतर परिभाषित चर को स्थानीय चर माना जाता है। उन्हें केवल उस फ़ंक्शन के भीतर ही एक्सेस किया जा सकता है जहां उन्हें परिभाषित किया गया है। एक बार जब फ़ंक्शन बाहर निकल जाता है, तो स्थानीय चर नष्ट हो जाते हैं, और उनकी मेमोरी रिलीज़ हो जाती है।

```
def my_function():
local_var = 10 # स्थानीय चर
प्रिंट(local_var)

मेरा_फ़ंक्शन()
print(local_var) # एक त्रुटि उत्पन्न होती है क्योंकि local_var यहां पहुंच योग्य नहीं है
```

दायरा घेरना: यदि आपके पास नेस्टेड फ़ंक्शन हैं, तो बाहरी फ़ंक्शन के वेरिएबल्स को आंतरिक फ़ंक्शन के भीतर एक्सेस किया जा सकता है, लेकिन इसके विपरीत नहीं।

```
डीईएफ़ बाहरी_फ़ंक्शन():
बाहरी_वर = 5 # संलग्नक चर
डीईएफ़ आंतरिक_फ़ंक्शन():
प्रिंट(बाहरी_वर)
आंतरिक_फ़ंक्शन()

बाहरी_फ़ंक्शन() # आउटपुट: 5
```

वैश्विक कार्यक्षेत्र: किसी फ़ंक्शन या ब्लॉक के बाहर परिभाषित चर को वैश्विक चर माना जाता है। उन्हें कोड में कहीं से भी एक्सेस किया जा सकता है, लेकिन यदि आप उन्हें किसी फ़ंक्शन के भीतर संशोधित करना चाहते हैं, तो आपको ग्लोबल कीवर्ड का उपयोग करना होगा।

ग्लोबल_वर = 20 # ग्लोबल वैरिएबल

def my_function():
प्रिंट(global_var)

my_function() # आउटपुट: 20
अंतर्निर्मित दायरा: वेरिएबल जो पायथन के अंतर्निहित नेमस्पेस का हिस्सा हैं, जैसे प्रिंट(), लेन(), आदि, आपके कोड के किसी भी हिस्से से पहुंच योग्य हैं।
प्रिंट(लेन([1, 2, 3])) # आउटपुट: 3
चर का जीवनकाल: किसी वेरिएबल का जीवनकाल उसके दायरे पर निर्भर करता है। स्थानीय चर तब तक जीवित रहते हैं जब तक फ़ंक्शन निष्पादित हो रहा है। वैश्विक चर तब तक रहते हैं जब तक प्रोग्राम चल रहा है। जब वेरिएबल दायरे से बाहर हो जाता है (यानी, फ़ंक्शन समाप्त हो जाता है), तो इसकी मेमोरी रिलीज़ हो जाती है।
यह ध्यान रखना महत्वपूर्ण है कि किसी फ़ंक्शन के भीतर वैश्विक चर को संशोधित करने से भ्रम पैदा हो सकता है और कोड को समझना और बनाए रखना कठिन हो सकता है। सीधे वैश्विक वेरिएबल का उपयोग करने के बजाय, वेरिएबल को फ़ंक्शन के तर्क के रूप में पास करना और परिणाम लौटाना आम तौर पर बेहतर होता है।
परिवर्तनीय दायरे और जीवनकाल को समझने से आपको अपने कोड की संरचना को प्रबंधित करने, नामकरण विवादों से बचने और यह सुनिश्चित करने में मदद मिलती है कि चर का उपयोग उनके इच्छित संदर्भों में उचित रूप से किया जाता है।
डॉकस्ट्रिंग्स:
डॉकस्ट्रिंग्स स्ट्रिंग अक्षर हैं जिनका उपयोग फ़ंक्शंस, कक्षाओं और मॉड्यूल के लिए दस्तावेज़ीकरण प्रदान करने के लिए किया जाता है। उन्हें संबंधित ऑब्जेक्ट की __doc__ विशेषता का उपयोग करके एक्सेस किया जा सकता है।
def नमस्कार(नाम):
"""
यह फ़ंक्शन तर्क के रूप में पारित व्यक्ति का स्वागत करता है।
"""
वापसी f"हैलो, {नाम}!"

print(greet.__doc__) # आउटपुट: यह फ़ंक्शन तर्क के रूप में पारित व्यक्ति का स्वागत करता है।
अनाम फ़ंक्शंस (लैम्ब्डा फ़ंक्शंस):
लैम्ब्डा फ़ंक्शंस छोटे, अनाम फ़ंक्शंस हैं जिन्हें लैम्ब्डा कीवर्ड का उपयोग करके परिभाषित किया गया है। इन्हें अक्सर सरल ऑपरेशनों के लिए उपयोग किया जाता है और इन्हें अन्य कार्यों के लिए तर्क के रूप में पारित किया जा सकता है।
डबल = लैम्ब्डा x: x * 2
प्रिंट(डबल(5)) # आउटपुट: 10
प्रत्यावर्तन:
रिकर्सन किसी फ़ंक्शन को स्वयं कॉल करने की प्रक्रिया है। यह एक शक्तिशाली तकनीक है, विशेष रूप से उन समस्याओं को हल करने के लिए जिन्हें छोटी-छोटी उप-समस्याओं में विभाजित किया जा सकता है।
डीईएफ़ फैक्टोरियल(एन):
यदि n == 0 या n == 1:
वापसी 1
अन्य:
रिटर्न एन * फैक्टोरियल (एन - 1)

प्रिंट(फैक्टोरियल(5)) # आउटपुट: 120
पायथन फ़ंक्शंस बहुमुखी उपकरण हैं जो आपको व्यवस्थित, पुन: प्रयोज्य और कुशल कोड बनाने की अनुमति देते हैं। फ़ंक्शन अवधारणाओं को प्रभावी ढंग से समझने और उपयोग करके, आप पठनीयता और रखरखाव में आसानी बनाए रखते हुए जटिल कार्यक्रम बना सकते हैं।
***तर्क**और **क्वार्ग्स
पायथन में, *args और **kwargs विशेष सिंटैक्स हैं जिनका उपयोग फ़ंक्शन परिभाषाओं में क्रमशः स्थितीय और कीवर्ड तर्कों की एक चर संख्या को स्वीकार करने के लिए किया जाता है। इनका उपयोग अक्सर तब किया जाता है जब आप लचीले और

बहुमुखी फ़ंक्शन बनाना चाहते हैं जो फ़ंक्शन हस्ताक्षर में स्पष्ट रूप से निर्दिष्ट किए बिना विभिन्न संख्या में तर्कों को संभाल सकते हैं।

***तर्क (परिवर्तनीय-लंबाई स्थितीय तर्क)**:

*args पैरामीटर फ़ंक्शन को दिए गए किसी भी संख्या में स्थितीय तर्कों को टुपल में एकत्रित करता है। यह आपको तर्कों के साथ अनुक्रम के रूप में काम करने की अनुमति देता है।

```
def my_function(*args):
आर्ग में आर्ग के लिए:
प्रिंट(आर्ग)

मेरा_फ़ंक्शन ("सेब", "केला", "चेरी")
# आउटपुट:
# सेब
# केला
# चेरी
```

****क्वार्ग्स (परिवर्तनीय-लंबाई कीवर्ड तर्क)**:

**kwargs पैरामीटर फ़ंक्शन में दिए गए किसी भी संख्या में कीवर्ड तर्कों को एक शब्दकोश में एकत्रित करता है। यह आपको नामित तर्कों और उनके संबंधित मूल्यों के साथ काम करने की अनुमति देता है।

```
def print_kwargs(**kwargs):
कुंजी के लिए, kwargs.items() में मान:
प्रिंट (कुंजी, ":", मान)

print_kwargs(नाम='ऐलिस', उम्र=30, शहर='न्यूयॉर्क')
# आउटपुट:
# नाम : ऐलिस
# उम्र : 30
# शहर : न्यूयॉर्क
```

किसी फ़ंक्शन में *args और **kwargs का संयोजन आपको ऐसे फ़ंक्शन बनाने की अनुमति देता है जो स्थितीय और कीवर्ड दोनों तर्कों के मिश्रण को स्वीकार करते हैं, जिससे वे अत्यधिक लचीले हो जाते हैं।

```
def example_function(a, b, *args, **kwargs):
प्रिंट करें ("ए:", ए)
प्रिंट करें ("बी:", बी)
प्रिंट('आर्ग:', आर्ग)
प्रिंट("क्वार्ग्स:", क्वार्ग्स)

उदाहरण_फ़ंक्शन(1, 2, 3, 4, 5, कुंजी1='मान1', कुंजी2='मान2')
# आउटपुट:
#ए: 1
#बी: 2
# तर्क: (3, 4, 5)
# kwargs: {'key1': 'value1', 'key2': 'value2'}
```

उपयोगिता फ़ंक्शंस, डेकोरेटर, या फ़ंक्शंस बनाते समय *args और **kwargs का उपयोग करना विशेष रूप से उपयोगी होता है, जिन्हें उनके उपयोग पर सख्त सीमाएं लगाए बिना गतिशील संख्या में तर्कों को स्वीकार करने की आवश्यकता होती है। हालाँकि, कोड की पठनीयता और दस्तावेज़ीकरण को बनाए रखने का ध्यान रखें, क्योंकि बहुत अधिक परिवर्तनीय तर्क वाले कार्यों को समझना कठिन हो सकता है।

8.5. अजगर में उपज और वापसी

पायथन में, किसी फ़ंक्शन से कॉलर को वापस मूल्य भेजने के लिए यील्ड और रिटर्न दोनों का उपयोग किया जाता है। हालाँकि, वे अलग-अलग उद्देश्यों की पूर्ति करते हैं और विभिन्न संदर्भों में उपयोग किए जाते हैं।

रिटर्न का उपयोग तब करें जब:

आप कॉलर को एक मान वापस भेजना चाहते हैं और फ़ंक्शन के निष्पादन को समाप्त करना चाहते हैं।
फ़ंक्शन का प्राथमिक उद्देश्य गणना करना और परिणाम प्रदान करना है।

```
डीईएफ़ कैलकुलेट_सम(ए, बी):
ए + बी लौटाएं

परिणाम = गणना_योग(3,5)
प्रिंट(परिणाम) # आउटपुट: 8
```

उपज का उपयोग तब करें जब:

आप एक जनरेटर बनाना चाहते हैं, जो एक प्रकार का पुनरावर्तनीय है जो एक समय में एक मान उत्पन्न करता है।
जेनरेटर बड़े डेटासेट या अनुक्रमों के साथ कुशलतापूर्वक काम करने के लिए उपयोगी होते हैं।
आप एक ऐसा फ़ंक्शन बनाना चाहते हैं जो उन सभी को एक साथ मेमोरी में लोड किए बिना मानों का अनुक्रम उत्पन्न करता है।
आप आलसी मूल्यांकन लागू करना चाहते हैं, जहां आवश्यकतानुसार मूल्य तुरंत उत्पन्न होते हैं।

```
def generate_even_numbers(सीमा):
संख्या = 0
जबकि संख्या <सीमा:
उपज संख्या
संख्या += 2

ईवन_जेन = जनरेट_ईवन_नंबर्स(10)
ईवन_जेन में संख्या के लिए:
प्रिंट(संख्या, अंत='') # आउटपुट: 0 2 4 6 8
```

जब आप यील्ड का उपयोग करते हैं, तो फ़ंक्शन की स्थिति सहेजी जाती है, और जनरेटर द्वारा अनुरोध किए जाने पर इसे बाद में वहीं से फिर से शुरू किया जा सकता है, जहां से इसे छोड़ा गया था। यह आपको उन सभी को अग्रिम रूप से उत्पन्न करने की आवश्यकता के बिना मूल्यों के संभावित अनंत अनुक्रम पर पुनरावृत्त करने की अनुमति देता है।

सारांश:

जब आप परिणाम प्रदान करना चाहते हैं और फ़ंक्शन के निष्पादन को समाप्त करना चाहते हैं तो रिटर्न का उपयोग करें।
जब आप एक समय में एक मान उत्पन्न करने के लिए जेनरेटर बनाना चाहते हैं तो यील्ड का उपयोग करें, खासकर जब बड़े डेटासेट या अनुक्रम से निपटते हैं जो एक साथ मेमोरी में फिट नहीं होते हैं।

जेनरेटर

जेनरेटर पुनरावृत्त बनाने के लिए पायथन में एक शक्तिशाली अवधारणा है, जो मानों के अनुक्रम पर पुनरावृति करने के लिए उपयोग की जाने वाली वस्तुएं हैं। जेनरेटर आपको पूरे अनुक्रम को मेमोरी में लोड किए बिना, एक-एक करके मान उत्पन्न करने की अनुमति देते हैं। यह उन्हें बड़े डेटासेट या अनुक्रमों को संभालने के लिए विशेष रूप से उपयोगी बनाता है जो मेमोरी-गहन हो सकते हैं।

जेनरेटर यील्ड कीवर्ड वाले फ़ंक्शंस का उपयोग करके बनाए जाते हैं। जब जनरेटर फ़ंक्शन को कॉल किया जाता है, तो यह फ़ंक्शन के मुख्य भाग को तुरंत निष्पादित नहीं करता है। इसके बजाय, यह एक जनरेटर ऑब्जेक्ट लौटाता है जिसका उपयोग चरण दर चरण जनरेटर फ़ंक्शन के निष्पादन को नियंत्रित करने के लिए किया जा सकता है।

यहां बताया गया है कि आप पायथन में जेनरेटर को कैसे परिभाषित और उपयोग करते हैं:

```
def सरल_जेनरेटर():
उपज 1
उपज 2
उपज 3

जेन = सिंपल जेनरेटर()
प्रिंट(नेक्स्ट(जेन)) # आउटपुट: 1
प्रिंट(नेक्स्ट(जेन)) # आउटपुट: 2
प्रिंट(नेक्स्ट(जेन)) # आउटपुट: 3
# यदि हम नेक्स्ट(जेन) को दोबारा कॉल करते हैं, तो यह स्टॉपइटरेशन बढ़ा देगा क्योंकि जनरेटर के पास और कोई मान नहीं है
```

जेनरेटर नेक्स्ट() कॉल के दौरान अपनी स्थिति बनाए रखते हैं, जिससे उन्हें वहीं से निष्पादन फिर से शुरू करने की अनुमति मिलती है जहां उन्होंने छोड़ा था। मूल्यों को कुशलतापूर्वक और आलस्यपूर्वक उत्पन्न करने के लिए यह महत्वपूर्ण है।
जेनरेटर कई लाभ प्रदान करते हैं:
स्मृति दक्षता: जेनरेटर एक समय में एक मान उत्पन्न करते हैं, जो मेमोरी-कुशल है। वे बड़े डेटासेट या अनुक्रम के साथ काम करने के लिए उपयुक्त हैं।
आलसी मूल्यांकन: मान आवश्यकतानुसार तुरंत उत्पन्न होते हैं, इसलिए अनावश्यक गणनाओं से बचा जाता है। अनंत अनुक्रमों या महँगी संगणनाओं से निपटते समय यह विशेष रूप से उपयोगी होता है।
सादगी: जेनरेटर फ़ंक्शंस नियमित फ़ंक्शंस के समान दिखते हैं लेकिन रिटर्न के बजाय उपज का उपयोग करते हैं। इससे उन्हें समझना और लागू करना आसान हो जाता है।
पुनरावर्तनीयता: जेनरेटर पुनरावर्तनीय हैं, जिसका अर्थ है कि आप उन्हें लूप, सूची समझ और अन्य संरचनाओं में उपयोग कर सकते हैं जो पुनरावर्तनीय के साथ काम करते हैं।
पाइपलाइन संचालन: जेनरेटर का उपयोग पाइपलाइन-शैली के संचालन में किया जा सकता है, जहां आप डेटा को कुशलतापूर्वक संसाधित करने के लिए कई जनरेटर या संचालन को एक साथ जोड़ते हैं।

```
defeven_numbers(सीमा):
संख्या = 0
जबकि संख्या <सीमा:
उपज संख्या
संख्या += 2

def चुकता_नंबर(संख्या):
संख्याओं में संख्याओं के लिए:
उपज संख्या * संख्या

सम संख्याएँ = समसंख्याएँ(10)
वर्ग = वर्ग_संख्या(सम)
वर्गों में संख्या के लिए:
प्रिंट (संख्या, अंत = "") # आउटपुट: 0 4 16 36 64
```

मेमोरी ओवरहेड में कमी: सूचियों या अन्य डेटा संरचनाओं के विपरीत जो सभी मानों को मेमोरी में संग्रहीत करते हैं, जनरेटर केवल वर्तमान मान और अगले मान उत्पन्न करने के लिए आवश्यक स्थिति को संग्रहीत करते हैं। इससे मेमोरी का उपयोग कम हो जाता है.
पायथन में कुशल और स्केलेबल प्रोग्रामिंग के लिए जेनरेटर एक मौलिक उपकरण हैं। वे आपको सभी डेटा को एक साथ लोड करने की आवश्यकता के बिना मूल्यों के अनुक्रम के साथ काम करने की अनुमति देते हैं, जिससे आप बड़ी मात्रा में डेटा को प्रभावी ढंग से संसाधित और हेरफेर करने में सक्षम होते हैं।

सारांश

फ़ंक्शंस और लूप्स: संक्षिप्त सिंहावलोकन
कार्य: विशिष्ट कार्यों के लिए फ़ंक्शंस समूह कोड, पुन: प्रयोज्यता और संरचना को बढ़ाना। वे इनपुट पैरामीटर स्वीकार करते हैं, डेटा संसाधित करते हैं और परिणाम लौटा सकते हैं। फ़ंक्शन रखरखाव और पठनीयता को बढ़ावा देते हैं।
छोरों: लूप्स दोहराए जाने वाले कार्यों को स्वचालित करते हैं। लूप के लिए अनुक्रमों पर पुनरावृत्ति होती है, प्रत्येक तत्व के लिए कोड निष्पादित होता है। जबकि लूप्स तब तक कोड निष्पादित करते हैं जब तक कोई शर्त सत्य है। कुशल डेटा प्रोसेसिंग के लिए लूप्स महत्वपूर्ण हैं।
संक्षेप में, फ़ंक्शंस और लूप आवश्यक प्रोग्रामिंग उपकरण हैं जो कोड संगठन, पुन: प्रयोज्यता और दक्षता में सुधार करते हैं।
पाश के लिए:फॉर लूप एक अनुक्रम (जैसे कि सूची, टुपल, या रेंज) पर पुनरावृत्त होता है और अनुक्रम में प्रत्येक तत्व के लिए कोड के एक ब्लॉक को निष्पादित करता है।
घुमाव के दौरान:जब तक निर्दिष्ट स्थिति सत्य है, while लूप बार-बार कोड के एक ब्लॉक को निष्पादित करता है।
पुनरावृत्ति:लूप्स डेटा पर कुशल पुनरावृत्ति को सक्षम करते हैं, प्रत्येक तत्व पर संचालन का समान सेट निष्पादित करते हैं।
तोड़ें और जारी रखें:ब्रेक स्टेटमेंट समय से पहले लूप से बाहर निकल जाता है, जबकि जारी स्टेटमेंट वर्तमान पुनरावृत्ति को छोड़ देता है और अगले पर आगे बढ़ता है।

अभ्यास 1:

बहुविकल्पीय प्रश्न (एमसीक्यू):

प्रश्न 1:पायथन में फ़ंक्शंस का उपयोग करने का प्राथमिक उद्देश्य क्या है?

a) ग्राफिकल यूज़र इंटरफेस बनाना b) बड़ी मात्रा में डेटा संग्रहीत करना

c) कोड पुन: प्रयोज्यता और संगठन को बढ़ावा देना d) जटिल डेटा संरचनाओं को परिभाषित करना

प्रश्न 2:मानों की पूर्वनिर्धारित श्रेणी के माध्यम से पुनरावृत्ति के लिए कौन सा लूप सबसे उपयुक्त है?

a) लूप के लिए b) जबकि लूप

c) स्विच लूप d) लूप तक

प्रश्न 3:किसी फ़ंक्शन में रिटर्न स्टेटमेंट क्या करता है?

a) फ़ंक्शन को समाप्त करता है b) परिणाम को कंसोल पर प्रिंट करता है

c) कॉल करने वाले को एक मान लौटाता है d) एक नया वेरिएबल घोषित करता है

प्रश्न 4:निम्नलिखित में से कौन सा एक अंतर्निहित पायथन फ़ंक्शन नहीं है?

a) छाप() b) लेन()

c) पुनरावृत्त() d) रेंज()

प्रश्न 5:थोड़ी देर के लूप में, अनंत लूप को रोकने के लिए क्या सुनिश्चित किया जाना चाहिए?

a) लूप की स्थिति हमेशा सत्य होनी चाहिए b) लूप में कोई निकास स्थिति नहीं होनी चाहिए

c) लूप को केवल ब्रेक स्टेटमेंट का उपयोग करना चाहिए d) लूप की स्थिति अंततः गलत हो जानी चाहिए

प्रश्न 6:लूप में ब्रेक स्टेटमेंट का उद्देश्य क्या है?

a) प्रोग्राम को समाप्त करने के लिए b) वर्तमान पुनरावृत्ति को छोड़ना

c) लूप से समय से पहले बाहर निकलना d) लूप को शुरुआत से पुनः आरंभ करने के लिए

प्रश्न 7:जब पुनरावृत्तियों की संख्या पहले से ज्ञात न हो तो कौन सा लूप उपयुक्त है?

a) लूप के लिए b) जबकि लूप

c) लूप दोहराएँ d) डू-व्हाइल लूप

प्रश्न 8:पायथन में, रेंज(5) और रेंज(1, 6) के बीच क्या अंतर है?

a) वे समतुल्य हैं b) रेंज (5) 1 से शुरू होती है

c) वे दोनों अमान्य वाक्यविन्यास हैं d) रेंज (1, 6) में समापन बिंदु 6 शामिल नहीं है

उत्तर

1. सी 2. ए 3. सी 4. सी 5. डी 6. बी 7. डी 8. ए

व्यायाम 2:

सही/गलत प्रश्न:

1. पायथन में फ़ंक्शंस में एकाधिक रिटर्न स्टेटमेंट हो सकते हैं।
2. लूप के लिए केवल संख्यात्मक सीमाओं पर ही पुनरावृत्ति हो सकती है।
3. यदि प्रारंभिक स्थिति गलत है तो थोड़ी देर का लूप बिल्कुल भी निष्पादित नहीं हो सकता है।
4. लूप के अंदर एक ब्रेक स्टेटमेंट पूरे प्रोग्राम को समाप्त कर देता है।
5. जारी कथन वर्तमान पुनरावृत्ति को छोड़ देता है और अगले पर आगे बढ़ता है।

उत्तर

1. सही 2. गलत 3. सही 4. गलत 5. सही

व्यायाम 3:

समीक्षा प्रश्न:

प्रश्न 1: पायथन में एक फ़ंक्शन क्या है, और फ़ंक्शन उपयोगी क्यों हैं?

प्रश्न 2: आप def कीवर्ड का उपयोग करके एक साधारण फ़ंक्शन को कैसे परिभाषित करते हैं?

प्रश्न 3: फ़ंक्शन हस्ताक्षर क्या है और इसमें क्या शामिल है?

प्रश्न 4: क्या कोई फ़ंक्शन एकाधिक मान लौटा सकता है? यदि हां, तो कैसे?
प्रश्न 5: फ़ंक्शन तर्क क्या हैं, और वे पैरामीटर से कैसे भिन्न हैं?
प्रश्न 6: पायथन फ़ंक्शंस में डिफ़ॉल्ट पैरामीटर मान कैसे काम करते हैं?
प्रश्न 7: किसी फ़ंक्शन के भीतर वेरिएबल्स का दायरा क्या है?
प्रश्न 8: अनाम फ़ंक्शन क्या हैं और वे कैसे बनाए जाते हैं?
प्रश्न 9: आप किसी सूची या शब्दकोश को किसी फ़ंक्शन के तर्क के रूप में कैसे पास करते हैं?
प्रश्न 10: पुनरावर्ती फ़ंक्शन क्या हैं, और आप इन्हें कैसे लिखते हैं?
प्रश्न 11: पायथन में दो प्राथमिक प्रकार के लूप क्या हैं?
प्रश्न 12: आप किसी सूची को पुनरावृत्त करने के लिए लूप के लिए बुनियादी कैसे लिखते हैं?
प्रश्न 13: लूप्स में रेंज() फ़ंक्शन का उद्देश्य क्या है?
प्रश्न 14: आप किसी लूप से समय से पहले कैसे बाहर निकल सकते हैं?
प्रश्न 15: लूप के भीतर जारी कथन क्या करता है?
प्रश्न 16: आप शब्दकोश में कुंजियों और मानों को कैसे दोहराते हैं?
प्रश्न 17: क्या आप लूपों को एक दूसरे के अंदर घोंसला बना सकते हैं? यदि हां, तो एक उदाहरण दें जहां यह उपयोगी होगा।
प्रश्न 18: सूची समझ क्या हैं, और वे लूप से कैसे संबंधित हैं?
प्रश्न 19: आप एक अनंत लूप कैसे लिखते हैं, और आप जानबूझकर इसका उपयोग कब कर सकते हैं?
प्रश्न 20: आप एक साथ अनेक सूचियों में कैसे लूप कर सकते हैं?

अध्याय 9: एक सूची के रूप में सारणी

पायथन में, एक सरणी तत्वों का एक संग्रह है, प्रत्येक को एक सूचकांक या कुंजी द्वारा पहचाना जाता है। हालाँकि, पायथन में स्वयं कोई अंतर्निहित डेटा प्रकार नहीं है जिसे विशेष रूप से "सरणी" कहा जाता है। इसके बजाय, पायथन एक अधिक बहुमुखी डेटा संरचना प्रदान करता है जिसे "सूची" कहा जाता है जो अन्य प्रोग्रामिंग भाषाओं में सरणियों के समान उद्देश्यों को पूरा करता है।
पायथन में सूचियाँ:

सूचियाँ तत्वों के क्रमबद्ध संग्रह हैं।
किसी सूची में तत्व विभिन्न डेटा प्रकार के हो सकते हैं, जिनमें संख्याएँ, स्ट्रिंग्स और यहां तक कि अन्य सूचियाँ भी शामिल हैं।
सूचियाँ परिवर्तनशील हैं, जिसका अर्थ है कि सूची बनने के बाद आप तत्वों को संशोधित, जोड़ या हटा सकते हैं।
किसी सूची में तत्वों तक उनके सूचकांक का उपयोग करके पहुंचा जाता है, पहले तत्व के लिए 0 से शुरू होता है।
सूचियाँ वर्गाकार कोष्ठक [] का उपयोग करके बनाई जाती हैं।
यहां Python में सूची बनाने और उपयोग करने का एक सरल उदाहरण दिया गया है:

```
# एक सूची बनाना
फल = ["सेब", "केला", "संतरा", "अंगूर"]

# सूचकांक द्वारा तत्वों तक पहुँचना
प्रिंट(फल[0]) # आउटपुट: "सेब"
प्रिंट(फल[2]) # आउटपुट: "नारंगी"

#तत्वों को संशोधित करना
फल[1] = "कीवी"
प्रिंट (फल) # आउटपुट: ["सेब", "कीवी", "नारंगी", "अंगूर"]

#तत्व जोड़ना
फल.जोड़ें("आम")
प्रिंट (फल) # आउटपुट: ["सेब", "कीवी", "नारंगी", "अंगूर", "आम"]

#तत्वों को हटाना
डेल फल[2]
प्रिंट (फल) # आउटपुट: ["सेब", "कीवी", "अंगूर", "आम"]
```

जबकि पायथन सूचियाँ डेटा के संग्रह को प्रबंधित करने का एक बहुमुखी तरीका है, कुछ परिदृश्यों के लिए जिन्हें अधिक उन्नत गणितीय संचालन या प्रदर्शन अनुकूलन की आवश्यकता होती है, आप NumPy जैसे पुस्तकालयों का पता लगाना चाह सकते हैं, जो अधिक विशिष्ट सरणी-जैसी संरचनाएं और संचालन प्रदान करते हैं।

9.1. तत्वों तक पहुँचना

पायथन में तत्वों तक पहुँचने का तात्पर्य डेटा संरचना से विशिष्ट मानों को पुनर्प्राप्त करना है, जैसे कि सूचियाँ, टुपल्स, स्ट्रिंग्स, या अन्य पुनरावर्तनीय ऑब्जेक्ट, उनके सूचकांक या कुंजी का उपयोग करके। यह आपको डेटा संरचना के भीतर संग्रहीत व्यक्तिगत मूल्यों को पुनः प्राप्त करने और उनमें हेरफेर करने की अनुमति देता है। आइए सूचियों पर ध्यान केंद्रित करें क्योंकि वे आमतौर पर इस्तेमाल किया जाने वाला उदाहरण हैं।
पायथन में, आप किसी सूची में तत्वों को उनकी अनुक्रमणिका स्थिति का उपयोग करके एक्सेस करते हैं। सूचकांक पहले तत्व के लिए 0 से शुरू होता है, दूसरे तत्व के लिए 1 से, और इसी तरह। यहां बताया गया है कि आप किसी सूची में तत्वों तक कैसे पहुंचते हैं:

```
फल = ["सेब", "केला", "संतरा", "अंगूर"]

# सूचकांक द्वारा व्यक्तिगत तत्वों तक पहुंच
```

पहला_फल = फल[0]
दूसरा_फल = फल[1]
तीसरा_फल = फल[2]

प्रिंट (पहला_फल) # आउटपुट: "सेब"
प्रिंट (दूसरा_फल) # आउटपुट: "केला"
प्रिंट (थर्ड_फ्रूट) # आउटपुट: "नारंगी"
आप सूची के अंत से तत्वों तक पहुँचने के लिए नकारात्मक सूचकांकों का भी उपयोग कर सकते हैं। उदाहरण के लिए, -1 अंतिम तत्व को संदर्भित करता है, -2 दूसरे से अंतिम तत्व को संदर्भित करता है, और इसी तरह:
अंतिम_फल = फल[-1]
दूसरा_अंतिम_फल = फल[-2]
प्रिंट (अंतिम_फल) # आउटपुट: "अंगूर"
प्रिंट (दूसरा_अंतिम_फल) # आउटपुट: "नारंगी"
इसके अतिरिक्त, आप सूची के भीतर तत्वों की एक श्रृंखला तक पहुंचने के लिए स्लाइसिंग का उपयोग कर सकते हैं:
some_fruits = फल[1:3] # सूचकांक 1 और 2 पर तत्वों को पुनः प्राप्त करता है
प्रिंट(कुछ_फल) # आउटपुट: ["केला", "नारंगी"]

पहले_तीन_फल = फल[:3] # शुरुआत से सूचकांक 3 तक तत्वों को पुनः प्राप्त करता है
प्रिंट (पहले_तीन_फल) # आउटपुट: ["सेब", "केला", "नारंगी"]

अंतिम_दो_फल = फल[-2:] # दूसरे से अंतिम तक के तत्वों को पुनः प्राप्त करता है
प्रिंट(अंतिम_दो_फल) # आउटपुट: ["नारंगी", "अंगूर"]
पायथन में तत्वों तक पहुँचने में सूचियों जैसी अचूक वस्तुओं से विशिष्ट मान प्राप्त करने के लिए सूचकांक स्थितियों का उपयोग करना शामिल है।

9.1.1. एक सरणी की लंबाई

पायथन में, किसी सरणी की लंबाई प्राप्त कऱ्ने की अवधारणा मौलिक है जब आप सूचियों जैसे डेटा के संग्रह के साथ काम कर रहे होते हैं। किसी सरणी की लंबाई उसमें मौजूद तत्वों की संख्या को दर्शाती है। आइए किसी सरणी की लंबाई से संबंधित प्रत्येक अवधारणा को तोड़ें:
पायथन में सारणियाँ (सूचियाँ):पायथन में, सरणियों को "सूची" नामक अंतर्निहित डेटा प्रकार द्वारा दर्शाया जाता है। सूची मानों का एक संग्रह है जो विभिन्न डेटा प्रकार का हो सकता है, और यह वर्गाकार कोष्ठक [ ] में संलग्न है।
संख्याएँ = [1, 2, 3, 4, 5]
फल = ["सेब", "केला", "संतरा", "अंगूर"]
एक सरणी की लंबाई (सूची):किसी सरणी की लंबाई, जिसे "आकार" या "गिनती" के रूप में भी जाना जाता है, उसमें शामिल तत्वों की संख्या को संदर्भित करती है। आप अंतर्निहित लेन() फ़ंक्शन का उपयोग करके किसी सरणी की लंबाई प्राप्त कर सकते हैं।
संख्याएँ = [1, 2, 3, 4, 5]
लंबाई = लेन(संख्या) # लंबाई 5 होगी
सूचकांकों का उपयोग करके तत्वों तक पहुँचना:आप किसी सरणी के सूचकांकों का उपयोग करके उसके अलग-अलग तत्वों तक पहुंच सकते हैं। पहले तत्व के लिए सूचकांक 0 से शुरू होते हैं और प्रत्येक बाद के तत्व के लिए 1 से बढ़ते हैं।
फल = ["सेब", "केला", "संतरा", "अंगूर"]
पहला_फल = फल[0] # "सेब"
दूसरा_फल = फल[1] # "केला"
नकारात्मक सूचकांक और स्लाइसिंग:आप सरणी के अंत से तत्वों तक पहुंचने के लिए नकारात्मक सूचकांकों का उपयोग कर सकते हैं। स्लाइसिंग आपको कई प्रकार के तत्वों तक पहुंचने की अनुमति देता है।

फल = ["सेब", "केला", "संतरा", "अंगूर"]
अंतिम_फल = फल[-1] # "अंगूर"
some_fruits = फल[1:3] # ["केला", "नारंगी"]

लंबाई प्राप्त करना:लेन() फ़ंक्शन किसी सरणी में तत्वों की संख्या लौटाता है।

फल = ["सेब", "केला", "संतरा", "अंगूर"]
लंबाई = लेन(फल) # लंबाई 4 होगी

एक सरणी के माध्यम से पुनरावृत्त करना:आप किसी सरणी में प्रत्येक तत्व के माध्यम से पुनरावृत्त करने के लिए लूप्स की तरह लूप्स का उपयोग कर सकते हैं।

फल = ["सेब", "केला", "संतरा", "अंगूर"]
फलों में फल के लिए:
प्रिंट(फल)

सामान्य उपयोग के मामले:किसी सरणी की लंबाई का उपयोग अक्सर सत्यापन, लूपिंग और विभिन्न डेटा प्रोसेसिंग कार्यों के लिए किया जाता है। उदाहरण के लिए, आप किसी सरणी के तत्वों पर संचालन करने के लिए उसके माध्यम से पुनरावृति कर सकते हैं।

संख्याएँ = [1, 2, 3, 4, 5]
संख्याओं में संख्या के लिए:
प्रिंट(संख्या *2)

पायथन में किसी सरणी की लंबाई उसमें मौजूद तत्वों की संख्या को संदर्भित करती है, और इसे len() फ़ंक्शन का उपयोग करके प्राप्त किया जाता है। यह लंबाई सरणी तत्वों तक पहुंचने, हेरफेर करने और पुनरावृत्त करने के लिए महत्वपूर्ण है।

9.2. पायथन में लूपिंग ऐरे तत्व

पायथन में सरणी तत्वों (या सूची तत्वों) के माध्यम से लूपिंग किसी सरणी के प्रत्येक तत्व पर संचालन करने के लिए एक सामान्य कार्य है। आप इसे विभिन्न प्रकार के लूपों का उपयोग करके प्राप्त कर सकते हैं, जैसे कि लूप या व्हाइल लूप। आइए जानें कि लूप का उपयोग करके सरणी तत्वों के माध्यम से कैसे लूप किया जाए:

फल = ["सेब", "केला", "संतरा", "अंगूर"]

सरणी के माध्यम से पुनरावृत्त करने के लिए लूप के लिए उपयोग करना
फलों में फल के लिए:
प्रिंट(फल)

आउटपुट:

सेब
केला
नारंगी
अंगूर

इस उदाहरण में, लूप के लिए फल सरणी में प्रत्येक तत्व के माध्यम से पुनरावृत्त होता है, और प्रत्येक पुनरावृत्ति में, परिवर्तनीय फल वर्तमान तत्व का मान रखता है। फिर आप फल के मूल्य का उपयोग करके कोई भी वांछित संचालन कर सकते हैं।

यदि आप अनुक्रमणिका द्वारा सरणी तत्वों तक पहुँचना चाहते हैं तो आप रेंज() फ़ंक्शन का भी उपयोग कर सकते हैं:

फल = ["सेब", "केला", "संतरा", "अंगूर"]

रेंज(लेन(फल)) में i के लिए:
प्रिंट(फल[i])

आउटपुट:

सेब
केला
नारंगी

अंगूर
हालाँकि, फलों में फलों के लिए उपयोग करने वाले तत्वों के माध्यम से सीधे लूप का उपयोग करना अधिक पायथोनिक है और अक्सर इसे पसंद किया जाता है क्योंकि यह अधिक पठनीय और संक्षिप्त है।
यदि आपको तत्व के सूचकांक और मूल्य दोनों की आवश्यकता है, तो आप enumerate() फ़ंक्शन का उपयोग कर सकते हैं:
फल = ["सेब", "केला", "संतरा", "अंगूर"]

सूचकांक के लिए, गिनती में फल (फल):
प्रिंट(f"सूचकांक: {सूचकांक}, फल: {फल}")
आउटपुट:
सूचकांक: 0, फल: सेब
सूचकांक: 1, फल: केला
सूचकांक: 2, फल: नारंगी
सूचकांक: 3, फल: अंगूर
लूप का उपयोग करके, आप आसानी से सरणी तत्वों के माध्यम से पुनरावृत्त कर सकते हैं और प्रत्येक तत्व पर विभिन्न ऑपरेशन कर सकते हैं, जिससे आपका कोड अधिक कुशल और प्रबंधनीय बन जाता है। फॉर्म का शीर्ष
पायथन में किसी सरणी (सूची) में तत्वों को जोड़ने में विशिष्ट स्थानों पर मान जोड़ने या डालने के लिए विभिन्न तरीकों का उपयोग करना शामिल है। किसी सरणी में तत्व जोड़ने के कुछ सामान्य तरीके यहां दिए गए हैं:
तत्वों को जोड़ना: आप एपेंड() विधि का उपयोग करके किसी सूची के अंत में तत्व जोड़ सकते हैं।
फल = ["सेब", "केला", "संतरा"]
फल.जोड़ें("अंगूर")
प्रिंट (फल) # आउटपुट: ["सेब", "केला", "नारंगी", "अंगूर"]
किसी अन्य सरणी के साथ विस्तार:किसी सूची के अंत में एकाधिक तत्व जोड़ने के लिए, आप किसी अन्य सूची के साथ विस्तार() विधि का उपयोग कर सकते हैं।
फल = ["सेब", "केला"]
अतिरिक्त_फल = ["नारंगी", "अंगूर"]
फल.विस्तार(अतिरिक्त_फल)
प्रिंट(फल)#आउटपुट:["सेब","केला","संतरा","अंगूर"]
किसी विशिष्ट स्थान पर सम्मिलित करना:आप किसी विशिष्ट इंडेक्स पर एक तत्व जोड़ने के लिए इन्सर्ट() विधि का उपयोग कर सकते हैं।
फल = ["सेब", "केला", "अंगूर"]
फ्रूट्स.इंसर्ट(1, "ऑरेंज") # इंडेक्स 1 पर "ऑरेंज" डालें
प्रिंट (फल) # आउटपुट: ["सेब", "नारंगी", "केला", "अंगूर"]
संयोजन का उपयोग करना:आप दो सूचियों को संयोजित करने के लिए + ऑपरेटर का उपयोग कर सकते हैं, दूसरी सूची के तत्वों को प्रभावी ढंग से पहली सूची में जोड़ सकते हैं।
फल = ["सेब", "केला"]
अतिरिक्त_फल = ["नारंगी", "अंगूर"]
संयुक्त_फल = फल + अतिरिक्त_फल
प्रिंट (संयुक्त_फल) # आउटपुट: ["सेब", "केला", "नारंगी", "अंगूर"]
याद रखें कि ये विधियाँ मूल सूची को संशोधित करती हैं। यदि आपको जोड़े गए तत्वों के साथ एक नई सूची बनाने और मूल सूची को अपरिवर्तित रखने की आवश्यकता है, तो आपको इन परिचालनों के परिणाम को एक नए चर में निर्दिष्ट करना चाहिए।
फल = ["सेब", "केला"]
new_fruits = फल + ["संतरा", "अंगूर"]

प्रिंट (नया_फल) # आउटपुट: ["सेब", "केला", "नारंगी", "अंगूर"]
प्रिंट (फल) # आउटपुट: ["सेब", "केला"]

वह विधि चुनें जो पायथन में किसी सरणी में तत्वों को जोड़ने के लिए आपकी आवश्यकताओं के लिए सबसे उपयुक्त हो।

9.3. पायथन में ऐरे तत्व को हटाना

आप विभिन्न तरीकों का उपयोग करके किसी सरणी (सूची) से तत्वों को हटा सकते हैं। किसी सूची से तत्वों को हटाने के कुछ सामान्य तरीके यहां दिए गए हैं:

डेल स्टेटमेंट का उपयोग करना: डेल स्टेटमेंट एक विशिष्ट सूचकांक पर एक सूची से एक तत्व को हटा देता है।

फल = ["सेब", "केला", "संतरा", "अंगूर"]
डेल फल[1] # सूचकांक 1 (केला) पर तत्व को हटाता है
प्रिंट (फल) # आउटपुट: ["सेब", "नारंगी", "अंगूर"]

निकालें() विधि का उपयोग करना:रिमूव() विधि सूची से किसी निर्दिष्ट तत्व की पहली घटना को हटा देती है।

फल = ["सेब", "केला", "संतरा", "अंगूर"]
फल.निकालें("केला")
प्रिंट (फल) # आउटपुट: ["सेब", "नारंगी", "अंगूर"]

पॉप() विधि का उपयोग करना:पॉप() विधि एक निर्दिष्ट सूचकांक पर एक तत्व को हटा देती है और उसका मान लौटा देती है। यदि कोई सूचकांक प्रदान नहीं किया गया है, तो यह अंतिम तत्व को हटा देता है।

फल = ["सेब", "केला", "संतरा", "अंगूर"]
हटाए गए_फल = फल.पॉप(2) # सूचकांक 2 पर "नारंगी" को हटाता है
प्रिंट(हटाया_फल) # आउटपुट: "नारंगी"
प्रिंट (फल) # आउटपुट: ["सेब", "केला", "अंगूर"]

स्लाइसिंग का उपयोग करना:आप सूची से कई प्रकार के तत्वों को हटाने के लिए स्लाइसिंग का उपयोग कर सकते हैं।

फल = ["सेब", "केला", "संतरा", "अंगूर", "कीवी"]
फल = फल[:2] + फल[3:] # सूचकांक 2 पर "नारंगी" हटाता है
प्रिंट (फल) # आउटपुट: ["सेब", "केला", "अंगूर", "कीवी"]

सूची समझ का उपयोग करना:सूची समझ का उपयोग उन तत्वों के बिना एक नई सूची बनाने के लिए किया जा सकता है जिन्हें आप हटाना चाहते हैं।

फल = ["सेब", "केला", "संतरा", "अंगूर"]
फल = [फल में फल के लिए फल यदि फल != "केला"]

प्रिंट (फल) # आउटपुट: ["सेब", "नारंगी", "अंगूर"]

याद रखें कि ये विधियाँ मूल सूची को संशोधित करती हैं। यदि आप हटाए गए तत्वों के साथ एक नई सूची बनाते समय मूल सूची को बरकरार रखना चाहते हैं, तो सूची की एक प्रति बनाने और प्रतिलिपि पर हटाने के तरीकों को लागू करने पर विचार करें।

9.4. सारणी विधियाँ

जोड़ें()	सूची के अंत में एक तत्व जोड़ता है
स्पष्ट()	सूची से सभी तत्वों को हटा देता है
प्रतिलिपि()	सूची की एक प्रति लौटाता है
गिनती करना()	निर्दिष्ट मान वाले तत्वों की संख्या लौटाता है
बढ़ाना()	किसी सूची के तत्वों (या किसी भी पुनरावर्तनीय) को वर्तमान सूची के अंत में जोड़ें
अनुक्रमणिका()	निर्दिष्ट मान के साथ पहले तत्व का सूचकांक लौटाता है

डालना()	निर्दिष्ट स्थान पर एक तत्व जोड़ता है
जल्दी से आना()	निर्दिष्ट स्थान पर तत्व को हटा देता है
निकालना()	निर्दिष्ट मान वाला पहला आइटम हटाता है
रिवर्स()	सूची के क्रम को उलट देता है
क्रम से लगाना()	सूची क्रमबद्ध करता है

पायथन में, सारणियों को सूचियों का उपयोग करके दर्शाया जाता है, और सूचियाँ विभिन्न अंतर्निहित विधियों के साथ आती हैं जो आपको उन पर संचालन करने की अनुमति देती हैं। ये विधियाँ पूर्व-परिभाषित फ़ंक्शन हैं जिन्हें किसी सूची में उसके तत्वों में हेरफेर करने, तत्वों को जोड़ने या हटाने और विभिन्न संचालन करने के लिए बुलाया जा सकता है। यहां कुछ सामान्य सरणी (सूची) विधियां और उनके स्पष्टीकरण दिए गए हैं:

संलग्न करें() विधि:सूची के अंत में एक तत्व जोड़ता है।

फल = ["सेब", "केला"] फल.एपेंड("नारंगी") प्रिंट(फल) # आउटपुट: ["सेब", "केला", "नारंगी"]

विस्तार() विधि:किसी अन्य सूची से तत्वों को जोड़कर सूची का विस्तार करता है।

फल = ["सेब", "केला"] अतिरिक्त_फल = ["संतरा", "अंगूर"] फल.विस्तारित(अतिरिक्त_फल) प्रिंट(फल) # आउटपुट: ["सेब", "केला", "नारंगी", "अंगूर "]

सम्मिलित करें() विधि:सूची में किसी विशिष्ट अनुक्रमणिका पर एक तत्व सम्मिलित करता है।

फल = ["सेब", "केला", "अंगूर"] फल.इन्सर्ट(1, "नारंगी") # इंडेक्स 1 पर "नारंगी" डालें प्रिंट(फल) # आउटपुट: ["सेब", "नारंगी", " केला", "अंगूर"]

हटाएं() विधि:सूची से किसी निर्दिष्ट तत्व की पहली घटना को हटा देता है।

फल = ["सेब", "केला", "नारंगी", "केला", "अंगूर"] फल.निकालें("केला") प्रिंट(फल) # आउटपुट: ["सेब", "नारंगी", "केला" , "अंगूर"]

पॉप() विधि:किसी विशिष्ट सूचकांक पर किसी तत्व को हटाता है और लौटाता है। यदि कोई अनुक्रमणिका प्रदान नहीं की गई है, तो अंतिम तत्व हटा देता है।

फल = ["सेब", "केला", "संतरा", "अंगूर"] हटाया_फल = फल.पॉप(2) # इंडेक्स 2 प्रिंट पर "नारंगी" को हटाता है (हटाया_फल) # आउटपुट: "नारंगी" प्रिंट (फल) # आउटपुट: ["सेब", "केला", "अंगूर"]

सूचकांक() विधि:किसी निर्दिष्ट तत्व की पहली घटना का सूचकांक लौटाता है।

फल = ["सेब", "केला", "नारंगी", "अंगूर"] सूचकांक = फल.सूचकांक("केला") प्रिंट(सूचकांक) # आउटपुट: 1

गिनती() विधि:सूची में किसी निर्दिष्ट तत्व की घटनाओं की संख्या लौटाता है।

फल = ["सेब", "केला", "नारंगी", "केला", "अंगूर"] गिनती = फल.गिनती("केला") प्रिंट(गिनती) # आउटपुट: 2

सॉर्ट() विधि:सूची के तत्वों को आरोही क्रम में क्रमबद्ध करता है।

नंबर = [5, 2, 9, 1, 5] नंबर.सॉर्ट() प्रिंट (नंबर) # आउटपुट: [1, 2, 5, 5, 9]

रिवर्स() विधि:सूची में तत्वों के क्रम को उलट देता है।

फल = ["सेब", "केला", "संतरा", "अंगूर"] फल.रिवर्स() प्रिंट(फल) # आउटपुट: ["अंगूर", "नारंगी", "केला", "सेब"]

ये पायथन में सरणियों (सूचियों) के साथ काम करने के लिए उपलब्ध कई तरीकों के कुछ उदाहरण हैं। प्रत्येक विधि को सूचियों और उनके तत्वों से निपटते समय विशिष्ट कार्यों को आसान और अधिक कुशल बनाने के लिए डिज़ाइन किया गया है।

फॉर्म का शीर्ष

सारांश

पायथन में ऐरे विशेष डेटा संरचनाएं हैं जो समान डेटा प्रकार के तत्वों को संग्रहीत करती हैं, जो उन्हें संख्यात्मक गणना और डेटा विश्लेषण के लिए कुशल बनाती हैं। व्यापक रूप से उपयोग की जाने वाली NumPy लाइब्रेरी वैज्ञानिक कार्यों के लिए उन्नत सरणी कार्यक्षमता प्रदान करती है।

सजातीय डेटा:दक्षता के लिए सरणियाँ एक ही प्रकार के तत्वों को रखती हैं।

न्यूमपी लाइब्रेरी: NumPy सरणी संचालन के लिए एक लोकप्रिय लाइब्रेरी है।

निर्माण:अनुक्रमों या नेस्टेड सूचियों के विकल्पों के साथ, सारणियाँ numpy.array() का उपयोग करके बनाई जाती हैं।
अनुक्रमण:शून्य-आधारित अनुक्रमण के साथ तत्वों तक पहुँचना।
आकार और आयाम:सारणियाँ एक-आयामी, द्वि-आयामी या बहु-आयामी हो सकती हैं।
तत्व-वार ऑप्स:बिना लूप के संपूर्ण सरणियों पर गणित संचालन करें।
प्रसारण:ऐरे विभिन्न आकृतियों पर संचालन कर सकते हैं।
तरीके और कार्य: NumPy अंकगणित, सांख्यिकी और रैखिक बीजगणित के लिए विभिन्न तरीके प्रदान करता है।
चालाकी:सारणियों को दोबारा आकार दिया जा सकता है, स्थानांतरित किया जा सकता है, संयोजित किया जा सकता है और विभाजित किया जा सकता है।
लाभ:वैज्ञानिक कंप्यूटिंग और डेटा विश्लेषण में संख्यात्मक कार्यों के लिए कुशल।
चुनौतियाँ:सारणियाँ आकार में स्थिर होती हैं और सजातीय डेटा के लिए बेहतर अनुकूल होती हैं।
ऐरे, विशेष रूप से NumPy से, कुशल संख्यात्मक कार्य को सशक्त बनाते हैं और वैज्ञानिक गणना और डेटा कार्यों में महत्वपूर्ण हैं।

अभ्यास 1:

बहुविकल्पीय प्रश्न (एमसीक्यू):

प्रश्न 1:पायथन में सरणियों की एक परिभाषित विशेषता क्या है?

a) वे विभिन्न डेटा प्रकार के तत्वों को संग्रहीत कर सकते हैं। b) वे गतिशील रूप से आकार बदलने योग्य हैं।

c) इनका उपयोग मुख्य रूप से टेक्स्ट डेटा के लिए किया जाता है। d) उनमें समान डेटा प्रकार के तत्व होते हैं।

प्रश्न 2:पायथन में उन्नत सरणी संचालन के लिए आमतौर पर किस लाइब्रेरी का उपयोग किया जाता है?

a) पांडा b) मैटप्लॉटलिब

d) न्यूमपी c) साइपी

प्रश्न 3:संख्यात्मक गणनाओं के लिए सूचियों की तुलना में सरणियों का उपयोग करने का प्राथमिक लाभ क्या है?

a) ऐरे विभिन्न प्रकार के तत्वों की अनुमति देते हैं। b) ऐरे में गतिशील आकार होता है।

c) ऐरे बेहतर मेमोरी दक्षता और गति प्रदान करते हैं। d) ऐरे स्ट्रिंग और पूर्णांकों को एक साथ पकड़ सकते हैं।

प्रश्न 4:पायथन में NumPy लाइब्रेरी का उपयोग करके एक ऐरे बनाने के लिए किस फ़ंक्शन का उपयोग किया जाता है?

a) create_array() b) सरणी()

c) numpy_array() d) np_array()

प्रश्न 5:ऐरे किस प्रकार की अनुक्रमणिका का समर्थन करते हैं?

a) मनमाना अनुक्रमण b) केवल नकारात्मक अनुक्रमण

c) शून्य-आधारित अनुक्रमण c) चरित्र-आधारित अनुक्रमण

प्रश्न 6:सरणियों के संदर्भ में प्रसारण क्या है?

a) प्रसारण किसी सारणी के आकार को बढ़ाने की एक विधि है।

b) प्रसारण विभिन्न आकृतियों की सरणियों के बीच संचालन की अनुमति देता है।

c) प्रसारण अनेक सारणियों को एक में संयोजित करने का एक तरीका है।

d) ब्रॉडकास्टिंग से तात्पर्य ऐरे को स्ट्रिंग्स में परिवर्तित करने की प्रक्रिया से है।

प्रश्न 7:किसी सरणी की .shape विशेषता क्या दर्शाती है?

a) सरणी में तत्वों की संख्या। b) सरणी में तत्वों का डेटा प्रकार।

c) सरणी के आयाम (पंक्तियाँ और स्तंभ)। d) सरणी में अंतिम तत्व का सूचकांक।

प्रश्न 8: NumPy में दो सरणियों का तत्व-वार गुणन करने के लिए किस विधि का उपयोग किया जा सकता है?

a) गुणा() b) एकाधिक()

c) बिंदु() d) उत्पाद()

उत्तर

1. डी 2. सी 3. सी 4. बी 5. सी 6. बी 7. सी 8. ए

व्यायाम 2:

सही/गलत प्रश्न:

प्रश्न 1:पायथन में ऐरे विभिन्न डेटा प्रकारों के तत्वों को धारण कर सकते हैं।

प्रश्न 2:सूचियों की तुलना में सरणियों का प्राथमिक लाभ उनकी गतिशील आकार बदलने की क्षमता है।

प्रश्न 3:सरणियों में प्रसारण का तात्पर्य विभिन्न आकृतियों के सरणियों के बीच संचालन करने से है।

प्रश्न 4:किसी सरणी की .shape विशेषता उसमें मौजूद तत्वों की संख्या को इंगित करती है।

प्रश्न 5:np.concatate() फ़ंक्शन का उपयोग स्तंभों के साथ सरणियों को संयोजित करने के लिए किया जा सकता है।

उत्तर

1. गलत 2. गलत 3. सही 4. गलत 5. सही

व्यायाम 3:

समीक्षा प्रश्न:

प्रश्न 1:एक सारणी क्या है, और यह पायथन में किसी सूची के समान या भिन्न कैसे है?

प्रश्न 2:आप किसी सूची का उपयोग करके किसी सरणी की घोषणा कैसे करते हैं?
प्रश्न 3:क्या एक सरणी (सूची के रूप में प्रस्तुत) विभिन्न डेटा प्रकारों के तत्वों को धारण कर सकती है?
प्रश्न 4:किसी सूची के रूप में कार्यान्वित सरणी में किसी तत्व को जोड़ने की समय जटिलता क्या है?
प्रश्न 5:आप किसी सरणी के भीतर तत्वों तक कैसे पहुँचते हैं?
प्रश्न 6:पायथन में सरणियों में हेरफेर करने की सामान्य विधियाँ क्या हैं?
प्रश्न 7:आप किसी सरणी में किसी विशिष्ट अनुक्रमणिका पर कोई तत्व कैसे सम्मिलित करते हैं?
प्रश्न 8:क्या आप किसी सरणी से तत्व हटा सकते हैं? यदि हां, तो कैसे?
प्रश्न 9:आप किसी सरणी में किसी तत्व का सूचकांक कैसे ढूंढते हैं?
प्रश्न 10:स्लाइसिंग क्या है, और इसका उपयोग सरणियों के साथ कैसे किया जा सकता है?
प्रश्न 11:आप दो सारणियों को कैसे जोड़ते हैं?
प्रश्न 12:कुछ अंतर्निहित फ़ंक्शन क्या हैं जिनका उपयोग सरणियों पर संचालन करने के लिए किया जा सकता है?
प्रश्न 13:आप किसी सरणी को कैसे क्रमबद्ध करते हैं?
प्रश्न 14:क्या आप किसी अंतर्निहित फ़ंक्शन का उपयोग किए बिना किसी सरणी को उलट सकते हैं?
प्रश्न 15:आप किसी सरणी को स्ट्रिंग में कैसे परिवर्तित करते हैं?
प्रश्न 16:आप किसी सरणी के प्रत्येक तत्व के माध्यम से कैसे लूप करते हैं?
प्रश्न 17:आप किसी सरणी में सभी पूर्णांकों का योग कैसे करेंगे?
प्रश्न 18:क्या आपके पास सरणियों (नेस्टेड सरणियाँ) की एक सरणी हो सकती है? यदि हां, तो आप तत्वों तक कैसे पहुंचते हैं?
प्रश्न 19:आप किसी सरणी को क्लोन या कॉपी कैसे करते हैं?
प्रश्न 20:लिंक्ड सूचियों जैसी अन्य डेटा संरचनाओं के बजाय सरणियों का उपयोग करने के कुछ फायदे और नुकसान क्या हैं?

अध्याय 10: ऑब्जेक्ट-ओरिएंटेड प्रोग्रामिंग (ओओपी)

ऑब्जेक्ट-ओरिएंटेड प्रोग्रामिंग (ओओपी) एक प्रोग्रामिंग प्रतिमान है जो वस्तुओं की अवधारणा के आसपास कोड की संरचना करता है, जो कक्षाओं के उदाहरण हैं। पायथन एक बहुमुखी और लोकप्रिय प्रोग्रामिंग भाषा है जो ओओपी सिद्धांतों का दृढ़ता से समर्थन करती है, जो इसे जटिल और रखरखाव योग्य सॉफ्टवेयर सिस्टम डिजाइन करने के लिए एक उत्कृष्ट विकल्प बनाती है।
पायथन में OOP के केंद्र में कक्षाएं और ऑब्जेक्ट हैं। एक क्लास एक ब्लूप्रिंट या टेम्प्लेट है जो उन विशेषताओं (डेटा) और तरीकों (फ़ंक्शंस) को परिभाषित करता है जो उस क्लास की वस्तुओं के पास होंगी। ऑब्जेक्ट कक्षाओं के उदाहरण हैं, और वे डेटा और व्यवहार दोनों को समाहित करते हैं। यह एनकैप्सुलेशन अमूर्तता, एनकैप्सुलेशन, वंशानुक्रम और बहुरूपता के मौलिक ओओपी सिद्धांतों को बढ़ावा देता है।
अमूर्तता आपको अनावश्यक विवरण छिपाते हुए किसी वस्तु के आवश्यक पहलुओं पर ध्यान केंद्रित करने की अनुमति देती है। एनकैप्सुलेशन यह सुनिश्चित करता है कि किसी ऑब्जेक्ट की आंतरिक स्थिति एक्सेस कंट्रोल तंत्र (सार्वजनिक, संरक्षित, निजी) का उपयोग करके अनधिकृत पहुंच से सुरक्षित है। इससे सुरक्षा बढ़ती है और अनपेक्षित संशोधनों का जोखिम कम हो जाता है।
वंशानुक्रम मौजूदा वर्गों के आधार पर नए वर्गों के निर्माण को सक्षम बनाता है। यह पदानुक्रमित संरचना कोड के पुन: उपयोग को बढ़ावा देती है, क्योंकि उपवर्गों को उनके मूल वर्गों से गुण और व्यवहार विरासत में मिलते हैं। इसके अतिरिक्त, उपवर्ग विशिष्ट आवश्यकताओं के अनुरूप व्यवहार को अनुकूलित करने के लिए विरासत में मिली विधियों को ओवरराइड या विस्तारित कर सकते हैं।
बहुरूपता विभिन्न वर्गों की वस्तुओं को एक सामान्य सुपरक्लास के उदाहरण के रूप में व्यवहार करने में सक्षम बनाती है। यह कोड डिज़ाइन को सरल बनाता है और उनके विशिष्ट कार्यान्वयन को जानने की आवश्यकता के बिना विभिन्न वस्तुओं के विनिमेय उपयोग की अनुमति देता है।
पायथन की OOP क्षमताओं में ऑब्जेक्ट इनिशियलाइज़ेशन के लिए __init__ जैसी विशेष विधियाँ शामिल हैं, जो आपको क्लास कंस्ट्रक्टर्स को परिभाषित करने की अनुमति देती हैं। ये विधियाँ वस्तु निर्माण और अनुकूलन को सुव्यवस्थित करती हैं।
ओओपी सिद्धांतों का पालन करके, पायथन डेवलपर्स मॉड्यूलर, रखरखाव योग्य और स्केलेबल कोड बना सकते हैं। कोड को सार्थक संरचनाओं में व्यवस्थित करने पर ओओपी का जोर वास्तविक दुनिया मॉडलिंग के साथ अच्छी तरह से संरेखित होता है और सहयोगात्मक विकास की सुविधा प्रदान करता है। चाहे यूजर इंटरफेस, डेटाबेस, गेम या जटिल व्यावसायिक एप्लिकेशन का निर्माण हो, पायथन में ओओपी डेवलपर्स को ऐसे सॉफ्टवेयर बनाने का अधिकार देता है जो सुरुचिपूर्ण और मजबूत दोनों हैं।
ऑब्जेक्ट-ओरिएंटेड प्रोग्रामिंग (ओओपी) कई मूलभूत अवधारणाओं पर बनाई गई है जो ऑब्जेक्ट और कक्षाओं का उपयोग करके सॉफ़्टवेयर के डिज़ाइन और कार्यान्वयन का मार्गदर्शन करती है। ये अवधारणाएँ संगठित, मॉड्यूलर और कुशल कोड बनाने में मदद करती हैं। यहाँ OOP की मूल अवधारणाएँ हैं:
कक्षा: क्लास एक ब्लूप्रिंट या टेम्प्लेट है जो वस्तुओं की संरचना और व्यवहार को परिभाषित करता है। यह उस डेटा (विशेषताओं) और विधियों (कार्यों) को समाहित करता है जो उस डेटा पर काम करते हैं। कक्षाएं समान विशेषताओं वाले कई उदाहरण (ऑब्जेक्ट) बनाने के लिए एक ब्लूप्रिंट के रूप में कार्य करती हैं।
वस्तु: एक ऑब्जेक्ट एक क्लास का एक उदाहरण है। यह वर्ग द्वारा परिभाषित ब्लूप्रिंट का एक ठोस प्रतिनिधित्व है। वस्तुओं के साथ स्थिति (गुण) और व्यवहार (तरीके) जुड़े होते हैं।
कैप्सूलीकरण: एनकैप्सुलेशन डेटा और डेटा पर काम करने वाले तरीकों को एक इकाई (ऑब्जेक्ट) में बंडल करने का अभ्यास है। यह किसी वस्तु की आंतरिक स्थिति तक सीधी पहुंच को प्रतिबंधित करता है और विधियों के माध्यम से नियंत्रित पहुंच को लागू करता है। यह सुरक्षा और मॉड्यूलरिटी को बढ़ाता है।
मतिहीनता: अमूर्तन अनावश्यक विवरणों को छिपाते हुए किसी वस्तु की केवल प्रासंगिक विशेषताओं को उजागर करने पर केंद्रित है। यह वास्तविक दुनिया की संस्थाओं और उनकी अंतःक्रियाओं के आधार पर कक्षाओं और वस्तुओं का मॉडलिंग करके जटिल वास्तविकता को सरल बनाता है।
विरासत: वंशानुक्रम आपको मौजूदा वर्ग (सुपरक्लास या बेस क्लास) के आधार पर एक नया वर्ग (उपवर्ग या व्युत्पन्न वर्ग) बनाने की अनुमति देता है। उपवर्ग को सुपरक्लास से विशेषताएँ और विधियाँ विरासत में मिलती हैं और उन्हें बढ़ाया या ओवरराइड किया जा सकता है। यह कोड के पुन: उपयोग और मॉड्यूलरिटी को बढ़ावा देता है।
बहुरूपता: बहुरूपता विभिन्न वर्गों की वस्तुओं को एक सामान्य सुपरक्लास के उदाहरण के रूप में व्यवहार करने में सक्षम बनाती है। यह वस्तुओं को विनिमेय रूप से उपयोग करने की अनुमति देता है, जिससे गतिशील व्यवहार और कोड लचीलेपन की सुविधा मिलती है। बहुरूपता विधि ओवरराइडिंग और इंटरफ़ेस कार्यान्वयन के माध्यम से प्राप्त की जाती है।
कंस्ट्रक्टर (__init__): कंस्ट्रक्टर एक क्लास में एक विशेष विधि (__init__) है जो ऑब्जेक्ट बनाते समय ऑब्जेक्ट विशेषताओं को प्रारंभ करता है। यह वस्तु की प्रारंभिक स्थिति निर्धारित करता है और उसे उपयोग के लिए तैयार करता है।

विधि अधिभावी: मेथड ओवरराइडिंग तब होती है जब एक उपवर्ग किसी मेथड के लिए एक विशिष्ट कार्यान्वयन प्रदान करता है जो पहले से ही उसके सुपरक्लास में परिभाषित है। यह समान विधि हस्ताक्षर को बनाए रखते हुए उपवर्ग में व्यवहार के अनुकूलन की अनुमति देता है।
क्लास और इंस्टेंस विशेषताएँ: वर्ग विशेषताएँ वर्ग के सभी उदाहरणों के बीच साझा की जाती हैं और वर्ग निकाय के भीतर परिभाषित की जाती हैं। इंस्टेंस विशेषताएँ प्रत्येक इंस्टेंस के लिए अद्वितीय होती हैं और कंस्ट्रक्टर में आरंभ की जाती हैं। वे ऑब्जेक्ट के डेटा को एनकैप्सुलेट करते हैं।
पहुँच संशोधक: एक्सेस संशोधक विशेषताओं और विधियों की दृश्यता निर्धारित करते हैं। पायथन पहुंच स्तरों को इंगित करने के लिए _variable (संरक्षित) और __variable (निजी) जैसे नामकरण सम्मेलनों का उपयोग करता है। हालाँकि, पायथन सख्त पहुँच नियंत्रण लागू नहीं करता है।
ओओपी अवधारणाएं सॉफ्टवेयर डिजाइन करने, कोड संगठन, पुन: प्रयोज्यता और रखरखाव की सुविधा के लिए एक संरचित दृष्टिकोण प्रदान करती हैं। वास्तविक दुनिया की संस्थाओं और इंटरैक्शन को मॉडल करने के लिए कक्षाओं और वस्तुओं का उपयोग करके, ओओपी कोड स्पष्टता को बढ़ाता है और एक मॉड्यूलर और सहयोगी विकास दृष्टिकोण को प्रोत्साहित करता है।

10.1. वस्तु और वर्ग

आइए उचित सिंटैक्स और उदाहरणों के साथ पायथन में कक्षाओं और वस्तुओं की अवधारणा का पता लगाएं:
कक्षाएं:
क्लास एक ब्लूप्रिंट है जो वस्तुओं की संरचना और व्यवहार को परिभाषित करता है। यह उन विशेषताओं (डेटा) और विधियों (फ़ंक्शंस) को समाहित करता है जो क्लास से बनाई गई वस्तुओं में होंगी।
वर्ग परिभाषा का सिंटैक्स:

```
कक्षा कक्षा का नाम:
# वर्ग विशेषताएँ
क्लास_वर = 0

# कंस्ट्रक्टर (__init__ विधि)
def __init__(स्वयं, विशेषता1, विशेषता2):
स्व.विशेषता1 = विशेषता1
स्व.विशेषता2 =विशेषता2

# क्लास के तरीके
डीईएफ़ विधि1(स्वयं):
#विधि तर्क

डीईएफ़ विधि2(स्वयं):
#विधि तर्क
```

वस्तुओं:
एक वस्तु एक वर्ग का एक उदाहरण है। यह अपने स्वयं के गुणों और व्यवहार के साथ, वर्ग के खाके की एक ठोस प्राप्ति का प्रतिनिधित्व करता है।
वस्तु निर्माण का सिंटैक्स:

```
# ClassName का एक ऑब्जेक्ट बनाएं
obj1 = क्लासनाम(विशेषता1_मूल्य, विशेषता2_मूल्य)
```

यहां कक्षाओं और वस्तुओं का उपयोग करने वाला एक उदाहरण दिया गया है:

```
कक्षा छात्र:
# वर्ग विशेषता
विद्यार्थी_गणना = 0

# कंस्ट्रक्टर
def __init__(स्वयं, नाम, आयु):
```

```
स्व.नाम = नाम
स्व.उम्र = उम्र
विद्यार्थी.छात्र_गणना += 1

# तरीका
डीईएफ़ परिचय (स्वयं):
प्रिंट(f"हैलो, मेरा नाम {self.name} है और मैं {self.age} वर्ष का हूं।")

# छात्र वर्ग की वस्तुएं बनाएं
छात्र 1 = छात्र ("ऐलिस", 25)
छात्र2 = छात्र("बॉब", 22)

# ऑब्जेक्ट विधियों को कॉल करें
student1.introduce() # आउटपुट: हेलो, मेरा नाम ऐलिस है और मेरी उम्र 25 साल है।
student2.introduce() # आउटपुट: हेलो, मेरा नाम बॉब है और मेरी उम्र 22 साल है।

# क्लास और ऑब्जेक्ट के माध्यम से क्लास एट्रिब्यूट तक पहुंचें
प्रिंट(छात्र.छात्र_गणना) # आउटपुट: 2
प्रिंट(छात्र1.छात्र_गणना) # आउटपुट: 2
प्रिंट(student2.student_count) # आउटपुट: 2
```

इस उदाहरण में, स्टूडेंट क्लास में एक कंस्ट्रक्टर (__init__) होता है जो विशेषताओं के नाम और उम्र को आरंभ करता है, एक विधि परिचय जो एक ग्रीटिंग प्रिंट करता है, और एक क्लास विशेषता student_count जो बनाई गई छात्र वस्तुओं की संख्या का ट्रैक रखता है। छात्र वर्ग से दो ऑब्जेक्ट, छात्र 1 और छात्र 2 बनाए जाते हैं, प्रत्येक की अपनी विशेषता मान और परिचय विधि को कॉल करने की क्षमता होती है।

10.2. कैप्सूलीकरण

एनकैप्सुलेशन ऑब्जेक्ट-ओरिएंटेड प्रोग्रामिंग (ओओपी) के मूलभूत सिद्धांतों में से एक है जिसमें डेटा (विशेषताएं) और विधियों (फ़ंक्शन) को बंडल करना शामिल है जो उस डेटा पर एक एकल इकाई (ऑब्जेक्ट) में काम करते हैं। एनकैप्सुलेशन अभिगम नियंत्रण को लागू करता है, यह सुनिश्चित करते हुए कि किसी वस्तु की आंतरिक स्थिति कक्षा के बाहर से अनधिकृत पहुंच या संशोधन से सुरक्षित है। यह सुरक्षा बढ़ाता है, त्रुटियों का जोखिम कम करता है, और मॉड्यूलर और संगठित कोड को बढ़ावा देता है।

एनकैप्सुलेशन का सिंटेक्स:

पायथन में, एक्सेस संशोधक और प्रॉपर्टी विधियों का उपयोग करके एनकैप्सुलेशन प्राप्त किया जाता है। एक्सेस संशोधक एक वर्ग के भीतर विशेषताओं और विधियों की दृश्यता को नियंत्रित करते हैं, और संपत्ति विधियां इन विशेषताओं तक नियंत्रित पहुंच प्रदान करती हैं।

```
कक्षा कक्षा का नाम:
def __init__(स्वयं):
self._protected_var = 0 # संरक्षित विशेषता
self.__private_var = 0 # निजी विशेषता

# निजी विशेषता के लिए गेट्टर विधि
def get_private_var(स्वयं):
स्वयं लौटें.__निजी_var

# निजी विशेषता के लिए सेटर विधि
def set_private_var(स्वयं, मान):
self.__private_var = मान
```

निजी विशेषता तक पहुँचने के लिए संपत्ति विधि
प्राइवेट_वर = संपत्ति (get_private_var, set_private_var)

एनकैप्सुलेशन का उदाहरण:

यहां पायथन में इनकैप्सुलेशन को प्रदर्शित करने वाला एक उदाहरण दिया गया है:

```
वर्ग बैंक खाता:
def __init__(स्वयं, खाता संख्या, शेष राशि):
self._account_number = अकाउंट_नंबर # संरक्षित विशेषता
स्व.__संतुलन = संतुलन # निजी गुण

# निजी विशेषता के लिए गेट्टर विधि
def get_balance(स्वयं):
स्वयं लौटें.__संतुलन

# निजी विशेषता के लिए सेटर विधि
डीईएफ़ सेट_बैलेंस(स्वयं, नया_बैलेंस):
यदि नया_संतुलन >= 0:
स्वयं.__संतुलन = नया_संतुलन
अन्य:
प्रिंट करें ("शेष राशि ऋणात्मक नहीं हो सकती।")

# निजी विशेषता तक पहुँचने के लिए संपत्ति विधि
संतुलन = संपत्ति (get_balance, set_balance)

# BankAccount का एक ऑब्जेक्ट बनाएं
खाता = बैंक खाता("12345", 1000)

# विधियों और गुणों का उपयोग करके संरक्षित और निजी विशेषताओं तक पहुंचें
प्रिंट(अकाउंट._अकाउंट_नंबर) # आउटपुट: 12345
प्रिंट(अकाउंट.गेट_बैलेंस()) # आउटपुट: 1000

# सेटर विधि का उपयोग करके निजी विशेषता को संशोधित करें
खाता.सेट_बैलेंस(1500)
प्रिंट(अकाउंट.गेट_बैलेंस()) # आउटपुट: 1500

# ऋणात्मक संतुलन स्थापित करने का प्रयास (अस्वीकृत कर दिया जाएगा)
अकाउंट.सेट_बैलेंस(-500) # आउटपुट: बैलेंस नकारात्मक नहीं हो सकता।
```

इस उदाहरण में, BankAccount वर्ग एनकैप्सुलेशन प्रदर्शित करता है। _account_number विशेषता को एकल अंडरस्कोर का उपयोग करके संरक्षित के रूप में चिह्नित किया गया है, और __balance विशेषता को डबल अंडरस्कोर का उपयोग करके निजी के रूप में चिह्नित किया गया है। निजी विशेषता तक पहुंच गेटर और सेटर विधियों के माध्यम से प्रदान की जाती है, और बैलेंस नामक एक संपत्ति विधि प्रत्यक्ष विशेषता नाम को उजागर किए बिना निजी विशेषता तक नियंत्रित पहुंच की अनुमति देती है। यह एनकैप्सुलेशन निजी विशेषता तक सीधी पहुंच को रोकता है और डेटा अखंडता और सुरक्षा को बढ़ाते हुए, संतुलन के नियंत्रित संशोधन को लागू करता है।

10.3. मतिहीनता

ऑब्जेक्ट-ओरिएंटेड प्रोग्रामिंग (ओओपी) में एब्स्ट्रैक्शन एक मौलिक अवधारणा है जिसमें अनावश्यक विवरणों को छिपाते हुए किसी ऑब्जेक्ट के आवश्यक पहलुओं पर ध्यान केंद्रित करना शामिल है। यह किसी वस्तु का सरलीकृत और उच्च-स्तरीय प्रतिनिधित्व प्रदान करता है, जिससे जटिल सिस्टम अधिक प्रबंधनीय और समझने में आसान हो जाते हैं। कक्षाओं, विधियों और

इंटरफेस के उपयोग के माध्यम से अमूर्तता प्राप्त की जाती है, जिससे आप सभी कार्यान्वयन विवरणों को उजागर किए बिना वास्तविक दुनिया की संस्थाओं और उनकी बातचीत को मॉडल कर सकते हैं।

अमूर्तन का वाक्य-विन्यास:

पायथन में, आवश्यक कार्यक्षमता प्रदान करने वाली विधियों के साथ कक्षाओं को परिभाषित करके अमूर्तता प्राप्त की जाती है। ये विधियाँ उपयोगकर्ता से अंतर्निहित कार्यान्वयन विवरण को अलग कर देती हैं।

```
वर्ग सारवर्ग:
def Abstract_method(स्वयं):
उत्तीर्ण

वर्ग कंक्रीटक्लास(सारवर्ग):
def Abstract_method(स्वयं):
# यहां ठोस कार्यान्वयन प्रदान करें
```

अमूर्तन का उदाहरण:

यहां पायथन में अमूर्तता प्रदर्शित करने वाला एक उदाहरण दिया गया है:

```
एबीसी से एबीसी, एब्सट्रैक्टमेथड आयात करें

वर्ग आकार(एबीसी):
@abstractmethod
डीईएफ़ क्षेत्र(स्वयं):
उत्तीर्ण

वर्ग वृत्त(आकार):
def __init__(स्वयं, त्रिज्या):
स्व.त्रिज्या = त्रिज्या

डीईएफ़ क्षेत्र(स्वयं):
वापसी 3.14 * स्व.त्रिज्या ** 2

वर्ग आयत(आकार):
def __init__(स्वयं, चौड़ाई, ऊंचाई):
स्वयं.चौड़ाई = चौड़ाई
स्व.ऊंचाई = ऊंचाई

डीईएफ़ क्षेत्र(स्वयं):
स्व.चौड़ाई * स्व.ऊंचाई लौटाएं

# वृत्त और आयत की वस्तुएं बनाएं
वृत्त = वृत्त(5)
आयत = आयत(4, 6)

# अमूर्तन का उपयोग करके क्षेत्रों की गणना करें और प्रिंट करें
प्रिंट('सर्कल क्षेत्र:', सर्कल.क्षेत्र()) # आउटपुट: सर्कल क्षेत्र: 78.5
प्रिंट('आयत क्षेत्र:', आयत.क्षेत्र()) # आउटपुट: आयत क्षेत्र: 24
```

इस उदाहरण में, आकृति वर्ग एक अमूर्त वर्ग है जो एक अमूर्त विधि क्षेत्र() को परिभाषित करता है। एक अमूर्त विधि एक ऐसी विधि है जो बेस क्लास में घोषित की जाती है लेकिन कोई कार्यान्वयन प्रदान नहीं करती है। उपवर्ग, जैसे वृत्त और आयत, आकार वर्ग से प्राप्त होते हैं और अपने विशिष्ट आकार के अनुसार क्षेत्र() विधि को लागू करते हैं।

अमूर्तन आपको प्रत्येक कार्यान्वयन के जटिल विवरण को समझने की आवश्यकता के बिना उच्च-स्तरीय अवधारणाओं के साथ काम करने की अनुमति देता है। यह स्पष्ट इंटरफ़ेस प्रदान करके और अनावश्यक जटिलता को कम करके जटिल प्रणालियों को

सरल बनाता है। एब्स्ट्रैक्शन का उपयोग करके, आप अधिक मॉड्यूलर और रखरखाव योग्य कोड डिज़ाइन कर सकते हैं जिसे विस्तारित करना और बदलती आवश्यकताओं के अनुकूल बनाना आसान है।

10.4. विरासत

ऑब्जेक्ट-ओरिएंटेड प्रोग्रामिंग (ओओपी) में इनहेरिटेंस एक महत्वपूर्ण अवधारणा है जो आपको मौजूदा क्लास (सुपरक्लास या बेस क्लास) के आधार पर एक नया वर्ग (उपवर्ग या व्युत्पन्न वर्ग) बनाने की अनुमति देता है। उपवर्ग को सुपरक्लास की विशेषताएं और विधियां विरासत में मिलती हैं, जो कोड के पुन: उपयोग और पदानुक्रम में संबंधित वर्गों के संगठन को बढ़ावा देता है। वंशानुक्रम अधिक विशिष्ट वर्गों के निर्माण की सुविधा प्रदान करता है जो अधिक सामान्य वर्गों के व्यवहार और विशेषताओं को प्राप्त करते हैं।

वंशानुक्रम का सिंटैक्स:

पायथन में, आप एक नई क्लास बनाकर और क्लास नाम के बाद कोष्ठक के भीतर सुपरक्लास को निर्दिष्ट करके विरासत प्राप्त कर सकते हैं।

```
क्लास बेसक्लास:
# बेस क्लास के गुण और तरीके

क्लास सबक्लास (बेसक्लास):
# उपवर्ग की अतिरिक्त विशेषताएँ और विधियाँ
```

वंशानुक्रम का उदाहरण:

यहां पायथन में वंशानुक्रम प्रदर्शित करने वाला एक उदाहरण दिया गया है:

```
वर्ग पशु:
def __init__(स्वयं, नाम):
स्व.नाम = नाम

डीईएफ़ बोलें(स्वयं):
उत्तीर्ण

वर्ग कुत्ता(पशु):
डीईएफ़ बोलें(स्वयं):
वापसी f"{self.name} वूफ़ कहते हैं!"

वर्ग बिल्ली(पशु):
डीईएफ़ बोलें(स्वयं):
वापसी f"{self.name} कहते हैं म्याऊ!"

# कुत्ते और बिल्ली की वस्तुएं बनाएं
कुत्ता = कुत्ता("दोस्त")
बिल्ली = बिल्ली("मूँछ")

# इनहेरिटेंस का उपयोग करके स्पीक मेथड को कॉल करें
प्रिंट(कुत्ता.बोलो()) # आउटपुट: बडी कहता है वूफ़!
print(cat.speak()) # आउटपुट: व्हिस्कर्स कहते हैं म्याऊ!
```

इस उदाहरण में, एनिमल क्लास बेस क्लास है जो सामान्य विशेषताओं और एक अमूर्त भाषण विधि को परिभाषित करता है। कुत्ता और बिल्ली वर्ग उपवर्ग हैं जो पशु वर्ग से विरासत में मिले हैं। वे बोलने की पद्धति के लिए विशिष्ट कार्यान्वयन प्रदान करते हैं, इसे कुत्तों और बिल्लियों के व्यवहार के अनुरूप बनाते हैं।

विरासत आपको इसकी अनुमति देती है:

सुपरक्लास से विशेषताएँ और विधियाँ प्राप्त करके कोड का पुन: उपयोग करें।

उपवर्गों में नई विशेषताएँ और विधियाँ जोड़कर कक्षाओं को विशिष्ट बनाएं।

विशिष्ट व्यवहार प्रदान करने के लिए उपवर्गों में विधियों को ओवरराइड करें।

संबंधित कक्षाओं को एक पदानुक्रम में व्यवस्थित करें, जिससे कोड अधिक मॉड्यूलर और व्यवस्थित हो जाए।
यह ध्यान रखना महत्वपूर्ण है कि पायथन मल्टीपल इनहेरिटेंस का समर्थन करता है, जिससे एक उपवर्ग को कई सुपरक्लास से इनहेरिट करने की अनुमति मिलती है। हालाँकि, वंशानुक्रम या गहरे वंशानुक्रम पदानुक्रम के अत्यधिक उपयोग से कोड जटिलता और सख्त युग्मन हो सकता है, इसलिए वंशानुक्रम का उपयोग करते समय सावधानीपूर्वक डिजाइन और विचार महत्वपूर्ण हैं।

10.5. बहुरूपता

बहुरूपता ऑब्जेक्ट-ओरिएंटेड प्रोग्रामिंग (ओओपी) में एक मुख्य अवधारणा है जो विभिन्न वर्गों की वस्तुओं को एक सामान्य सुपरक्लास के उदाहरण के रूप में व्यवहार करने की अनुमति देती है। यह आपको एक सामान्य इंटरफ़ेस के माध्यम से विभिन्न कक्षाओं का उपयोग करने में सक्षम बनाता है, और अधिक लचीला और अनुकूलनीय कोड बनाने का एक तरीका प्रदान करता है। बहुरूपता विधि ओवरराइडिंग और इंटरफ़ेस कार्यान्वयन के माध्यम से प्राप्त की जाती है।

बहुरूपता का वाक्य-विन्यास:

पायथन में, बहुरूपता तब प्राप्त होती है जब कई वर्ग एक ही नाम के साथ एक सामान्य विधि को लागू करते हैं लेकिन अलग-अलग कार्यान्वयन करते हैं।

```
क्लास सुपरक्लास:
def सामान्य_विधि(स्वयं):
उत्तीर्ण

कक्षा उपवर्ग1(सुपरक्लास):
def सामान्य_विधि(स्वयं):
# उपवर्ग1 के लिए कार्यान्वयन

क्लास सबक्लास2(सुपरक्लास):
def सामान्य_विधि(स्वयं):
# उपवर्ग2 के लिए कार्यान्वयन
```

बहुरूपता का उदाहरण:

यहां पायथन में बहुरूपता प्रदर्शित करने वाला एक उदाहरण दिया गया है:

```
वर्ग आकार:
डीईएफ़ क्षेत्र(स्वयं):
उत्तीर्ण

वर्ग वृत्त(आकार):
def __init__(स्वयं, त्रिज्या):
स्व.त्रिज्या = त्रिज्या

डीईएफ़ क्षेत्र(स्वयं):
वापसी 3.14 * स्व.त्रिज्या ** 2

वर्ग आयत(आकार):
def __init__(स्वयं, चौड़ाई, ऊंचाई):
स्वयं.चौड़ाई = चौड़ाई
स्व.ऊंचाई = ऊंचाई

डीईएफ़ क्षेत्र(स्वयं):
स्व.चौड़ाई * स्व.ऊंचाई लौटाएं

# वृत्त और आयत की वस्तुएं बनाएं
वृत्त = वृत्त(5)
आयत = आयत(4, 6)
```

बहुरूपता का उपयोग करके क्षेत्रों की गणना करें और प्रिंट करें
आकार = [वृत्त, आयत]
आकृतियों में आकार के लिए:
प्रिंट करें ("क्षेत्र:", आकार.क्षेत्र())

आउटपुट:
क्षेत्रफल: 78.5 (वृत्त का क्षेत्रफल)
क्षेत्रफल: 24 (आयत का क्षेत्रफल)
इस उदाहरण में, आकार वर्ग एक सामान्य विधि क्षेत्र() को परिभाषित करता है। वृत्त और आयत उपवर्ग आकार से प्राप्त होते हैं और क्षेत्र() विधि का अपना कार्यान्वयन प्रदान करते हैं। बहुरूपता के माध्यम से, वृत्त और आयत दोनों वस्तुओं को सामान्य आकार सुपरक्लास के उदाहरण के रूप में माना जा सकता है। यह आपको ऐसा कोड बनाने की अनुमति देता है जो विभिन्न आकृतियों के साथ एक समान तरीके से काम कर सकता है, चाहे उनका विशिष्ट कार्यान्वयन कुछ भी हो।
बहुरूपता इसके लिए उपयोगी है:
अधिक सामान्य और अनुकूलनीय कोड लिखना जो वस्तुओं पर उनके विशिष्ट प्रकारों को जाने बिना संचालित होता है।
ऐसा कोड बनाना जो एक ही इंटरफ़ेस के विभिन्न कार्यान्वयन के साथ काम कर सके।
समान वस्तुओं को उनकी विशिष्ट कक्षाओं की परवाह किए बिना लगातार व्यवहार करके कोड को सरल बनाना।
_इस में_
पायथन में कंस्ट्रक्टर एक विशेष विधि है जिसे किसी क्लास का ऑब्जेक्ट बनाते समय स्वचालित रूप से कॉल किया जाता है। यह ऑब्जेक्ट की विशेषताओं को आरंभ करता है और उसकी प्रारंभिक स्थिति सेट करता है। कंस्ट्रक्टर विधि का नाम __init__ है और इसे क्लास के भीतर परिभाषित किया गया है।
कक्षा कक्षा का नाम:
def __init__(स्वयं, पैरामीटर1, पैरामीटर2, ...):
स्व.विशेषता1 = पैरामीटर1
स्व.विशेषता2 = पैरामीटर2
अन्य विशेषताओं को प्रारंभ करें

ClassName का एक ऑब्जेक्ट बनाना
ओबीजे = क्लासनाम (मान 1, मान 2, ...)
कंस्ट्रक्टर का उदाहरण (init):
यहां पायथन में कंस्ट्रक्टर के उपयोग को प्रदर्शित करने वाला एक उदाहरण दिया गया है:
तर्ग व्यक्ति:
def __init__(स्वयं, नाम, आयु):
स्व.नाम = नाम
स्व.उम्र = उम्र

व्यक्ति वर्ग की वस्तुएं बनाना
व्यक्ति 1 = व्यक्ति ("ऐलिस", 30)
व्यक्ति2 = व्यक्ति("बॉब", 25)

वस्तु विशेषताओं तक पहुँचना
प्रिंट(व्यक्ति1.नाम) # आउटपुट: ऐलिस
प्रिंट(person2.age) # आउटपुट: 25
इस उदाहरण में, व्यक्ति वर्ग में एक कंस्ट्रक्टर __init__ है जो दो पैरामीटर लेता है: नाम और आयु। कंस्ट्रक्टर के अंदर, ऑब्जेक्ट का नाम और आयु विशेषताएँ प्रदान किए गए मानों के साथ प्रारंभ की जाती हैं।
जब आप व्यक्ति वर्ग का कोई ऑब्जेक्ट बनाते हैं, जैसे व्यक्ति1 और व्यक्ति2, तो __init__ विधि स्वचालित रूप से कॉल की जाती है, और ऑब्जेक्ट निर्माण के दौरान आपके द्वारा पास किए गए तर्कों के आधार पर विशेषता नाम और आयु निर्धारित की जाती है।

कंस्ट्रक्टर किसी ऑब्जेक्ट की प्रारंभिक स्थिति को सेट करने के लिए उपयोगी होते हैं, जिससे आप विशेषताओं के लिए प्रारंभिक मान प्रदान कर सकते हैं और कोई भी आवश्यक सेटअप ऑपरेशन कर सकते हैं। वे ऑब्जेक्ट-ओरिएंटेड प्रोग्रामिंग में महत्वपूर्ण भूमिका निभाते हैं और सार्थक डेटा और व्यवहार के साथ ऑब्जेक्ट बनाने के लिए आवश्यक हैं।

10.6. विधि अधिभावी

मेथड ओवरराइडिंग ऑब्जेक्ट-ओरिएंटेड प्रोग्रामिंग (ओओपी) में एक अवधारणा है जहां एक उपवर्ग एक विधि के लिए एक विशिष्ट कार्यान्वयन प्रदान करता है जो पहले से ही इसके सुपरक्लास में परिभाषित है। यह उपवर्ग को समान विधि हस्ताक्षर को बनाए रखते हुए विरासत में मिली विधि के व्यवहार को अनुकूलित करने की अनुमति देता है।

मेथड ओवरराइडिंग का उदाहरण:

यहां पायथन में ओवरराइडिंग विधि को प्रदर्शित करने वाला एक उदाहरण दिया गया है:

```
वर्ग पशु:
डीईएफ़ बोलें(स्वयं):
वापसी "जानवर बोलता है"

वर्ग कुत्ता(पशु):
डीईएफ़ बोलें(स्वयं):
वापसी "वूफ़!"

वर्ग बिल्ली(पशु):
डीईएफ़ बोलें(स्वयं):
वापसी "म्याऊ!"

# कुत्ते और बिल्ली की वस्तुएं बनाएं
कुत्ता = कुत्ता()
बिल्ली = बिल्ली()

# ओवरराइड विधि को कॉल करें
प्रिंट(कुत्ता.बोलो()) # आउटपुट: वाह!
प्रिंट(कैट.स्पीक()) # आउटपुट: म्याऊ!
```

इस उदाहरण में, एनिमल क्लास में स्पीक() नामक एक विधि है जो एक सामान्य संदेश प्रदान करती है। कुत्ते और बिल्ली उपवर्ग पशु से विरासत में मिले हैं और अपने विशिष्ट कार्यान्वयन के साथ स्पीक() विधि को ओवरराइड करते हैं।

जब आप डॉग और कैट वर्गों की वस्तुओं पर स्पीक() विधि को कॉल करते हैं, तो उपवर्गों में ओवरराइड तरीकों को निष्पादित किया जाता है, जो अनुकूलित संदेश "वूफ़!" प्रदान करता है। और "म्याऊ!" क्रमश।

विधि ओवरराइडिंग इसके लिए उपयोगी है:

सुसंगत इंटरफ़ेस बनाए रखते हुए उपवर्गों में विशिष्ट व्यवहार प्रदान करना।

उपवर्गों को सुपरक्लास से विरासत में मिली कार्यक्षमता में विशेषज्ञता की अनुमति देना।

बहुरूपता को लागू करना, जहां विभिन्न उपवर्गों की वस्तुओं को एक सामान्य इंटरफ़ेस के माध्यम से समान रूप से व्यवहार किया जा सकता है।

10.7. वर्ग विशेषताएँ और उदाहरण विशेषताएँ

पायथन में, क्लास विशेषताओं और इंस्टेंस विशेषताओं का उपयोग क्रमशः कक्षाओं और वस्तुओं के भीतर डेटा संग्रहीत करने के लिए किया जाता है। वे विभिन्न प्रकार के डेटा का प्रतिनिधित्व करते हैं जिन्हें एक वर्ग और उसके उदाहरणों से जोड़ा जा सकता है। आइए वर्ग विशेषताओं और उदाहरण विशेषताओं के बीच अंतर का पता लगाएं:

वर्ग गुण:

वर्ग विशेषताएँ वर्ग के सभी उदाहरणों के बीच साझा की जाती हैं। वे क्लास बॉडी के भीतर परिभाषित होते हैं और क्लास या उस क्लास के किसी भी उदाहरण के माध्यम से पहुंच योग्य होते हैं। क्लास विशेषताओं का उपयोग आम तौर पर उस डेटा को संग्रहीत करने के लिए किया जाता है जो क्लास के सभी उदाहरणों के लिए सामान्य है।

```
कक्षा मेरी कक्षा:
```

class_attribute = "यह एक वर्ग विशेषता है"

obj1 = MyClass()
obj2 = MyClass()

print(obj1.class_attribute) # आउटपुट: यह एक क्लास विशेषता है
print(obj2.class_attribute) # आउटपुट: यह एक क्लास विशेषता है

प्रिंट(MyClass.class_attribute) # आउटपुट: यह एक क्लास विशेषता है
उपरोक्त उदाहरण में, class_attribute MyClass वर्ग का एक वर्ग गुण है। obj1 और obj2 दोनों इस विशेषता तक पहुंच सकते हैं, और यह क्लास नाम के माध्यम से भी पहुंच योग्य है।

उदाहरण गुण:
इंस्टेंस विशेषताएँ किसी वर्ग के व्यक्तिगत उदाहरणों के लिए विशिष्ट होती हैं। वे कंस्ट्रक्टर (__init__ विधि) के भीतर परिभाषित होते हैं और क्लास से बनाए गए प्रत्येक ऑब्जेक्ट के लिए अद्वितीय होते हैं। इंस्टेंस विशेषताओं का उपयोग डेटा को संग्रहीत करने के लिए किया जाता है जो वर्ग के विभिन्न उदाहरणों के बीच भिन्न होता है।
वर्ग व्यक्ति:
def __init__(स्वयं, नाम, आयु):
self.name = नाम # इंस्टेंस विशेषता
स्व.उम्र = आयु # उदाहरण विशेषता

व्यक्ति 1 = व्यक्ति ("ऐलिस", 30)
व्यक्ति2 = व्यक्ति("बॉब", 25)

प्रिंट(व्यक्ति1.नाम) # आउटपुट: ऐलिस
प्रिंट(person2.age) # आउटपुट: 25
उपरोक्त उदाहरण में, नाम और उम्र व्यक्ति वर्ग के प्रत्येक उदाहरण के लिए विशिष्ट विशेषताएँ हैं। इन विशेषताओं के लिए प्रत्येक वस्तु (व्यक्ति1, व्यक्ति2) के अपने स्वयं के मूल्य हैं।
वर्ग विशेषताएँ वर्ग के सभी उदाहरणों के बीच साझा की जाती हैं और वर्ग निकाय के भीतर परिभाषित की जाती हैं।
इंस्टेंस विशेषताएँ किसी वर्ग के व्यक्तिगत उदाहरणों के लिए विशिष्ट होती हैं और कंस्ट्रक्टर (__init__ विधि) के भीतर परिभाषित की जाती हैं।
आपकी कक्षाओं और वस्तुओं के भीतर डेटा को प्रभावी ढंग से प्रबंधित और व्यवस्थित करने के लिए वर्ग और उदाहरण विशेषताओं के बीच अंतर को समझना महत्वपूर्ण है।

10.8. पहुँच संशोधक
पायथन में एक्सेस संशोधक का उपयोग क्लास विशेषताओं और विधियों की दृश्यता और पहुंच को नियंत्रित करने के लिए किया जाता है। वे प्रोग्राम के अन्य हिस्सों की इन विशेषताओं और विधियों तक पहुंच के स्तर को परिभाषित करते हैं। पायथन तीन प्रकार के एक्सेस संशोधक प्रदान करता है:
सार्वजनिक पहुँच संशोधक (सार्वजनिक):
पायथन में, सभी विशेषताएँ और विधियाँ डिफ़ॉल्ट रूप से सार्वजनिक हैं। उन्हें प्रोग्राम में कहीं से भी एक्सेस किया जा सकता है। किसी सार्वजनिक विशेषता या विधि को दर्शाने के लिए किसी विशेष वाक्यविन्यास की आवश्यकता नहीं होती है।
कक्षा मेरी कक्षा:
def __init__(स्वयं):
self.public_var = 0 # सार्वजनिक विशेषता

def public_method(स्वयं):
# सार्वजनिक विधि तर्क
संरक्षित एक्सेस संशोधक (संरक्षित):

संरक्षित विशेषताएँ और विधियाँ एकल अंडरस्कोर (_) उपसर्ग द्वारा इंगित की जाती हैं। उन तक कक्षा और उसके उपवर्गों (विरासतों) के भीतर पहुंचा जा सकता है।
एकल अंडरस्कोर का उपयोग एक नामकरण परंपरा है और सख्त पहुंच नियंत्रण लागू नहीं करता है।

```
कक्षा मेरी कक्षा:
def __init__(स्वयं):
self._protected_var = 0 # संरक्षित विशेषता

def _संरक्षित_विधि(स्वयं):
# संरक्षित विधि तर्क
```

निजी एक्सेस संशोधक (निजी):
निजी विशेषताओं और विधियों को डबल अंडरस्कोर (__) उपसर्ग द्वारा दर्शाया जाता है। उन तक केवल उस वर्ग के भीतर ही पहुंचा जा सकता है जहां उन्हें परिभाषित किया गया है; वे उपवर्गों द्वारा विरासत में नहीं मिले हैं।
डबल अंडरस्कोर के उपयोग के कारण पाइथॉन नेम मैंगलिंग करता है, जिससे क्लास के नाम को उपसर्ग के रूप में शामिल करने के लिए विशेषता नाम को बदल दिया जाता है, जिससे क्लास के बाहर से गलती से पहुंच को और अधिक कठिन बना दिया जाता है।

```
कक्षा मेरी कक्षा:
def __init__(स्वयं):
self.__private_var = 0 # निजी विशेषता

def __निजी_विधि(स्वयं):
# निजी विधि तर्क
```

यह ध्यान रखना महत्वपूर्ण है कि पायथन में एक्सेस संशोधक कुछ अन्य प्रोग्रामिंग भाषाओं की तरह सख्त नहीं हैं। पायथन नामकरण परंपराओं का उपयोग करता है और इनकैप्सुलेशन और एक्सेस नियंत्रण के लिए इन परंपराओं का पालन करने के लिए प्रोग्रामर पर निर्भर करता है। सिंगल अंडरस्कोर (_) और डबल अंडरस्कोर (__) उपसर्ग संकेत देते हैं कि किसी विशेषता या विधि को क्रमशः संरक्षित या निजी माना जाना चाहिए। हालाँकि, पायथन इन विशेषताओं तक सीधी पहुंच को नहीं रोकता है; यह पहुंच के इच्छित स्तर को इंगित करने के लिए एक परंपरा है।
सार्वजनिक विशेषताओं और विधियों का कोई विशेष वाक्य-विन्यास नहीं होता और वे कहीं से भी पहुंच योग्य होते हैं।
संरक्षित विशेषताएँ और विधियाँ एकल अंडरस्कोर (_) उपसर्ग का उपयोग करती हैं और वर्ग और उसके उपवर्गों के भीतर पहुंच योग्य होती हैं।
निजी विशेषताएँ और विधियाँ एक डबल अंडरस्कोर (__) उपसर्ग का उपयोग करती हैं, विरासत में नहीं मिलती हैं, और केवल परिभाषित वर्ग (नाम मैंगलिंग के साथ) के भीतर ही पहुंच योग्य होती हैं।

10.9. पायथन में क्लास या स्टेटिक वेरिएबल्स

सभी ऑब्जेक्ट वर्ग या स्थिर चर साझा करते हैं। एक उदाहरण या गैर स्थैतिक चर अलग-अलग वस्तुओं के लिए अलग-अलग होते हैं (प्रत्येक वस्तु की एक प्रति होती है)। उदाहरण के लिए, मान लीजिए कि एक कंप्यूटर विज्ञान के छात्र का प्रतिनिधित्व एक कक्षा CSS छात्र द्वारा किया जाता है। कक्षा में एक स्थिर चर हो सकता है जिसका मान सभी वस्तुओं के लिए "सीएसई" है। और कक्षा में नाम और रोल जैसे गैर स्थैतिक सदस्य भी हो सकते हैं।
C++ और Java में, हम एक वेरिएबल को क्लास वेरिएबल बनाने के लिए स्टैटिक कीवर्ड का उपयोग कर सकते हैं। वे वेरिएबल जिनमें पूर्ववर्ती स्थिर कीवर्ड नहीं होता, वे इंस्टेंस वेरिएबल होते हैं। जावा उदाहरण के लिए इसे देखें और C++ उदाहरण के लिए इसे देखें।
एक स्थैतिक चर एक ऐसा चर है जो प्रत्येक उदाहरण के लिए अद्वितीय होने के बजाय, एक वर्ग के सभी उदाहरणों के बीच साझा किया जाता है। इसे कभी-कभी वर्ग चर के रूप में भी संदर्भित किया जाता है, क्योंकि यह वर्ग के किसी विशेष उदाहरण के बजाय स्वयं वर्ग से संबंधित होता है।
स्थैतिक चर को वर्ग परिभाषा के अंदर परिभाषित किया जाता है, लेकिन किसी भी विधि परिभाषा के बाहर। इन्हें आम तौर पर एक इंस्टेंस वैरिएबल की तरह एक मान के साथ प्रारंभ किया जाता है, लेकिन इन्हें किसी इंस्टेंस के बजाय क्लास के माध्यम से ही एक्सेस और संशोधित किया जा सकता है।
वर्ग चर (स्थैतिक चर के रूप में भी जाना जाता है) वे चर होते हैं जो किसी वर्ग के सभी उदाहरणों के बीच साझा किए जाते हैं। उन्हें कक्षा के भीतर लेकिन किसी भी उदाहरण विधि के बाहर परिभाषित किया गया है। क्लास वेरिएबल्स में वे मान होते हैं जो

क्लास से बनाई गई सभी वस्तुओं के लिए सामान्य होते हैं, और इन वेरिएबल्स में परिवर्तन सभी उदाहरणों में परिलक्षित होते हैं। वे डेटा संग्रहीत करने के लिए विशेष रूप से उपयोगी हैं जो किसी वर्ग के सभी उदाहरणों के लिए सुसंगत होना चाहिए।

वर्ग चर को परिभाषित करना:

क्लास वेरिएबल्स को क्लास बॉडी के भीतर परिभाषित किया जाता है और आमतौर पर किसी भी विधि के बाहर शीर्ष पर रखा जाता है। उन्हें कक्षा के सभी उदाहरणों के बीच साझा किया जाता है और कक्षा के नाम का उपयोग करके या उदाहरणों के माध्यम से उन तक पहुंचा जा सकता है।

```
कक्षा मेरी कक्षा:
class_variable = "यह एक क्लास वेरिएबल है"

obj1 = MyClass()
obj2 = MyClass()

print(obj1.class_variable) # आउटपुट: यह एक क्लास वेरिएबल है
print(obj2.class_variable) # आउटपुट: यह एक क्लास वेरिएबल है

प्रिंट(MyClass.class_variable) # आउटपुट: यह एक क्लास वेरिएबल है
```

क्लास वेरिएबल्स को संशोधित करना:

क्लास वेरिएबल्स को क्लास नाम का उपयोग करके संशोधित किया जा सकता है। वर्ग चर में परिवर्तन वर्ग के सभी उदाहरणों में परिलक्षित होते हैं।

```
कक्षा मेरी कक्षा:
class_variable = "यह एक क्लास वेरिएबल है"

obj1 = MyClass()
obj2 = MyClass()

MyClass.class_variable = "अपडेटेड क्लास वेरिएबल"

प्रिंट(obj1.class_variable) # आउटपुट: अपडेट किया गया क्लास वेरिएबल
प्रिंट(obj2.class_variable) # आउटपुट: अपडेट किया गया क्लास वेरिएबल

प्रिंट(MyClass.class_variable) # आउटपुट: अद्यतन क्लास वेरिएबल
```

क्लास वेरिएबल्स के लिए केस का उपयोग करें:

क्लास वेरिएबल डेटा संग्रहीत करने के लिए उपयोगी होते हैं जो क्लास के सभी उदाहरणों के लिए सुसंगत होना चाहिए। कुछ सामान्य उपयोग के मामलों में शामिल हैं:

स्थिरांक: उदाहरणों के बीच साझा किए गए स्थिर मानों को संग्रहीत करना।

काउंटर: बनाए गए उदाहरणों की संख्या पर नज़र रखना।

कॉन्फ़िगरेशन सेटिंग्स: सभी उदाहरणों में कॉन्फ़िगरेशन विकल्प साझा करना।

यह ध्यान रखना महत्वपूर्ण है कि यदि आप किसी इंस्टेंस का उपयोग करके क्लास वेरिएबल को संशोधित करते हैं, तो यह उस इंस्टेंस के भीतर समान नाम के साथ एक इंस्टेंस वेरिएबल बनाएगा। हालाँकि, यह मूल वर्ग चर या अन्य उदाहरणों को प्रभावित नहीं करेगा। क्लास वेरिएबल को संशोधित करने के लिए, सीधे क्लास नाम का उपयोग करने की अनुशंसा की जाती है।

क्लास वेरिएबल्स को समझना उन कक्षाओं को डिज़ाइन करने के लिए महत्वपूर्ण है जो डेटा को विभिन्न उदाहरणों में साझा करते हैं और आपके पूरे कोड में लगातार व्यवहार बनाए रखने के लिए महत्वपूर्ण हैं।

पायथन में क्लास विधि बनाम स्टेटिक विधि

क्लास मेथड और स्टैटिक मेथड दोनों का उपयोग उन तरीकों को परिभाषित करने के लिए किया जाता है जो क्लास के उदाहरण के बजाय क्लास से जुड़े होते हैं। हालाँकि, वे अलग-अलग उद्देश्यों की पूर्ति करते हैं और उनका व्यवहार अलग-अलग होता है। आइए वर्ग विधियों और स्थैतिक विधियों के बीच अंतर का पता लगाएं:

कक्षा के तरीके:

क्लास विधि एक ऐसी विधि है जो किसी उदाहरण के बजाय क्लास से ही बंधी होती है। यह वर्ग को अपने पहले तर्क के रूप में लेता है (आमतौर पर इसे सीएलएस नाम दिया जाता है)। क्लास विधियों को @classmethod डेकोरेटर का उपयोग करके परिभाषित किया गया है।

```
कक्षा मेरी कक्षा:
class_variable = "यह एक क्लास वेरिएबल है"

@classmethod
def class_method(cls, arg1, arg2):
# cls क्लास को ही संदर्भित करता है
#...
```

क्लास विधियाँ क्लास-स्तरीय विशेषताओं तक पहुँच और संशोधित कर सकती हैं।
इनका उपयोग अक्सर वर्ग से संबंधित उपयोगिता विधियाँ बनाने के लिए किया जाता है, जैसे फ़ैक्टरी विधियाँ या विधियाँ जो वर्ग-स्तरीय डेटा के साथ काम करती हैं।
उन्हें कक्षा में ही बुलाया जाता है, उदाहरणों पर नहीं।

10.10. स्थैतिक विधियाँ:
स्थैतिक विधि एक ऐसी विधि है जो कक्षा से बंधी होती है और इसकी कक्षा या उदाहरण तक पहुंच नहीं होती है। इसे @staticmethod डेकोरेटर का उपयोग करके परिभाषित किया गया है।

```
कक्षा मेरी कक्षा:
@staticmethod
डीईएफ़ static_method(arg1, arg2):
#...
```

स्टेटिक तरीकों के पास इंस्टेंस या क्लास वेरिएबल्स तक पहुंच नहीं है।
इन्हें अक्सर उपयोगिता कार्यों के लिए उपयोग किया जाता है जिन्हें उदाहरण या वर्ग-विशिष्ट डेटा तक पहुंच की आवश्यकता नहीं होती है।
उन्हें कक्षा में ही बुलाया जाता है, उदाहरणों पर नहीं।
उपयोग तुलना:

```
क्लास मैथऑपरेशंस:
@classmethod
डीईएफ़ गुणा (सीएलएस, ए, बी):
ए * बी लौटाएं

@staticmethod
डीईएफ़ वर्ग(संख्या):
वापसी संख्या ** 2

परिणाम1 = MathOperations.multiply(3, 4) # क्लास विधि का उपयोग करना
परिणाम2 = MathOperations.square(5) # स्थिर विधि का उपयोग करना

प्रिंट(परिणाम1) # आउटपुट: 12
प्रिंट(परिणाम2) # आउटपुट: 25
```

इस उदाहरण में, गुणा विधि एक वर्ग विधि है जो वर्ग विशेषताओं तक पहुंच सकती है और वर्ग-विशिष्ट संचालन कर सकती है। वर्ग विधि एक स्थिर विधि है जिसमें उदाहरण या वर्ग विशेषताओं तक पहुंच नहीं है; यह एक सामान्य ऑपरेशन करता है जो क्लास या इंस्टेंस डेटा पर निर्भर नहीं करता है।
क्लास-स्तरीय डेटा के साथ काम करने के लिए क्लास विधियों का उपयोग किया जाता है और क्लास विशेषताओं को संशोधित किया जा सकता है। वे कक्षा को अपने पहले तर्क (सीएलएस) के रूप में लेते हैं।
स्थैतिक तरीकों का उपयोग उपयोगिता कार्यों के लिए किया जाता है जिन्हें उदाहरण या वर्ग विशेषताओं तक पहुंच की आवश्यकता नहीं होती है। वे कोई विशेष तर्क नहीं लेते हैं और उनके पास उदाहरण या वर्ग डेटा तक पहुंच नहीं है।

सारांश

ऑब्जेक्ट-ओरिएंटेड प्रोग्रामिंग (ओओपी) एक प्रोग्रामिंग प्रतिमान है जो वस्तुओं की अवधारणा के आसपास कोड की संरचना करता है, जो वास्तविक दुनिया की संस्थाओं का प्रतिनिधित्व करने के लिए डेटा और विधियों को एक साथ बंडल करता है। पायथन में, OOP भाषा का एक अभिन्न अंग है, और यह कई मूलभूत अवधारणाएँ प्रदान करता है जो कोड संगठन, पुन: प्रयोज्यता और मॉड्यूलरिटी को बढ़ावा देती हैं।

कक्षाएँ और वस्तुएँ:कक्षाएं ब्लूप्रिंट हैं जो वस्तुओं की संरचना और व्यवहार को परिभाषित करती हैं। वस्तुएँ कक्षाओं के उदाहरण हैं, जो वास्तविक दुनिया की संस्थाओं का प्रतिनिधित्व करते हैं। कक्षाएं डेटा विशेषताओं (गुणों) और विधियों (कार्यों) को समाहित करती हैं जो डेटा पर काम करती हैं।

एनकैप्सुलेशन:एनकैप्सुलेशन किसी ऑब्जेक्ट के आंतरिक विवरण तक सीधी पहुंच को प्रतिबंधित करके डेटा छिपाने और सूचना सुरक्षा को बढ़ावा देता है। यह दृश्यता को नियंत्रित करने के लिए एक्सेस विनिर्देशकों (सार्वजनिक, संरक्षित, निजी) का उपयोग करके हासिल किया जाता है।

विरासत:वंशानुक्रम कक्षाओं के बीच माता-पिता-बच्चे का संबंध स्थापित करता है। बाल वर्ग (उपवर्ग) मूल वर्ग (सुपरक्लास) से गुण और व्यवहार प्राप्त करते हैं। यह कोड के पुन: उपयोग और कोड डिज़ाइन में पदानुक्रम को बढ़ावा देता है।

बहुरूपता:बहुरूपता विभिन्न वस्तुओं को एक सामान्य सुपरक्लास के उदाहरण के रूप में मानने की अनुमति देता है। यह विधियों को विशिष्ट ऑब्जेक्ट प्रकार के आधार पर कई रूप बनाने में सक्षम बनाता है, जिस पर उनका आह्वान किया जाता है। यह गतिशील व्यवहार और लचीलेपन की सुविधा प्रदान करता है।

अमूर्तन:अमूर्तन किसी वस्तु की केवल आवश्यक विशेषताओं को प्रस्तुत करने पर ध्यान केंद्रित करता है, जबकि अनावश्यक विवरण छिपाता है। यह प्रासंगिक पहलुओं पर जोर देकर और जटिलता को कम करके जटिल प्रणालियों को सरल बनाता है।

अभ्यास 1:

बहुविकल्पीय प्रश्न (एमसीक्यू):

प्रश्न 1:ऑब्जेक्ट-ओरिएंटेड प्रोग्रामिंग (OOP) का मुख्य लक्ष्य क्या है?

a) कोड निष्पादन गति में सुधार
c) कोड जटिलता को सरल बनाना
b) डेटा भंडारण को अधिकतम करना
d) मेमोरी उपयोग को कम करना

प्रश्न 2:OOP में कौन सी अवधारणा डेटा और डेटा पर काम करने वाली विधियों को एक इकाई में बंडल करने के विचार को बढ़ावा देती है?

a) कार्य
b) पुस्तकालय
c) कक्षाएं
c) मॉड्यूल

प्रश्न 3:OOP में, किसी क्लास के इंस्टेंस को क्या कहा जाता है?

a) विधि
b) वस्तु
c) तर्क
d) परिवर्तनशील

प्रश्न 4:किसी वर्ग का नया उदाहरण बनाने की प्रक्रिया क्या कहलाती है?

a) तात्कालिकता
b) विरासत
c) एनकैप्सुलेशन
d) अमूर्तन

प्रश्न 5:OOP का कौन सा सिद्धांत एक वर्ग को दूसरे वर्ग से गुण और व्यवहार प्राप्त करने की अनुमति देता है?

a) एनकैप्सुलेशन
b) अमूर्तन
c) विरासत
d) बहुरूपता

प्रश्न 6:पायथन में, नई क्लास बनाने के लिए किस कीवर्ड का उपयोग किया जाता है?

a)प्रकार
c) वर्ग
b) डीईएफ़
d) नया

प्रश्न 7:वह एक्सेस स्पेसिफायर क्या है जो क्लास के सदस्यों को क्लास और उसके उपवर्गों के बाहर से एक्सेस करने की अनुमति देता है?

a) निजी
b) संरक्षित
c) सार्वजनिक
d) आंतरिक

प्रश्न 8:OOP में मेथड ओवरलोडिंग क्या है?

a) एक ही नाम लेकिन अलग-अलग पैरामीटर के साथ कई विधियाँ बनाना
बी) सिस्टम मेमोरी को ओवरलोड करने के तरीकों का उपयोग करना
ग) ओवरलोडिंग से बचने के लिए कुछ तरीकों को अक्षम करना
घ) उपवर्ग विधियों के साथ सुपरक्लास विधियों को ओवरराइड करना

उत्तर

1. बी 2. सी 3. बी 4. ए 5. सी 6. बी 7. सी 8. ए

व्यायाम 2:

सही/गलत प्रश्न:

प्रश्न 1:एनकैप्सुलेशन कार्यान्वयन विवरणों को छिपाने और केवल आवश्यक कार्यात्मकताओं को उजागर करने का अभ्यास है।

प्रश्न 2:बहुरूपता विभिन्न वर्गों की वस्तुओं को वंशानुक्रम के माध्यम से एक ही वर्ग की वस्तुओं के रूप में मानने की अनुमति देती है।

प्रश्न 3:वंशानुक्रम एक वर्ग को एक साथ कई मूल वर्गों से गुण और विधियाँ प्राप्त करने में सक्षम बनाता है।

प्रश्न 4:OOP में किसी ऑब्जेक्ट की विशेषताओं तक केवल विधियों का उपयोग करके ही पहुंचा जा सकता है।

प्रश्न 5:OOP का मुख्य लक्ष्य कोड को छोटे, पुन: प्रयोज्य घटकों में विभाजित करके व्यवस्थित करना है।

उत्तर

1. सही 2. सही 3. गलत 4. गलत 5. सही

व्यायाम 3:

समीक्षा प्रश्न:

प्रश्न 1:ऑब्जेक्ट-ओरिएंटेड प्रोग्रामिंग (ओओपी) क्या है और यह प्रक्रियात्मक प्रोग्रामिंग से कैसे भिन्न है?
प्रश्न 2:क्लास क्या है और यह किसी ऑब्जेक्ट से किस प्रकार भिन्न है?
प्रश्न 3:आप पायथन में एक क्लास को कैसे परिभाषित करते हैं?
प्रश्न 4:इंस्टेंस वेरिएबल क्या हैं और वे क्लास वेरिएबल से कैसे भिन्न हैं?
प्रश्न 5:कंस्ट्रक्टर क्या है और इसे पायथन में कैसे परिभाषित किया जाता है?
प्रश्न 6:एनकैप्सुलेशन क्या है, और इसे पायथन में कैसे प्राप्त किया जाता है?
प्रश्न 7:क्या आप बता सकते हैं कि विरासत क्या है और इसके लिए उपयोग का मामला प्रदान करें?
प्रश्न 8:बहुरूपता क्या है, और इसे पायथन में कैसे लागू किया जा सकता है?
प्रश्न 9:एक्सेस संशोधक क्या हैं, और पायथन में किस प्रकार मौजूद हैं?
प्रश्न 10:पायथन कक्षाओं में self कीवर्ड का उद्देश्य क्या है?
प्रश्न 11:क्लास विधियाँ क्या हैं और वे इंस्टेंस विधियों से कैसे भिन्न हैं?
प्रश्न 12:मेथड ओवरलोडिंग और मेथड ओवरराइडिंग क्या है?
प्रश्न 13:आप पायथन कक्षा में एक स्थिर विधि कैसे बनाते हैं, और आप इसका उपयोग कब करेंगे?
प्रश्न 14:अमूर्त वर्ग क्या हैं, और आप पायथन में इसे कैसे बनाते हैं?
प्रश्न 15:OOP में संरचना क्या है, और यह वंशानुक्रम से किस प्रकार भिन्न है?
प्रश्न 16:सुपर() फ़ंक्शन का उपयोग किसके लिए किया जाता है?
प्रश्न 17: Python OOP में गुण क्या हैं और वे कैसे उपयोगी हैं?
प्रश्न 18:क्या एक वर्ग कई वर्गों से विरासत में मिल सकता है? यदि हां, तो इसे क्या कहा जाता है?
प्रश्न 19:एकाधिक वंशानुक्रम में हीरे की समस्या क्या है, और पायथन इसे कैसे हल करता है?
प्रश्न 20:पायथन कक्षाओं में __str__ और __repr__ विधियों का क्या महत्व है?

अध्याय 11:प्रत्यावर्तन

पायथन में रिकर्सन क्या है?

रिकर्सन एक प्रोग्रामिंग अवधारणा है जहां एक फ़ंक्शन किसी समस्या को हल करने के लिए प्रत्यक्ष या अप्रत्यक्ष रूप से स्वयं को कॉल करता है। दूसरे शब्दों में, रिकर्सन में एक जटिल समस्या को सरल, उसी समस्या के छोटे उदाहरणों में तोड़ना शामिल होता है जब तक कि एक बेस केस तक नहीं पहुंच जाता है, जिस बिंदु पर रिकर्सन "आराम" करना शुरू कर देता है और छोटे उदाहरणों के समाधान को मूल को हल करने के लिए संयोजित किया जाता है। संकट।

पायथन में, रिकर्सन की तुलना अक्सर रूसी नेस्टिंग गुड़िया से की जाती है: प्रत्येक फ़ंक्शन कॉल एक छोटी, समान गुड़िया खोलती है जब तक कि आप सबसे छोटी गुड़िया तक नहीं पहुंच जाते। इस बिंदु पर, प्रक्रिया उलट जाती है, और प्रत्येक गुड़िया बंद हो जाती है, या प्रोग्रामिंग शब्दों में, प्रत्येक फ़ंक्शन कॉल का समाधान हो जाता है।

उदाहरण के लिए, चलिए फाइबोनैचि अनुक्रम के बारे में बात करते हैं, संख्याओं की एक श्रृंखला जिसमें प्रत्येक संख्या दो पूर्ववर्ती संख्याओं का योग होती है, आमतौर पर 0 और 1 से शुरू होती है। यह एक और क्लासिक उदाहरण है जहां रिकर्सन चमकता है। रिकर्सन कैसे काम करता है इसकी उच्च-स्तरीय व्याख्या यहां दी गई है:

बेस केस: प्रत्येक पुनरावर्ती फ़ंक्शन में एक बेस केस होना चाहिए, जो एक ऐसी स्थिति है जो निर्दिष्ट करती है कि पुनरावर्तन कब रुकना चाहिए। यह समस्या का सबसे सरल रूप है जिसे बिना किसी पुनरावृत्ति के सीधे हल किया जा सकता है।

फूट डालो और राज करो: रिकर्सन किसी समस्या को छोटी उप-समस्याओं में विभाजित करके काम करता है जो मूल समस्या के समान लेकिन सरल होती हैं। इनमें से प्रत्येक उप-समस्या को एक ही फ़ंक्शन पर पुनरावर्ती कॉल करके हल किया जाता है।

समाधानों का संयोजन: जैसे-जैसे रिकर्सन खुलता है (जब आधार मामला पहुंच जाता है), मूल समस्या का समाधान बनाने के लिए छोटी उप-समस्याओं के समाधान संयुक्त हो जाते हैं।

रिकर्सन एक शक्तिशाली प्रोग्रामिंग तकनीक है, लेकिन किसी भी उपकरण की तरह, इसके फायदे और नुकसान हैं, खासकर जब पायथन के संदर्भ में उपयोग किया जाता है। आइए दोनों पक्षों का पता लगाएं:

पायथन में रिकर्सन के लाभ:

जटिल समस्याओं का समाधान: रिकर्सन जटिल समस्याओं को छोटी, अधिक प्रबंधनीय उप-समस्याओं में तोड़कर उनके समाधान को सरल बना सकता है। इससे कोड साफ़ और अधिक समझने योग्य हो सकता है।

सुरुचिपूर्ण कोड: पुनरावर्ती समाधान अक्सर पुनरावर्ती समाधानों की तुलना में अधिक सुरुचिपूर्ण और संक्षिप्त हो सकते हैं, खासकर उन समस्याओं के लिए जिनकी प्रकृति पुनरावर्ती होती है।

फूट डालो और राज करो: रिकर्सन उन समस्याओं के लिए विशेष रूप से उपयोगी है जिन्हें एक ही समस्या के छोटे उदाहरणों में विभाजित किया जा सकता है। ट्री ट्रैवर्सल, सर्चिंग और सॉर्टिंग जैसे कार्यों को हल करने के लिए यह एक सामान्य रणनीति है।

गणितीय सूत्र: कई गणितीय सूत्रों और अनुक्रमों में पुनरावर्ती परिभाषाएँ होती हैं, जिससे उन्हें लागू करने के लिए पुनरावर्तन एक स्वाभाविक विकल्प बन जाता है।

पायथन में रिकर्सन के नुकसान:

स्मृति प्रयोग:कॉल स्टैक पर मध्यवर्ती फ़ंक्शन कॉल को संग्रहीत करने की आवश्यकता के कारण रिकर्सन महत्वपूर्ण मात्रा में मेमोरी का उपभोग कर सकता है। गहरे या असीमित रिकर्सन से निपटने के दौरान यह स्टैक ओवरफ़्लो त्रुटियों को जन्म दे सकता है।

प्रदर्शन:फ़ंक्शन कॉल के ओवरहेड और बार-बार गणना की संभावना के कारण पुनरावर्ती कॉल अपने पुनरावृत्त समकक्षों की तुलना में धीमी हो सकती हैं।

डिबगिंग में कठिनाई:पुनरावर्ती कार्यों को डिबग करना चुनौतीपूर्ण हो सकता है, खासकर जब जटिल कॉल स्टैक और एक साथ चल रहे फ़ंक्शन के कई उदाहरणों से निपटना हो।

जटिलता और पठनीयता:जबकि रिकर्सन से शानदार समाधान मिल सकते हैं, यह उन लोगों के लिए कोड को समझना कठिन भी बना सकता है जो अवधारणा से परिचित नहीं हैं। कुछ मामलों में पुनरावृत्तीय समाधान अधिक स्पष्ट हो सकते हैं।

टेल कॉल अनुकूलन का अभाव:पायथन टेल रिकर्सन (एक विशेष प्रकार का रिकर्सन जहां रिकर्सिव कॉल फ़ंक्शन में अंतिम क्रिया है) को अनुकूलित नहीं करता है, जिसका अर्थ है कि गहरे टेल-रिकर्सिव फ़ंक्शन स्टैक ओवरफ्लो त्रुटियों को जन्म दे सकते हैं।

सीमित गहराई:पायथन की डिफ़ॉल्ट रिकर्सन गहराई सीमा रिकर्सन की अधिकतम गहराई को प्रतिबंधित कर सकती है। हालाँकि आप इस सीमा को संशोधित कर सकते हैं, लेकिन संभावित परिणामों को समझे बिना ऐसा करने की अनुशंसा नहीं की जाती है।

पायथन में रिकर्सन का उपयोग करने के लिए दिशानिर्देश:

बेस केस:रिकर्सन को रोकने के लिए हमेशा एक स्पष्ट और पहुंच योग्य बेस केस को परिभाषित करें। यह अनंत पुनरावृत्ति को रोकता है.

समाप्ति की स्थिति:सुनिश्चित करें कि प्रदर्शन और स्मृति समस्याओं से बचने के लिए पुनरावृत्ति चरणों की एक सीमित संख्या में आधार मामले तक पहुँचती है।

पूँछ प्रत्यावर्तन:जब भी संभव हो, अपने पुनरावर्ती फ़ंक्शन को टेल रिकर्सिव के रूप में संरचित करें, जहां पुनरावर्ती कॉल लौटने से पहले अंतिम ऑपरेशन है। यह संभावित रूप से अनुकूलन में मदद कर सकता है।

परिक्षण:विभिन्न इनपुट मामलों के साथ अपने पुनरावर्ती फ़ंक्शन का पूरी तरह से परीक्षण करें ताकि यह सुनिश्चित हो सके कि यह अपेक्षा के अनुरूप काम करता है और अप्रत्याशित व्यवहार का कारण नहीं बनता है।

वैकल्पिक दृष्टिकोण:उन समस्याओं के लिए जिन्हें पुनरावर्ती और पुनरावर्ती दोनों तरीकों से हल किया जा सकता है, दोनों दृष्टिकोणों पर विचार करें और वह चुनें जो समस्या की विशेषताओं और पठनीयता के लिए बेहतर अनुकूल हो।

निष्कर्ष में, सामान्य तौर पर पायथन और प्रोग्रामिंग में रिकर्सन एक मूल्यवान तकनीक है, लेकिन इसका उपयोग सोच-समझकर किया जाना चाहिए। किसी विशेष समस्या के लिए रिकर्सन का उपयोग करना है या नहीं, यह तय करते समय ट्रेड-ऑफ़ और संभावित कमियों पर विचार करना महत्वपूर्ण है।

11.1. रिकर्सन कैसे काम करता है?

रिकर्सन एक प्रोग्रामिंग तकनीक है जिसमें एक फ़ंक्शन किसी समस्या को हल करने के लिए स्वयं को कॉल करता है। यह किसी बड़ी समस्या को उसी समस्या के छोटे, सरल उदाहरणों में तोड़कर हल करने की प्रक्रिया की तरह है। यह समझने के लिए कि पुनरावृत्ति कैसे काम करती है, आइए एक सरल उदाहरण का उपयोग करके चरण-दर-चरण स्पष्टीकरण देखें: किसी संख्या के फैक्टोरियल की गणना करना।

एक गैर-नकारात्मक पूर्णांक n का गुणनखंड (n के रूप में दर्शाया गया है!) 1 से n तक के सभी सकारात्मक पूर्णांकों का गुणनफल है। उदाहरण के लिए, 5! = 5 * 4 * 3 * 2 * 1 = 120.

यहां बताया गया है कि किसी संख्या के फैक्टोरियल की गणना के लिए रिकर्सन कैसे काम करता है:

बेस केस: प्रत्येक रिकर्सिव फ़ंक्शन को एक बेस केस की आवश्यकता होती है जो परिभाषित करता है कि रिकर्सन कब रुकना चाहिए। फैक्टोरियल के लिए, आधार मामला तब होता है जब n 0 या 1 होता है, जहां n! = 1.

पुनरावर्ती चरण: फ़ंक्शन वर्तमान इनपुट का उपयोग करके कुछ गणना करेगा और फिर बेस केस के करीब जाकर संशोधित इनपुट के साथ स्वयं को पुनरावर्ती कॉल करेगा।

आइए किसी संख्या के फैक्टोरियल की गणना करने के लिए पायथन में एक पुनरावर्ती फ़ंक्शन लिखें:

```
डीईएफ़ फैक्टोरियल(एन):
यदि n == 0 या n == 1: # आधार मामला
वापसी 1
अन्य:
रिटर्न एन * फैक्टोरियल(एन - 1) # पुनरावर्ती चरण

परिणाम = भाज्य(5)
प्रिंट(परिणाम) # आउटपुट: 120
```

चरण दर चरण, फ़ैक्टोरियल(5) के लिए पुनरावर्ती कॉल इस प्रकार हैं:

फ़ैक्टोरियल(5) कॉल फ़ैक्टोरियल(4)

फ़ैक्टोरियल(4) कॉल फ़ैक्टोरियल(3)

फ़ैक्टोरियल(3) कॉल फ़ैक्टोरियल(2)

फ़ैक्टोरियल(2) कॉल फ़ैक्टोरियल(1)

फ़ैक्टोरियल(1) रिटर्न 1 (आधार मामला)

पुनरावर्ती कॉलों की श्रृंखला खुलती है, और गणनाएँ संयोजित होती हैं:
फ़ैक्टोरियल(2) पिछली कॉल से 1 का मान प्राप्त करता है और 2 * 1 लौटाता है
फ़ैक्टोरियल(3) पिछली कॉल से 2 का मान प्राप्त करता है और 3 * 2 लौटाता है
फैक्टोरियल(4) पिछली कॉल से 6 का मान प्राप्त करता है और 4 * 6 लौटाता है
फैक्टोरियल(5) पिछली कॉल से 24 का मान प्राप्त करता है और 5 * 24 लौटाता है, जो 120 है
कोड उदाहरण का उपयोग करके पुनरावर्तन का एक और स्पष्टीकरण। यह बताने के लिए कि रिकर्सन कैसे काम करता है, पायथन में एक सरल उदाहरण दिया गया है:

```
डीईएफ़ उलटी गिनती (एन):
यदि n <= 0:
प्रिंट करें ("ब्लास्टऑफ़!")
अन्य:
प्रिंट(एन)
उलटी गिनती (एन - 1)

उलटी गिनती(5)
```

इस उदाहरण में, फ़ंक्शन काउंटडाउन () किसी दिए गए नंबर (एन) से गिनती करते हुए रिकर्सन को प्रदर्शित करता है जब तक कि यह 0 तक नहीं पहुंच जाता या नीचे नहीं चला जाता। आइए देखें कि रिकर्सन चरण दर चरण कैसे काम करता है:

- प्रारंभिक कॉल फ़ंक्शन के बाहर उलटी गिनती (5) के लिए की जाती है।
- फ़ंक्शन के अंदर, यह जाँचता है कि क्या n 0 से कम या उसके बराबर है। यदि n 0 से कम या उसके बराबर है, तो यह "ब्लास्टऑफ़!" प्रिंट करता है। और प्रत्यावर्तन रुक जाता है.
- यदि n 0 से अधिक है, तो यह n का मान प्रिंट करता है और फिर उलटी गिनती (n - 1) के लिए एक पुनरावर्ती कॉल करता है।
- पुनरावर्ती कॉल n के 4 होने से शुरू होती है, और प्रक्रिया तब तक दोहराई जाती है जब तक n 0 न हो जाए।

कॉल और प्रिंट का क्रम इस प्रकार दिखता है:

```
5
4
3
2
1
नष्ट करना!
```

जैसा कि आप देख सकते हैं, काउंटडाउन() की प्रत्येक कॉल n के छोटे मान के साथ फ़ंक्शन को फिर से शुरू करती है। बेस केस (जब n <= 0) तक पहुंचने तक फ़ंक्शन स्वयं को कॉल करता रहता है, जिस बिंदु पर रिकर्सन खोलना शुरू हो जाता है।
रिकर्सन वास्तव में कुछ समस्याओं को सरल बना सकता है, लेकिन जैसा कि आपने बताया, इसकी कमियां भी हो सकती हैं, जैसे मेमोरी उपयोग में वृद्धि और डिबगिंग में कठिनाई। यह सुनिश्चित करने के लिए पुनरावर्ती कार्यों को सावधानीपूर्वक डिज़ाइन करना महत्वपूर्ण है कि उनके पास अनंत पुनरावृत्ति से बचने के लिए उचित आधार मामले और समाप्ति की स्थिति है।

पायथन पुनरावर्ती कार्य

पायथन में एक पुनरावर्ती फ़ंक्शन एक ऐसा फ़ंक्शन है जो किसी समस्या को हल करने के लिए स्वयं को कॉल करता है। लूप जैसी पुनरावृत्त संरचनाओं का उपयोग करने के बजाय, एक पुनरावर्ती फ़ंक्शन एक समस्या को उसी समस्या के छोटे उदाहरणों में तोड़ देता है और पुनरावर्ती कॉल करके प्रत्येक उदाहरण को हल करता है। पुनरावर्ती कार्य गणितीय प्रेरण की अवधारणा पर आधारित होते हैं, जहां एक समस्या को उसी समस्या के छोटे संस्करण को हल करके हल किया जाता है।
एक पुनरावर्ती फ़ंक्शन में आम तौर पर दो भाग होते हैं:
बेस केस: बेस केस समस्या का सबसे सरल रूप है जिसे बिना किसी पुनरावृत्ति के सीधे हल किया जा सकता है। यह पुनरावृत्ति के लिए रुकने की स्थिति के रूप में कार्य करता है।
पुनरावर्ती चरण: पुनरावर्ती चरण में, फ़ंक्शन वर्तमान इनपुट का उपयोग करके कुछ गणना करता है और फिर बेस केस के करीब जाकर संशोधित इनपुट के साथ स्वयं को पुनरावर्ती कॉल करता है।

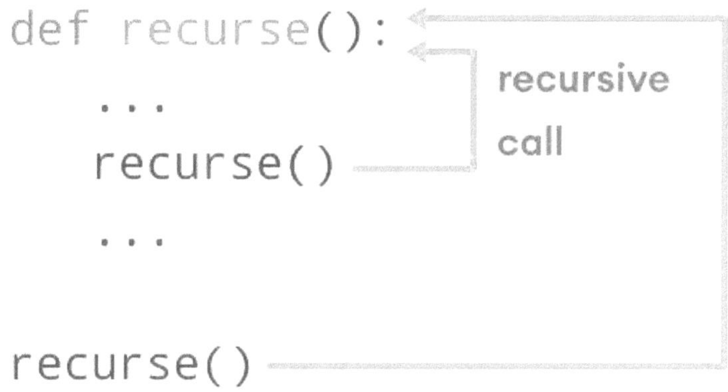

पुनरावर्ती फ़ंक्शन का उदाहरण

डीईएफ़ फैक्टोरियल(एक्स):
"""यह एक पुनरावर्ती कार्य है
किसी पूर्णांक का भाज्य ज्ञात करने के लिए"""

यदि x == 1:
वापसी 1
अन्य:
वापसी (x * भाज्य(x-1))

संख्या = 3
प्रिंट करें ("फैक्टोरियल का", संख्या, "है", फैक्टरियल (संख्या))

उत्पादन

3 का भाज्य 6 है

उपरोक्त उदाहरण में, Factorial() एक पुनरावर्ती फ़ंक्शन है जैसा कि यह स्वयं कहता है।

जब हम इस फ़ंक्शन को एक सकारात्मक पूर्णांक के साथ कॉल करते हैं, तो यह संख्या को घटाकर स्वयं को पुनरावर्ती रूप से कॉल करेगा।

प्रत्येक फ़ंक्शन संख्या को उसके नीचे की संख्या के फैक्टोरियल से गुणा करता है जब तक कि वह एक के बराबर न हो जाए।

इस पुनरावर्ती कॉल को निम्नलिखित चरणों में समझाया जा सकता है।

फैक्टोरियल(3) # 3 के साथ पहली कॉल
3 * फैक्टोरियल(2) # 2 के साथ दूसरी कॉल
3 * 2 * फैक्टोरियल(1) # 1 के साथ तीसरी कॉल
3*2*1# तीसरी कॉल से संख्या=1 के रूप में वापसी
3*2# दूसरी कॉल से वापसी
6# पहली कॉल से वापसी

आइए एक छवि देखें जो कि क्या हो रहा है उसकी चरण-दर-चरण प्रक्रिया दिखाती है:

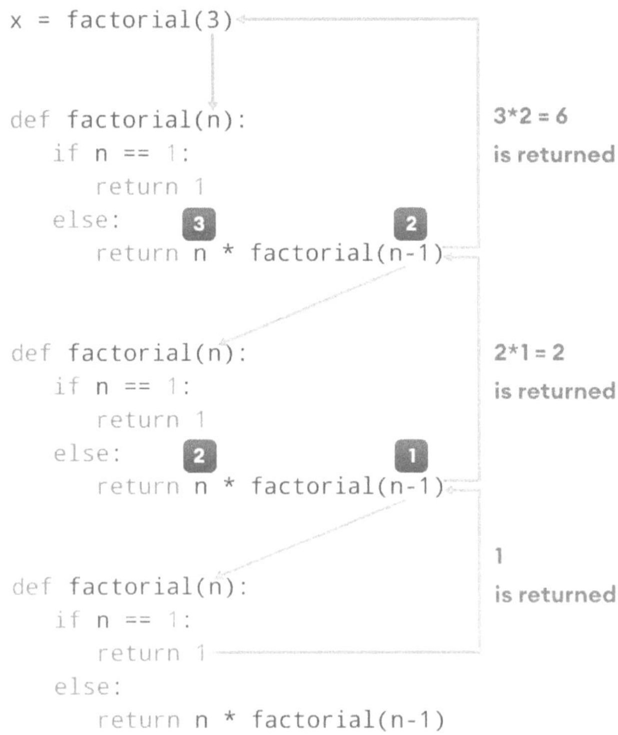

कल्पना कीजिए कि आप एक कहानी सुना रहे हैं, और हर बार जब आप कहानी का एक भाग सुनाते हैं, तो आप उसी कहानी का एक छोटा संस्करण भी सुनाते हैं। आप ऐसा तब तक करते रहें जब तक कि कहानी वास्तव में छोटी और सरल न हो जाए, और आप ठीक-ठीक जान लें कि इसे और छोटे संस्करण बताए बिना कैसे समाप्त किया जाए।

प्रोग्रामिंग में रिकर्सन उस कहानी को बताने जैसा है। आपके पास एक समस्या है जिसे आप हल करना चाहते हैं, और आप उसे उसी समस्या के छोटे-छोटे हिस्सों में तोड़ देते हैं। आप ऐसा तब तक करते रहें जब तक कि समस्या इतनी छोटी न हो जाए कि आपको तुरंत उत्तर पता चल जाए। उत्तर के साथ यह छोटी सी समस्या आपकी "आधार स्थिति" या "आधार स्थिति" जैसी है।

लेकिन आपको सावधान रहने की जरूरत है! कहानी की तरह, यदि आप हमेशा छोटे संस्करण सुनाते रहेंगे, तो आप कभी भी समाप्त नहीं करेंगे। प्रोग्रामिंग में, यदि आपके पास कोई बेस केस नहीं है जो प्रक्रिया को रोकता है, तो कंप्यूटर एक ही काम बार-बार करता रहेगा जब तक कि वह इसे संभाल नहीं सकता। यह ऐसा है जैसे कोई कहानी में बोलता और बोलता रहता है लेकिन कभी अंत तक नहीं पहुंचता।

डीईएफ़ रिकर्सर():

पुनरावर्ती()

पुनरावर्ती()

यह ऐसा है जैसे कोई कहानी तो सुना रहा है लेकिन यह बताना भूल गया कि इसका अंत कैसे होगा। फ़ंक्शन स्वयं को कॉल करता रहता है और कहानी को छोटा बनाता रहता है, लेकिन ऐसा कोई स्पष्ट बिंदु नहीं है जहां यह "रुको" या "समाप्त" कहता हो। यह कुछ-कुछ वैसा ही है जैसे कहानी में कोई व्यक्ति एक ही चीज़ के बारे में बात कर रहा हो और कभी भी कहानी के किसी भिन्न भाग पर आगे न बढ़े। आख़िरकार, कंप्यूटर थक जाता है और कहता है, "मैं अब यह नहीं कर सकता!" तभी आपको "रिकर्सन त्रुटि: अधिकतम रिकर्सन गहराई पार हो गई" संदेश दिखाई देता है। यह ऐसा है जैसे कंप्यूटर कह रहा हो, "मैंने बहुत ज़्यादा बात कर ली है और मुझे याद नहीं आ रहा कि मैंने कहाँ से शुरुआत की थी!"

प्रोग्रामिंग में रिकर्सन का उपयोग करते समय, आपको यह सुनिश्चित करना होगा कि कंप्यूटर के अटकने और मेमोरी खत्म होने से बचने के लिए आपके पास एक स्पष्ट समापन बिंदु (आधार स्थिति) है।

11.3. मंदी बनामयात्रा

समस्याओं को हल करने के लिए प्रोग्रामिंग में रिकर्सन और पुनरावृत्ति दो अलग-अलग दृष्टिकोण हैं। आइए प्रत्यावर्तन और पुनरावृत्ति के बीच विस्तृत अंतर देखें:

प्रत्यावर्तन:

परिभाषा: रिकर्सन में किसी समस्या को उसी समस्या के छोटे-छोटे उदाहरणों में तोड़कर हल करना शामिल है।
फ़ंक्शन कॉल: एक पुनरावर्ती फ़ंक्शन समस्या को हल करने के लिए प्रत्यक्ष या अप्रत्यक्ष रूप से स्वयं को कॉल करता है। यह "फूट डालो और राज करो" की रणनीति का उपयोग करता है।
बेस केस: प्रत्येक रिकर्सिव फ़ंक्शन में एक बेस केस होना चाहिए, जो एक ऐसी स्थिति है जो निर्दिष्ट करती है कि रिकर्सन कब रुकना चाहिए। आधार मामला समस्या का सबसे सरल रूप है जिसे सीधे हल किया जा सकता है।
कार्यान्वयन: पुनरावर्ती समाधान अक्सर अधिक सुरुचिपूर्ण और संक्षिप्त होते हैं, विशेष रूप से पुनरावर्ती संरचना वाली समस्याओं के लिए।
जटिलता: रिकर्सन जटिल समस्याओं को सरल बना सकता है और समस्या की प्रकृति को व्यक्त करके कोड को अधिक समझने योग्य बना सकता है।
मेमोरी उपयोग: पुनरावर्ती कॉल के लिए प्रत्येक फ़ंक्शन कॉल के लिए मेमोरी की आवश्यकता होती है, जिससे मेमोरी की खपत बढ़ सकती है, विशेष रूप से गहरी रिकर्सन के लिए।
डिबगिंग: जटिल कॉल स्टैक के कारण पुनरावर्ती कार्यों को डिबग करना चुनौतीपूर्ण हो सकता है। गलतियाँ अनंत रिकर्सन और स्टैक ओवरफ़्लो त्रुटियों को जन्म दे सकती हैं।

पुनरावृत्ति:

परिभाषा: पुनरावृत्ति में लूप का उपयोग करके किसी समस्या को हल करना और निर्देशों के एक सेट को बार-बार लागू करना शामिल है।
लूप संरचनाएँ: पुनरावृत्त समाधान लूप संरचनाओं का उपयोग करते हैं जैसे "फॉर" लूप, "व्हाइल" लूप, या "डू-व्हाइल" लूप।
नियंत्रण प्रवाह: पुनरावृत्ति में आम तौर पर लूप की प्रगति पर नज़र रखने और आवश्यक होने पर इसे समाप्त करने के लिए नियंत्रण चर बनाए रखना शामिल होता है।
समाप्ति की स्थिति: लूप के लिए समाप्ति की स्थिति को लूप निर्माण के भीतर स्पष्ट रूप से परिभाषित किया गया है।
कार्यान्वयन: उन समस्याओं के लिए पुनरावृत्त समाधान अक्सर अधिक सरल होते हैं जिन्हें चरणों की श्रृंखला में विभाजित किया जा सकता है।
जटिलता: उन समस्याओं के लिए पुनरावृत्ति स्पष्ट हो सकती है जो स्वाभाविक रूप से पुनरावर्ती प्रकृति की नहीं हैं।
मेमोरी उपयोग: पुनरावृत्ति आम तौर पर रिकर्सन की तुलना में कम मेमोरी का उपयोग करती है क्योंकि इसमें बढ़ती कॉल स्टैक शामिल नहीं होती है।
डिबगिंग: पुनरावृत्त समाधानों को डिबग करना आमतौर पर सरल होता है, क्योंकि नियंत्रण प्रवाह अधिक प्रत्यक्ष होता है और अनंत पुनरावृत्ति का कोई जोखिम नहीं होता है।

पुनरावर्तन और पुनरावृत्ति के बीच चयन:

समस्या की प्रकृति: उन समस्याओं के लिए पुनरावर्तन चुनें जिन्हें एक ही समस्या के छोटे-छोटे उदाहरणों में विभाजित किया जा सकता है। उन कार्यों के लिए पुनरावृत्ति चुनें जिनमें स्पष्ट पुनरावर्ती संरचना के बिना दोहराव वाली कार्रवाइयों की आवश्यकता होती है।
पठनीयता: पुनरावर्ती संरचना वाली समस्याओं के लिए पुनरावर्तन से अधिक सुरुचिपूर्ण और अभिव्यंजक कोड प्राप्त हो सकता है। उन कार्यों के लिए पुनरावृत्ति अधिक स्पष्ट हो सकती है जिनमें सीधी पुनरावृत्ति शामिल है।
मेमोरी उपयोग: यदि मेमोरी दक्षता एक चिंता का विषय है, तो पुनरावृत्ति बेहतर हो सकती है, क्योंकि रिकर्सन से बढ़ती कॉल स्टैक और उच्च मेमोरी खपत हो सकती है।
डिबगिंग और जटिलता: पुनरावृत्ति आमतौर पर डिबग करना आसान है और उन समस्याओं के लिए बेहतर विकल्प हो सकता है जहां पुनरावर्ती समाधान को समझना मुश्किल है।
प्रत्यावर्तन और पुनरावृत्ति दोनों की अपनी ताकत और कमजोरियां हैं। उनके बीच का चुनाव समस्या की विशेषताओं, पठनीयता, स्मृति उपयोग और प्रत्येक दृष्टिकोण से आपकी परिचितता पर निर्भर करता है।

तुलना का आधार	प्रत्यावर्तन	यात्रा

कार्यान्वयन	किसी फ़ंक्शन को कॉल करके ही कार्यान्वित किया जाता है	लूप्स का उपयोग करके कार्यान्वित किया गया
राज्य	स्टैक में संग्रहीत पैरामीटर मानों द्वारा परिभाषित	नियंत्रण चर मान द्वारा परिभाषित
वाक्य - विन्यास	केवल समाप्ति की शर्त आवश्यक है	नियंत्रण चर का आरंभीकरण, स्थिति और वृद्धि/कमी शामिल है
समापन	फ़ंक्शन बॉडी के भीतर स्थिति परिभाषित होती है और जब यह स्थिति सत्य हो जाती है, तो पुनरावृत्ति समाप्त हो जाती है	लूप की परिभाषा के अंतर्गत परिभाषित किया गया है और जब यह स्थिति झूठी हो जाती है, तो लूप समाप्त हो जाता है
कोई समाप्ति विवरण नहीं	आधार स्थिति के अभाव की स्थिति में, अनंत पुनरावृत्ति की स्थिति उत्पन्न होती है। स्थिति में स्टैक ओवरफ्लो त्रुटि हो सकती है या सिस्टम क्रैश हो सकता है	यदि कोई समाप्ति स्थिति निर्दिष्ट नहीं है तो अनंत लूप सीपीयू चक्र का उपयोग करता है
कोड का आकार	पुनरावृत्ति से छोटा	बड़ा
रफ़्तार	ढेर के रख-रखाव के ओवरहेड के कारण धीमा	और तेज
समय की जटिलता	उच्च समय जटिलता	लूप बॉडी के निष्पादित होने की संख्या की गणना करके इसकी समय जटिलता की गणना करना आसान है। आम तौर पर, इसमें समय की जटिलता कम होती है
तुलना का आधार	प्रत्यावर्तन	यात्रा
कार्यान्वयन	किसी फ़ंक्शन को कॉल करके ही कार्यान्वित किया जाता है	लूप्स का उपयोग करके कार्यान्वित किया गया

पायथन में बाइनरी खोजबाइनरी सर्च एक खोज एल्गोरिदम है जिसका उपयोग किसी क्रमबद्ध संग्रह, जैसे किसी सरणी या सूची के भीतर लक्ष्य मान की स्थिति का पता लगाने के लिए किया जाता है। यह किसी विशिष्ट तत्व की खोज करने का एक बहुत ही कुशल तरीका है, क्योंकि यह रैखिक खोज की तुलना में आवश्यक तुलनाओं की संख्या को काफी कम कर देता है।
यहां बताया गया है कि बाइनरी खोज कैसे काम करती है:

क्रमबद्ध संग्रह:बाइनरी खोज के लिए संग्रह को आरोही या अवरोही क्रम में क्रमबद्ध करना आवश्यक है। एल्गोरिथम के सही ढंग से काम करने के लिए यह सॉर्टिंग महत्वपूर्ण है।
फूट डालो और राज करो:एल्गोरिथ्म संग्रह के मध्य तत्व को देखकर शुरू होता है। यदि मध्य तत्व लक्ष्य मान के बराबर है, तो खोज सफल होती है, और तत्व की स्थिति वापस आ जाती है।
तुलना:यदि मध्य तत्व लक्ष्य के बराबर नहीं है, तो एल्गोरिदम लक्ष्य मान की तुलना मध्य तत्व से करता है। यदि लक्ष्य छोटा है, तो इसका मतलब है कि लक्ष्य संग्रह के बाएँ आधे भाग में होना चाहिए (क्योंकि यह क्रमबद्ध है), इसलिए खोज बाएँ आधे भाग में जारी रहती है। यदि लक्ष्य बड़ा है, तो खोज दाहिने आधे हिस्से में जारी रहती है।
खोज अंतराल कम करना:प्रत्येक चरण पर, एल्गोरिदम खोज अंतराल को आधा कर देता है। यह शेष अंतराल के मध्य तत्व का चयन करके और लक्ष्य मान के साथ तुलना करके इस प्रक्रिया को दोहराता है।
बेस केस:खोज तब तक जारी रहती है जब तक खोज अंतराल खाली नहीं हो जाता, जिसका अर्थ है कि लक्ष्य मान संग्रह में मौजूद नहीं है। यदि लक्ष्य मिल जाता है, तो एल्गोरिदम लक्ष्य की स्थिति लौटा देता है।

क्रमबद्ध सरणी में मान 11 खोजने के लिए बाइनरी खोज का चरण-दर-चरण उदाहरण यहां दिया गया है:

sorted_array = [1, 3, 5, 7, 9, 11, 13, 15, 17]

लक्ष्य = 11

बाएँ = 0

```
दाएँ = लेन(सॉर्टेड_एरे) - 1

जबकि बाएँ <= दाएँ:
मध्य = (बाएँ + दाएँ) // 2
यदि sorted_array[मध्य] == लक्ष्य:
प्रिंट(f"लक्ष्य {लक्ष्य} सूचकांक {मध्य} पर पाया गया")
तोड़ना
एलिफ़ सॉर्टेड_एरे[मध्य] <लक्ष्य:
बाएँ = मध्य + 1
अन्य:
दाएँ = मध्य - 1
अन्य:
प्रिंट(f"लक्ष्य {लक्ष्य} सरणी में नहीं मिला")
```

इस उदाहरण में, एल्गोरिदम प्रारंभ में मध्य तत्व (9) का चयन करता है और इसकी तुलना लक्ष्य मान (11) से करता है। चूँकि 11, 9 से बड़ा है, एल्गोरिथ्म खोज अंतराल को दाहिने आधे तक सीमित कर देता है। यह प्रक्रिया तब तक जारी रहती है जब तक लक्ष्य मान सूचकांक 5 पर नहीं मिल जाता।

बाइनरी खोज बहुत कुशल है और इसमें O(लॉग एन) की समय जटिलता है, जहां एन संग्रह में तत्वों की संख्या है। यह इसे बड़े क्रमबद्ध डेटासेट खोजने के लिए विशेष रूप से उपयोगी बनाता है। हालाँकि, यदि संग्रह को क्रमबद्ध नहीं किया गया है, तो बाइनरी खोज सही ढंग से काम नहीं करेगी।

बाइनरी खोज में प्रत्यावर्तन

बाइनरी खोज को लागू करने के लिए रिकर्सन का भी उपयोग किया जा सकता है। खोज अंतराल को बार-बार कम करने के लिए लूप का उपयोग करने के बजाय, बाइनरी खोज को चरण दर चरण निष्पादित करने के लिए एक पुनरावर्ती फ़ंक्शन का उपयोग किया जा सकता है। यहां बताया गया है कि आप रिकर्सन का उपयोग करके बाइनरी खोज को कैसे कार्यान्वित कर सकते हैं:

```
डीईएफ़ बाइनरी_सर्च_रिकर्सिव(एआर, लक्ष्य, बाएँ, दाएँ):
यदि बाएँ <= दाएँ:
मध्य = (बाएँ + दाएँ) // 2

यदि गिरफ्तारी[मध्य] == लक्ष्य:
वापसी मध्य # लक्ष्य सूचकांक 'मध्य' पर पाया गया
एलिफ़ गिरफ्तारी[मध्य] <लक्ष्य:
वापसी बाइनरी_सर्च_रिकर्सिव(एआरआर, लक्ष्य, मध्य + 1, दाएँ)
अन्य:
वापसी बाइनरी_सर्च_रिकर्सिव(एआर, लक्ष्य, बाएँ, मध्य - 1)
अन्य:
वापसी -1 # लक्ष्य सरणी में नहीं मिला

# उदाहरण उपयोग
sorted_array = [1, 3, 5, 7, 9, 11, 13, 15, 17]
लक्ष्य = 11

परिणाम = बाइनरी_सर्च_रिकर्सिव(सॉर्टेड_एरे, लक्ष्य, 0, लेन(सॉर्टेड_एरे) - 1)
यदि परिणाम != -1:
प्रिंट(f"लक्ष्य {लक्ष्य} सूचकांक {परिणाम} पर पाया गया")
अन्य:
प्रिंट(f"लक्ष्य {लक्ष्य} सरणी में नहीं मिला")
```

इस पुनरावर्ती कार्यान्वयन में:

फ़ंक्शन बाइनरी_सर्च_रिकर्सिव पैरामीटर के रूप में सरणी, लक्ष्य मान, बायां इंडेक्स और दायां इंडेक्स लेता है।
बेस केस जाँचता है कि बायाँ दाएँ से छोटा है या उसके बराबर है। यदि नहीं, तो खोज अंतराल खाली हो गया है, और लक्ष्य मान सरणी में नहीं है।
यदि आधार मामला पूरा नहीं होता है, तो मध्य सूचकांक मध्य की गणना की जाती है, और लक्ष्य मान की तुलना मध्य तत्व से की जाती है।
यदि लक्ष्य मिल जाता है, तो मध्य सूचकांक वापस कर दिया जाता है। यदि लक्ष्य छोटा है, तो अंतराल के दाहिने आधे भाग में खोज जारी रखी जाती है। यदि लक्ष्य बड़ा है, तो बाएं आधे भाग में खोज जारी रखी जाती है।
पुनरावर्ती कॉल प्रत्येक चरण में खोज अंतराल को तब तक सीमित कर देती है जब तक कि लक्ष्य मान नहीं मिल जाता या अंतराल खाली नहीं हो जाता।
रिकर्सन आपको बाइनरी सर्च एल्गोरिदम को संक्षिप्त और सुरुचिपूर्ण तरीके से व्यक्त करने की अनुमति देता है, जैसे एल्गोरिदम को गणितीय रूप से परिभाषित किया जाता है। हालाँकि, यदि रिकर्सन गहराई बहुत बड़ी हो जाती है तो संभावित स्टैक ओवरफ्लो त्रुटियों से सावधान रहें। फॉर्म का शीर्ष

11.5. बेस केस और रिकर्सिव केस

कंप्यूटर विज्ञान और प्रोग्रामिंग में, रिकर्सन एक ऐसी तकनीक है जहां कोई फ़ंक्शन किसी समस्या को हल करने के लिए प्रत्यक्ष या अप्रत्यक्ष रूप से स्वयं को कॉल करता है। पुनरावर्ती फ़ंक्शन लिखते समय, दो मुख्य अवधारणाओं को समझना महत्वपूर्ण है: बेस केस और रिकर्सिव केस।

बेस केस

बेस केस पुनरावर्ती फ़ंक्शन के भीतर एक शर्त है जो यह बताती है कि कब कॉल करना बंद करना है, जिससे अनंत लूप को रोका जा सके। जब आधार मामला पूरा हो जाता है, तो फ़ंक्शन को कोई और पुनरावर्ती कॉल किए बिना एक मान वापस करना चाहिए।
बेस केस का महत्व:

रुकने की स्थिति: बेस केस के बिना, रिकर्सन अनिश्चित काल तक जारी रहेगा, जिससे स्टैक ओवरफ्लो त्रुटि हो जाएगी।
अंतिम समाधान में योगदान: आमतौर पर, बेस केस का रिटर्न मान उच्च-स्तरीय पुनरावर्ती कॉल के लिए गणना में उपयोग किया जाता है।

उदाहरण:

किसी संख्या n (जिसे n के रूप में दर्शाया जाता है!) के फैक्टोरियल की गणना के लिए, आधार मामला तब होता है जब n 0 या 1 के बराबर होता है। उन मामलों में, n! 1 है.

```
डीईएफ़ फैक्टोरियल(एन):
यदि n == 0 या n == 1: # बेस केस
वापसी 1
#... पुनरावर्ती केस कोड यहां...
```

पुनरावर्ती मामला

रिकर्सिव केस वह है जहां फ़ंक्शन अपना मुख्य कार्य करता है और समस्या के एक छोटे उदाहरण को हल करने के लिए स्वयं को कॉल करता है। आमतौर पर, पुनरावर्ती मामला यह सुनिश्चित करने के लिए तर्कों को किसी तरह से संशोधित करता है कि अंततः आधार मामले तक पहुंच जाएगा।
पुनरावर्ती मामले का महत्व:
समस्या का विघटन: यह समस्या को छोटे, अधिक प्रबंधनीय टुकड़ों में तोड़ देता है।
समाधानों का संयोजन: मूल समस्या का समाधान बनाने के लिए आमतौर पर छोटी समस्याओं के समाधानों को संयोजित किया जाता है।
उदाहरण:
फैक्टोरियल उदाहरण को जारी रखते हुए, पुनरावर्ती मामला n को n-1 के फैक्टोरियल से गुणा करेगा।

```
डीईएफ़ फैक्टोरियल(एन):
यदि n == 0 या n == 1: # बेस केस
वापसी 1
अन्य: # पुनरावर्ती मामला
रिटर्न एन * फैक्टोरियल (एन - 1)
```

यह सब एक साथ डालें:

यहां आधार और पुनरावर्ती दोनों मामलों का उपयोग करके संपूर्ण फैक्टोरियल फ़ंक्शन दिया गया है।

```
डीईएफ़ फैक्टोरियल(एन):
यदि n == 0 या n == 1: # बेस केस
वापसी 1
अन्य: # पुनरावर्ती मामला
रिटर्न एन * फैक्टोरियल (एन - 1)
```

विचार:

आदेश: आमतौर पर, फ़ंक्शन बॉडी में पुनरावर्ती केस से पहले बेस केस की जाँच की जाती है।

एकाधिक आधार मामले: कुछ समस्याओं में एक से अधिक आधार मामले हो सकते हैं।

पुनरावर्तन की गहराई: पुनरावर्तन जिस गहराई तक जाता है उससे सावधान रहें; पायथन में अधिकतम रिकर्सन गहराई होती है, जिसे अक्सर 3000 पर सेट किया जाता है।

दक्षता: कभी-कभी पुनरावृत्ति उन समस्याओं के लिए अक्षम हो सकती है जो समान उप-समस्याओं की पुनर्गणना करती हैं। ऐसे मामलों में, याद रखने का उपयोग पहले से ही गणना किए गए परिणामों को संग्रहीत करने के लिए किया जा सकता है।

बेस केस और रिकर्सिव केस को समझना पायथन या किसी अन्य प्रोग्रामिंग भाषा में सही और कुशल रिकर्सिव फ़ंक्शन लिखने के लिए मौलिक है।

11.6. पायथन में स्टैक ओवरफ़्लो

स्टैक ओवरफ़्लो एक त्रुटि है जो तब होती है जब किसी प्रोग्राम का कॉल स्टैक उसकी आकार सीमा से अधिक हो जाता है। पायथन में, यह अक्सर अत्यधिक गहरे या अनंत रिकर्सन के दौरान होता है, लेकिन यह गहराई से नेस्टेड फ़ंक्शन कॉल में भी हो सकता है, भले ही वे रिकर्सिव न हों।

स्टैक ओवरफ़्लो कैसे होता है:

जब किसी फ़ंक्शन को पायथन में कॉल किया जाता है, तो फ़ंक्शन के स्थानीय चर को संभालने के लिए और प्रोग्राम में उस बिंदु को याद रखने के लिए एक स्टैक फ्रेम आवंटित किया जाता है जिस पर फ़ंक्शन को कॉल किया गया था, इसलिए फ़ंक्शन पूरा होने के बाद निष्पादन वहां वापस आ सकता है। जब कोई फ़ंक्शन स्वयं को पुनरावर्ती रूप से कॉल करता है, तो प्रत्येक कॉल के लिए पिछले कॉल के शीर्ष पर जमा होकर एक नया स्टैक फ्रेम बनाया जाता है। यदि रिकर्सन बहुत गहरा है, तो फ्रेम का यह स्टैक इस बिंदु तक बढ़ सकता है कि यह स्टैक आकार सीमा से अधिक हो जाता है, जिससे स्टैक ओवरफ़्लो हो जाता है।

लक्षण:

पायथन में स्टैक ओवरफ़्लो का सबसे स्पष्ट संकेत एक रिकर्सन एरर अपवाद है जिसमें संदेश "अधिकतम रिकर्सन गहराई पार हो गई है।"

उदाहरण:

पायथन में स्टैक ओवरफ़्लो का एक उत्कृष्ट उदाहरण बेस केस के बिना अनुचित तरीके से कार्यान्वित पुनरावर्ती फ़ंक्शन है।

```
def अनंत_recursion(n):
रिटर्न इनफिनिट_रिकर्सन(n+1) # गुम बेस केस

अनंत_recursion(0) # RecursionError का कारण बनता हे
```

इस कोड को चलाने से निम्न त्रुटि संदेश प्राप्त होगा:

रिकर्सनत्रुटि: अधिकतम रिकर्सन गहराई पार हो गई

स्टैक ओवरफ़्लो को कैसे रोकें

बेस केस को परिभाषित करें: सुनिश्चित करें कि प्रत्येक पुनरावर्ती फ़ंक्शन में एक बेस केस होता है जो सही ढंग से परिभाषित और पहुंच योग्य होता है।
अपना तर्क जांचें: सुनिश्चित करें कि फ़ंक्शन का तर्क यह सुनिश्चित करता है कि यह अपने आधार मामले तक पहुंच जाएगा।
रिकर्सन गहराई को सीमित करें: आप काउंटर वेरिएबल का उपयोग करके या थ्रेशोल्ड सेट करके रिकर्सन गहराई को मैन्युअल रूप से सीमित कर सकते हैं।
टेल रिकर्सन: कुछ प्रोग्रामिंग भाषाएं स्टैक ओवरफ़्लो को रोकने के लिए टेल रिकर्सन को अनुकूलित करती हैं। हालाँकि, पायथन टेल रिकर्सन के लिए अनुकूलन नहीं करता है।
पुनरावृत्तीय समाधान: उन समस्याओं के लिए पुनरावृत्तीय समाधानों का उपयोग करने पर विचार करें जिनमें बहुत गहरे पुनरावर्तन स्टैक शामिल हो सकते हैं।
स्टैक आकार बढ़ाना: आम तौर पर इसकी अनुशंसा नहीं की जाती है, लेकिन आप तकनीकी रूप से sys.setrecursionlimit(limit) का उपयोग करके अधिकतम रिकर्सन गहराई को बदल सकते हैं। ध्यान दें कि ऐसा करना जोखिम भरा हो सकता है.
मेमोइज़ेशन का उपयोग करके शमन:
पुनरावर्ती एल्गोरिदम के लिए जो बार-बार समान उप-समस्याओं को हल करते हैं, पुनरावर्ती कॉल की संख्या को कम करने के लिए इन उप-समस्याओं के परिणामों को संग्रहीत करने के लिए मेमोइज़ेशन का उपयोग किया जा सकता है, जिससे स्टैक ओवरफ़्लो की संभावना कम हो जाती है।
संस्मरण के साथ उदाहरण:
डीईएफ़ फ़ैक्टोरियल(एन, मेमो={}):
यदि मेमो में n:
वापसी ज्ञापन[n]
यदि n == 0 या n == 1:
वापसी 1
मेमो[एन] = एन * फैक्टोरियल(एन-1, मेमो)
वापसी ज्ञापन[n]
स्टैक ओवरफ़्लो को समझना डिबगिंग के साथ-साथ ऐसे एल्गोरिदम डिज़ाइन करने के लिए महत्वपूर्ण है जो सही और कुशल दोनों हों। गहरे या अनंत रिकर्सन के जोखिमों के बारे में जागरूक होना आवश्यक है, विशेष रूप से पायथन जैसी भाषा में जिसमें अंतर्निहित टेल रिकर्सन अनुकूलन नहीं है और अधिकतम रिकर्सन गहराई के लिए अपेक्षाकृत कम डिफ़ॉल्ट सीमा है।

सारांश

रिकर्सन एक शक्तिशाली प्रोग्रामिंग तकनीक है जिसमें एक फ़ंक्शन किसी समस्या को हल करने के लिए स्वयं को कॉल करता है। यह एक मौलिक अवधारणा है जिसका उपयोग जटिल समस्याओं को सरल, स्व-संदर्भित उदाहरणों में तोड़कर हल करने के लिए किया जाता है। पायथन में, रिकर्सन उन समस्याओं को हल करने का एक शानदार तरीका प्रदान करता है जिन्हें समान प्रकृति की छोटी उप-समस्याओं में विभाजित किया जा सकता है।
प्रमुख बिंदु:

बेस केस: रिकर्सन में एक समस्या को छोटे-छोटे उदाहरणों में तोड़ना शामिल है, प्रत्येक उदाहरण एक बेस केस के पास आता है जिसके लिए आगे रिकर्सन की आवश्यकता नहीं होती है। बेस केस रुकने की स्थिति प्रदान करता है।

रिकर्सिव केस: रिकर्सिव केस में, एक फ़ंक्शन खुद को संशोधित इनपुट या स्थिति के साथ कॉल करता है। प्रत्येक पुनरावर्ती कॉल समस्या को बेस केस के करीब लाती है।

मेमोरी उपयोग: पुनरावर्ती फ़ंक्शन फ़ंक्शन कॉल का ट्रैक रखने और मान लौटाने के लिए कॉल स्टैक का उपयोग करते हैं। बेस केस के बिना अत्यधिक रिकर्सन से स्टैक ओवरफ्लो हो सकता है।

फैक्टोरियल उदाहरण: रिकर्सन का उपयोग करके किसी संख्या के फैक्टोरियल की गणना करना एक उत्कृष्ट उदाहरण है। आधार मामला तब होता है जब संख्या 0 या 1 होती है, और पुनरावर्ती मामले में संख्या को (संख्या - 1) के फैक्टोरियल से गुणा करना शामिल होता है।

फाइबोनैचि अनुक्रम: फाइबोनैचि अनुक्रम एक और सामान्य उदाहरण है। यह दर्शाता है कि कैसे किसी समस्या को दो उप-समस्याओं में विभाजित किया जा सकता है, जिनमें से प्रत्येक में एक पुनरावर्ती कॉल शामिल होती है।

अप्रत्यक्ष रिकर्सन: अप्रत्यक्ष रिकर्सन तब होता है जब कई फ़ंक्शन एक निश्चित गणना प्राप्त करने के लिए एक दूसरे को गोलाकार तरीके से कॉल करते हैं।

लाभ: रिकर्सन जटिल समस्याओं को छोटे, अधिक प्रबंधनीय भागों में तोड़कर उनका शानदार समाधान प्रदान कर सकता है।

नुकसान: कॉल स्टैक के कारण पुनरावर्ती समाधान मेमोरी-गहन हो सकते हैं और पुनरावृत्त समाधानों की तुलना में कुछ समस्याओं के लिए कम कुशल हो सकते हैं।

अभ्यास 1:

बहुविकल्पीय प्रश्न (एमसीक्यू):

प्रश्न 1:प्रोग्रामिंग में रिकर्सन क्या है?

a) एक लूप जो एक विशिष्ट कोड ब्लॉक को दोहराता है

b) एक फ़ंक्शन को दूसरे फ़ंक्शन के भीतर परिभाषित करने की एक तकनीक

c) जटिल समस्याओं को सरल उदाहरणों में विभाजित करके हल करने की एक विधि

d) ऑब्जेक्ट-ओरिएंटेड प्रोग्रामिंग में कक्षाओं और ऑब्जेक्ट को परिभाषित करने का एक तरीका

प्रश्न 2:पुनरावर्ती फ़ंक्शन में बेस केस क्या है?

a) वह बिंदु जहां प्रोग्राम समाप्त होता है b) ऐसा मामला जिसमें सबसे जटिल समस्या शामिल हो

c) वह मामला जहां फ़ंक्शन स्वयं कॉल करता है d) ऐसा मामला जहां फ़ंक्शन एक मान लौटाता है

प्रश्न 3:निम्नलिखित में से किस उदाहरण को रिकर्सन का उपयोग करके प्रभावी ढंग से हल किया जा सकता है?

a) सरल अंकगणितीय गणना b) पूर्णांकों की एक सरणी को क्रमबद्ध करना

c) किसी संख्या में अंकों का योग ज्ञात करना d) तत्वों की सूची प्रिंट करना

प्रश्न 4:यदि किसी पुनरावर्ती फ़ंक्शन में उचित आधार केस का अभाव हो तो क्या होगा?

a) फ़ंक्शन गलत मान लौटाता है। बी) फ़ंक्शन एक सिंटैक्स त्रुटि उत्पन्न करता है।

b) फ़ंक्शन एक अनंत लूप में प्रवेश करता है। b) फ़ंक्शन किसी भी कोड को निष्पादित नहीं करता है।

प्रश्न 5:पुनरावर्ती फ़ंक्शन में, पुनरावर्ती कॉल की क्या भूमिका है?

a) यह फ़ंक्शन के वेरिएबल्स को प्रारंभ करता है। b) यह बेस केस तक पहुंचने से रोकता है।

c) यह पुनरावृत्तीय संचालन करने में मदद करता है। d) यह उसी प्रकृति की एक छोटी उप-समस्या को हल करता है।

प्रश्न 6:कौन सा उदाहरण अप्रत्यक्ष प्रत्यावर्तन परिदृश्य का प्रतिनिधित्व करता है?

a) एक फ़ंक्शन स्वयं को विभिन्न तर्कों के साथ कॉल कर रहा है

b) दो फ़ंक्शन एक दूसरे को गोलाकार तरीके से बुलाते हैं

c) एक फ़ंक्शन कई अन्य फ़ंक्शन को कॉल करता है

d) एक फ़ंक्शन स्वयं कॉल करने से पहले अपने तर्कों को संशोधित करता है

प्रश्न 7:रिकर्सन को लागू करने के लिए आमतौर पर किस डेटा संरचना का उपयोग किया जाता है?

a)ढेर b) कतार

c) लिंक्ड सूची d) सारणी

प्रश्न 8:समस्याओं को हल करने में पुनरावर्तन का उपयोग करने का प्राथमिक लाभ क्या है?

a) यह लूप की तुलना में तेज़ निष्पादन की गारंटी देता है।

b) यह जटिल समस्याओं को बिना विभाजित किये सरल बनाता है।

c) यह पुनरावृत्तीय समाधानों की तुलना में स्मृति उपयोग को कम करता है।

d) यह कुछ समस्याओं के लिए एक सुंदर और सहज समाधान प्रदान करता है।

उत्तर

1. सी 2. ए 3. सी 4. सी 5. डी 6. बी 7. ए 8. बी

व्यायाम 2:

सही/गलत प्रश्न:

प्रश्न 1:रिकर्सन में स्वयं को कॉल करने वाला एक फ़ंक्शन शामिल होता है।

प्रश्न 2:प्रत्येक पुनरावर्ती फ़ंक्शन को पुनरावर्तन को समाप्त करने के लिए एक बेस केस की आवश्यकता होती है।

प्रश्न 3:रिकर्सन सभी प्रकार की प्रोग्रामिंग समस्याओं के लिए एक कुशल समाधान है।

प्रश्न 4:एक पुनरावर्ती फ़ंक्शन हमेशा तेज़ होता है और पुनरावृत्त समकक्ष की तुलना में कम मेमोरी का उपयोग करता है।

प्रश्न 5:रिकर्सन में, स्टैक फ़ंक्शन कॉल और उनके संबंधित स्थानीय चर का ट्रैक रखता है।

उत्तर

1. सही 2. सही 3. गलत 4. गलत 5. सही

व्यायाम 3:

समीक्षा प्रश्न:

प्रश्न 1:पुनरावर्तन क्या है, और यह पुनरावृत्तीय समाधानों से किस प्रकार भिन्न है?
प्रश्न 2:पुनरावर्ती फ़ंक्शन में आधार केस क्या है और यह महत्वपूर्ण क्यों है?
प्रश्न 3:पायथन रिकर्सन में कॉल स्टैक को कैसे संभालता है?
प्रश्न 4:टेल रिकर्सन क्या है और यह प्रदर्शन में कैसे सुधार करता है?
प्रश्न 5:क्या आप एक सामान्य समस्या का नाम बता सकते हैं जिसे अक्सर रिकर्सन का उपयोग करके हल किया जाता है?
प्रश्न 6:पुनरावर्ती फ़ंक्शन के आवश्यक घटक क्या हैं?
प्रश्न 7:आप अनंत प्रत्यावर्तन को कैसे रोकते हैं?
प्रश्न 8:पुनरावृत्ति की अपेक्षा पुनरावर्तन का उपयोग करने का मुख्य नुकसान क्या है?
प्रश्न 9:पुनरावर्ती कार्य स्मृति उपयोग को कैसे प्रभावित करते हैं?
प्रश्न 10:क्या आपके पास पुनरावर्ती फ़ंक्शन में एकाधिक आधार मामले हो सकते हैं?
प्रश्न 11:पारस्परिक प्रत्यावर्तन क्या है, और क्या आप एक उदाहरण प्रदान कर सकते हैं?
प्रश्न 12:पायथन पुनरावर्ती गहराई को कैसे संभालता है, और क्या इसे संशोधित किया जा सकता है?
प्रश्न 13:पुनरावर्ती कार्यों को डीबग करने के लिए कुछ रणनीतियाँ क्या हैं?
प्रश्न 14:आप एक पुनरावर्ती फ़ंक्शन कैसे लिखेंगे जो सकारात्मक और नकारात्मक दोनों इनपुट को संभालता है?
प्रश्न 15:क्या आप बता सकते हैं कि संस्मरण कैसे पुनरावर्ती कार्यों को अनुकूलित कर सकता है?
प्रश्न 16:पुनरावर्ती डेटा संरचना क्या है? एक उदाहरण प्रदान करें.
प्रश्न 17:आप पुनरावर्ती फ़ंक्शन में निष्पादन प्रवाह का पता कैसे लगाते हैं?
प्रश्न 18:कुछ गणितीय ऑपरेशन क्या हैं जिन्हें रिकर्सन का उपयोग करके सुंदर ढंग से हल किया जा सकता है?
प्रश्न 19:क्या पुनरावर्ती कार्यों के दुष्प्रभाव हो सकते हैं? यदि हां, तो क्या यह उचित है?
प्रश्न 20:एल्गोरिथम समस्या-समाधान के लिए रिकर्सन का उपयोग करने के क्या फायदे हैं?

अध्याय 12: मॉड्यूल पैकेज और फ़ाइल हैंडलिंग

आइए इनमें से प्रत्येक अवधारणा को तोड़ें: पायथन में मॉड्यूल, पैकेज और फ़ाइल हैंडलिंग।
मॉड्यूल:
पायथन में एक मॉड्यूल एक फ़ाइल है जिसमें पायथन कोड होता है जो चर, फ़ंक्शन और कक्षाओं को परिभाषित करता है। मॉड्यूल कोड को पुन: प्रयोज्य और प्रबंधनीय घटकों में व्यवस्थित करने में मदद करते हैं। मॉड्यूल आपको संबंधित कोड को एक साथ एनकैप्सुलेट करने की अनुमति देते हैं, जिससे इसे बनाए रखना और पुन: उपयोग करना आसान हो जाता है। किसी मॉड्यूल में परिभाषित कोड का उपयोग करने के लिए, आपको मॉड्यूल को अपने प्रोग्राम में आयात करना होगा।
पायथन में एक मॉड्यूल एक फ़ाइल है जिसमें पायथन कोड होता है जो चर, फ़ंक्शन, कक्षाएं या अन्य संरचनाओं को परिभाषित कर सकता है। मॉड्यूल कोड को पुन: प्रयोज्य और प्रबंधनीय घटकों में व्यवस्थित करने में मदद करते हैं। वे आपको कार्यक्षमता की अलग-अलग इकाइयाँ बनाने और आपके कोड को छोटे, अधिक प्रबंधनीय टुकड़ों में तोड़ने की अनुमति देते हैं।
मॉड्यूल और फ़ाइल प्रबंधन महत्वपूर्ण विशेषताएं हैं जो भाषा की क्षमता को काफी हद तक बढ़ाती हैं और कोड के बेहतर संगठन की सुविधा प्रदान करती हैं। मॉड्यूल कोड को अलग-अलग फ़ाइलों में विभाजित करने की अनुमति देते हैं, प्रत्येक एक विशिष्ट उद्देश्य को पूरा करता है, जिससे बड़े कोडबेस को प्रबंधित करना और बनाए रखना आसान हो जाता है। आयात विवरण का उपयोग करके, इन मॉड्यूल तक आसानी से पहुंचा जा सकता है और उनकी कार्यक्षमताओं को किसी एप्लिकेशन के विभिन्न हिस्सों में पुन: उपयोग किया जा सकता है। दूसरी ओर, फ़ाइल प्रबंधन बाहरी फ़ाइलों के साथ इंटरेक्शन को सक्षम बनाता है, चाहे वे टेक्स्ट, सीएसवी, जेएसओएन, या अन्य प्रारूप हों। यह सुविधा डेटा भंडारण, डेटा विश्लेषण और लॉगिंग जैसे कार्यों के लिए आवश्यक है। फ़ाइलों को पढ़ने और लिखने के लिए पायथन के अंतर्निहित कार्यों के माध्यम से, डेवलपर्स बाहरी सॉफ़्टवेयर का सहारा लिए बिना फ़ाइल डेटा में कुशलतापूर्वक हेरफेर कर सकते हैं।

```
my_module आयात करें
print(my_module.greet("ऐलिस")) # आउटपुट: हैलो, ऐलिस!
प्रिंट(my_module.square(3)) # आउटपुट: 9
```

12.1. मॉड्यूलर प्रोग्रामिंग क्या है?

मॉड्यूलर प्रोग्रामिंग एक एकल, जटिल कोडिंग कार्य को कई, सरल, प्रबंधित करने में आसान उप-कार्यों में विभाजित करने का अभ्यास है। हम इन उपकार्यों को मॉड्यूल कहते हैं। इसलिए, हम अलग-अलग मॉड्यूल को इकट्ठा करके एक बड़ा प्रोग्राम बना सकते हैं जो बिल्डिंग ब्लॉक्स की तरह काम करते हैं।
एक बड़े एप्लिकेशन में हमारे कोड को मॉड्यूलराइज़ करने से बहुत सारे लाभ होते हैं।
सरलीकरण:एक मॉड्यूल अक्सर पूर्ण कार्य के बजाय समग्र समस्या के एक तुलनात्मक रूप से छोटे क्षेत्र पर ध्यान केंद्रित करता है। यदि हम केवल एक मॉड्यूल पर ध्यान केंद्रित कर रहे हैं तो हमारे पास सोचने के लिए अधिक प्रबंधनीय डिज़ाइन समस्या होगी। कार्यक्रम का विकास अब सरल हो गया है और गलतियों की संभावना भी कम है।
लचीलापन:विभिन्न समस्या क्षेत्रों के बीच वैचारिक अलगाव स्थापित करने के लिए मॉड्यूल का अक्सर उपयोग किया जाता है। यह कम संभावना है कि एक मॉड्यूल में परिवर्तन कार्यक्रम के अन्य भागों को प्रभावित करेगा यदि मॉड्यूल का निर्माण इस तरह से किया जाता है कि परस्पर जुड़ाव कम हो जाता है। (हम किसी मॉड्यूल से परे प्रोग्राम से परिचित होने के बावजूद उसे संपादित करने में भी सक्षम हो सकते हैं।) इससे संभावना बढ़ जाती है कि कई डेवलपर्स का एक समूह एक बड़े प्रोजेक्ट पर सहयोग करने में सक्षम होगा।
पुन: प्रयोज्य:किसी विशेष मॉड्यूल में बनाए गए कार्यों को असाइनमेंट के विभिन्न अनुभागों (उपयुक्त रूप से स्थापित एपीआई के माध्यम से) द्वारा आसानी से एक्सेस किया जा सकता है। परिणामस्वरूप, डुप्लिकेट कोड अब आवश्यक नहीं है।
दायरा:प्रोग्राम के विभिन्न हिस्सों में पहचानकर्ता टकराव को रोकने के लिए मॉड्यूल अक्सर एक अलग नामस्थान घोषित करते हैं। पायथन में, फ़ंक्शन, मॉड्यूल और पैकेज के उपयोग के माध्यम से कोड के मॉड्यूलराइजेशन को प्रोत्साहित किया जाता है।
एक मॉड्यूल बनाना:
एक मॉड्यूल बनाने के लिए, आप बस उस पायथन कोड के साथ एक .py फ़ाइल बनाएं जिसे आप इनकैप्सुलेट करना चाहते हैं। उदाहरण के लिए, आइए mat_operations.py नाम का एक मॉड्यूल बनाएं जिसमें कुछ बुनियादी गणित फ़ंक्शन शामिल हैं:

```
#math_operations.py

डीईएफ़ जोड़ें(ए, बी):
```

ए + बी लौटाएं

def घटाना (ए, बी):
वापसी ए - बी

डीईएफ़ गुणा(ए, बी):
ए * बी लौटाएं

डीफ़ डिवाइड(ए, बी):
वापसी ए / बी

एक मॉड्यूल का उपयोग करना:

किसी मॉड्यूल में परिभाषित फ़ंक्शन का उपयोग करने के लिए, आपको आयात विवरण का उपयोग करके मॉड्यूल को अपने प्रोग्राम में आयात करना होगा:

मुख्य_प्रोग्राम.py

गणित_संचालन आयात करें

परिणाम1 = गणित_संचालन.जोड़ें(5, 3)
परिणाम2 = गणित_संचालन.घटाना(10, 4)

प्रिंट करें ("जोड़ का परिणाम:", परिणाम 1) # आउटपुट: जोड़ने का परिणाम: 8
प्रिंट करें ("घटाव का परिणाम:", परिणाम 2) # आउटपुट: घटाव का परिणाम: 6

इस उदाहरण में, गणित_ऑपरेशंस मॉड्यूल आयात किया गया है, और इसके कार्यों का उपयोग मॉड्यूल नाम के बाद फ़ंक्शन नाम, जैसे कि गणित_ऑपरेशंस.एड() को संदर्भित करके किया जाता है।

विशिष्ट कार्यों को आयात करना:

हर बार मॉड्यूल नाम टाइप करने से बचने के लिए आप मॉड्यूल से विशिष्ट फ़ंक्शन भी आयात कर सकते हैं:

मुख्य_प्रोग्राम.py

गणित_ऑपरेशंस से आयात जोड़ें, घटाएं

परिणाम1 = जोड़ें(5,3)
परिणाम2 = घटाएँ(10, 4)

प्रिंट करें ("जोड़ का परिणाम:", परिणाम 1) # आउटपुट: जोड़ने का परिणाम: 8
प्रिंट करें ("घटाव का परिणाम:", परिणाम 2) # आउटपुट: घटाव का परिणाम: 6

आयातित मॉड्यूल या फ़ंक्शंस का नाम बदलना:

आप as कीवर्ड का उपयोग करके किसी आयातित मॉड्यूल या फ़ंक्शन का नाम बदल सकते हैं:

मुख्य_प्रोग्राम.py

गणित_संचालन को गणित_ऑप्स के रूप में आयात करें

परिणाम = गणित_ऑप्स.गुणा(4,5)
प्रिंट ("गुणन का परिणाम:", परिणाम) # आउटपुट: गुणा का परिणाम: 20

12.2. संकुल

पायथन में एक पैकेज एक निर्देशिका पदानुक्रम में एक साथ समूहीकृत संबंधित मॉड्यूल का एक संग्रह है। पैकेज आपको अपने कोड को और व्यवस्थित करने और एक मॉड्यूलर संरचना बनाने की अनुमति देते हैं। एक पैकेज बस एक निर्देशिका है जिसमें वैकल्पिक __init__.py फ़ाइल के साथ एक या अधिक मॉड्यूल फ़ाइलें होती हैं।

यहां बताया गया है कि आप पायथन में पैकेज कैसे बना और उपयोग कर सकते हैं:
एक पैकेज बनाना:

1. वांछित पैकेज नाम के साथ एक निर्देशिका बनाएं।
2. अपनी मॉड्यूल फ़ाइलों को उस निर्देशिका के अंदर रखें।
3. वैकल्पिक रूप से, पैकेज निर्देशिका में एक खाली __init__.py फ़ाइल बनाएं।

उदाहरण के लिए, आइए दो मॉड्यूल के साथ my_package नामक एक पैकेज बनाएं: मॉड्यूल1.py और मॉड्यूल2.py।

```
मेरा पैकेज/
|
├── __init__.py
├── मॉड्यूल1.py
└── मॉड्यूल2.py
```

पैकेज के अंदर मॉड्यूल को परिभाषित करना:
मॉड्यूल1.py:
डीईएफ़ फू():
वापसी "यह मॉड्यूल1 से फू है"
मॉड्यूल2.py:
डीईएफ़ बार():
वापसी "यह मॉड्यूल 2 से बार है"
पैकेज से मॉड्यूल का उपयोग करना:
आप डॉट नोटेशन का उपयोग करके पैकेज से मॉड्यूल आयात कर सकते हैं:

```
my_package.module1 आयात करें
my_package.module2 आयात करें

print(my_package.module1.foo()) # आउटपुट: यह मॉड्यूल1 से फू है
print(my_package.module2.bar()) # आउटपुट: यह मॉड्यूल2 से बार है
```

आप from...import... सिंटेक्स का भी उपयोग कर सकते हैं:

```
my_package आयात मॉड्यूल1, मॉड्यूल2 से

print(module1.foo()) # आउटपुट: यह मॉड्यूल1 से फू है
print(module2.bar()) # आउटपुट: यह मॉड्यूल2 से बार है
```

पैकेज-स्तरीय आयात का उपयोग करना:
पैकेज की __init__.py फ़ाइल में, आप उन आयातों को परिभाषित कर सकते हैं जो पैकेज आयात करने पर उपलब्ध होंगे:
my_package/__init__.py:

```
.module1 आयात फू से
.module2 आयात बार से
```

अब आप पैकेज से सीधे फ़ंक्शंस आयात कर सकते हैं:

```
my_package से फू, बार आयात करें

प्रिंट(फू()) # आउटपुट: यह मॉड्यूल1 से फू है
प्रिंट(बार()) # आउटपुट: यह मॉड्यूल2 से बार है
```

संकुल का उपयोग संरचित और संगठित परियोजना पदानुक्रम बनाने के लिए किया जाता है। वे संबंधित मॉड्यूल को एक साथ समूहित करके बेहतर कोड संगठन, पुन: प्रयोज्यता और रखरखाव की अनुमति देते हैं।

12.3. फ़ाइल रखरखाव:

पायथन में फ़ाइल प्रबंधन में आपके कंप्यूटर के फ़ाइल सिस्टम पर फ़ाइलों के साथ काम करना शामिल है। यह आपको फ़ाइलों को पढ़ने और लिखने, उन्हें बनाने, खोलने, संशोधित करने और आवश्यकतानुसार बंद करने की अनुमति देता है।
पायथन में फ़ाइल प्रबंधन आपके कंप्यूटर के फ़ाइल सिस्टम पर संग्रहीत फ़ाइलों के साथ काम करने की प्रक्रिया को संदर्भित करता है। इसमें फाइलों को पढ़ना और लिखना, फाइलें बनाना और हटाना और फाइल से संबंधित संचालन को प्रबंधित करना जैसे कार्य शामिल हैं। पायथन अंतर्निहित फ़ंक्शन और विधियाँ प्रदान करता है जो आपको फ़ाइलों के साथ इंटरैक्ट करने और उन पर विभिन्न ऑपरेशन करने की अनुमति देता है।
फ़ाइल प्रबंधन विभिन्न कार्यों के लिए आवश्यक है जैसे बाहरी फ़ाइलों से डेटा को पढ़ना और संसाधित करना, फ़ाइलों में आउटपुट लिखना, कॉन्फ़िगरेशन फ़ाइलों के साथ काम करना, लॉग को संभालना और बहुत कुछ।
पायथन में सामान्य फ़ाइल प्रबंधन संचालन में शामिल हैं:

फ़ाइलें खोलना: आप किसी फ़ाइल को खोलने के लिए ओपन() फ़ंक्शन का उपयोग करते हैं। इसमें दो तर्क लगते हैं: फ़ाइल का नाम (पथ सहित) और वह मोड जिसमें आप फ़ाइल को खोलना चाहते हैं (पढ़ें, लिखें, जोड़ें, आदि)।

फ़ाइलें पढ़ना: आप किसी फ़ाइल की सामग्री को पढ़ने के लिए read(), readline(), और readlines() जैसी विधियों का उपयोग कर सकते हैं। ये विधियाँ आपको फ़ाइल की सामग्री को स्ट्रिंग या स्ट्रिंग की सूची के रूप में पढ़ने की अनुमति देती हैं।

पढ़ने के तरीके:

किसी फ़ाइल से सामग्री पढ़ने की विभिन्न विधियाँ हैं:

पढ़ना():फ़ाइल की संपूर्ण सामग्री को एक स्ट्रिंग के रूप में पढ़ता है।

पढ़ने के लिए लाइन():फ़ाइल से एक पंक्ति पढ़ता है.

रीडलाइन():फ़ाइल से सभी पंक्तियों को पढ़ता है और पंक्तियों की एक सूची लौटाता है।

फ़ाइलों को लिखना: किसी फ़ाइल में सामग्री लिखने के लिए राइट() विधि का उपयोग किया जाता है। नई सामग्री लिखने के लिए आप आमतौर पर फ़ाइल को राइट मोड ('w') में खोलते हैं। यदि फ़ाइल पहले से मौजूद है, तो इस मोड में लिखने से इसकी सामग्री अधिलेखित हो जाएगी।

लेखन विधियाँ:

किसी फ़ाइल में सामग्री लिखते समय, आप राइट() विधि का उपयोग कर सकते हैं। आप फ़ाइल में पंक्तियों की सूची लिखने के लिए राइटलाइन्स() विधि का भी उपयोग कर सकते हैं।

फ़ाइलों में जोड़ना: आप मौजूदा सामग्री को अधिलेखित किए बिना, फ़ाइल के अंत में नई सामग्री जोड़ने के लिए किसी फ़ाइल को एपेंड मोड ('ए') में खोल सकते हैं।

फ़ाइलें बंद करना: किसी फ़ाइल का काम पूरा करने के बाद, उसे क्लोज़() विधि का उपयोग करके बंद करना महत्वपूर्ण है। यह सिस्टम संसाधनों को रिलीज़ करता है और सुनिश्चित करता है कि परिवर्तन फ़ाइल में सहेजे गए हैं। किसी फ़ाइल को बंद करने की विधि, with कथन (संदर्भ प्रबंधक) का उपयोग करने की अनुशंसा की जाती है। with कथन यह सुनिश्चित करता है कि ब्लॉक से बाहर निकलने पर फ़ाइल स्वचालित रूप से बंद हो जाती है, भले ही कोई अपवाद हो।

कथन के साथ प्रयोग करना: फ़ाइल प्रबंधन के लिए with स्टेटमेंट (संदर्भ प्रबंधक) की अनुशंसा की जाती है। यह स्वचालित रूप से फ़ाइल के खुलने और बंद होने का प्रबंधन करता है, जिससे उचित संसाधन प्रबंधन सुनिश्चित होता है।

एक्सेप्शन हेंडलिंग: फ़ाइलों के साथ काम करते समय, आपको FileNotFoundError और PermissionError जैसे अपवादों को संभालना चाहिए। प्रयास और सिवाय ब्लॉक का उपयोग करने से आपके प्रोग्राम को अप्रत्याशित स्थितियों को शालीनता से संभालने में मदद मिलती है।

ये Python में फ़ाइल प्रबंधन के कुछ आवश्यक पहलू हैं। फ़ाइलों के साथ प्रभावी ढंग से काम करने, संसाधनों को प्रबंधित करने और अपवादों को संभालने के लिए इन अवधारणाओं को समझना महत्वपूर्ण है।

बाइनरी फ़ाइलें: टेक्स्ट फ़ाइलों के अलावा, आप 'बी' मोड का उपयोग करके बाइनरी फ़ाइलों के साथ काम कर सकते हैं। यह छवियों या ऑडियो जैसी गैर-पाठ फ़ाइलों को संभालने के लिए उपयोगी है।

फ़ाइल सूचक (कर्सर):

प्रत्येक फ़ाइल में एक फ़ाइल पॉइंटर होता है, जिसे कर्सर भी कहा जाता है। यह फ़ाइल में उस स्थिति को इंगित करता है जहां से अगला पढ़ने या लिखने का ऑपरेशन होगा। पढ़ने या लिखने के बाद फ़ाइल पॉइंटर पढ़े या लिखे गए बाइट्स की संख्या के अनुसार आगे बढ़ता है। आप सीक() विधि का उपयोग करके फ़ाइल पॉइंटर को मैन्युअल रूप से स्थानांतरित कर सकते हैं।

बाहरी स्रोतों से डेटा पढ़ने, भंडारण या ट्रांसमिशन के लिए डेटा लिखने और विभिन्न प्रकार की फ़ाइलों को प्रबंधित करने के लिए फ़ाइल प्रबंधन महत्वपूर्ण है। यह प्रोग्रामिंग का एक महत्वपूर्ण पहलू है, खासकर जब वास्तविक दुनिया के डेटा और इंटरैक्शन से निपटते हैं।

तरीका	**विवरण**
'आर'	पढ़ने के लिए टेक्स्ट फ़ाइल खोलें. यदि फ़ाइल मौजूद नहीं है तो I/O त्रुटि उत्पन्न होती है।
'आर+'	पढ़ने और लिखने के लिए फ़ाइल खोलें. यदि फ़ाइल मौजूद नहीं है तो I/O त्रुटि उत्पन्न होती है।
'डब्ल्यू'	लिखने के लिए फ़ाइल खोलें. यदि फ़ाइल पहले से मौजूद है तो उसे छोटा कर देता है। यदि यह मौजूद नहीं है तो एक नई फ़ाइल बनाता है।
'डब्ल्यू+'	पढ़ने और लिखने के लिए फ़ाइल खोलें. यदि फ़ाइल पहले से मौजूद है तो उसे छोटा कर देता है। यदि यह मौजूद नहीं है तो एक नई फ़ाइल बनाता है।
'ए'	लिखने के लिए फ़ाइल खोलें. लिखा जा रहा डेटा फ़ाइल के अंत में डाला जाएगा। यदि यह मौजूद नहीं है तो एक नई फ़ाइल बनाता है।
'ए+'	पढ़ने और लिखने के लिए फ़ाइल खोलें. लिखा जा रहा डेटा फ़ाइल के अंत में डाला जाएगा। यदि यह मौजूद नहीं है तो एक नई फ़ाइल बनाता है।
'आरबी'	बाइनरी प्रारूप में पढ़ने के लिए फ़ाइल खोलें। यदि फ़ाइल मौजूद नहीं है तो I/O त्रुटि उत्पन्न होती है।
'आरबी+'	बाइनरी प्रारूप में पढ़ने और लिखने के लिए फ़ाइल खोलें। यदि फ़ाइल मौजूद नहीं है तो I/O त्रुटि उत्पन्न होती है।
'डब्ल्यूबी'	बाइनरी प्रारूप में लिखने के लिए फ़ाइल खोलें। यदि फ़ाइल पहले से मौजूद है तो उसे छोटा कर देता है। यदि यह मौजूद नहीं है तो एक नई फ़ाइल बनाता है।
'डब्ल्यूबी+'	बाइनरी प्रारूप में पढ़ने और लिखने के लिए फ़ाइल खोलें। यदि फ़ाइल पहले से मौजूद है तो उसे छोटा कर देता है। यदि यह मौजूद नहीं है तो एक नई फ़ाइल बनाता है।
'अब'	बाइनरी प्रारूप में जोड़ने के लिए फ़ाइल खोलें। फ़ाइल के अंत में डेटा सम्मिलित करता है। यदि यह मौजूद नहीं है तो एक नई फ़ाइल बनाता है।
'अब+'	बाइनरी प्रारूप में पढ़ने और जोड़ने के लिए फ़ाइल खोलें। फ़ाइल के अंत में डेटा सम्मिलित करता है। यदि यह मौजूद नहीं है तो एक नई फ़ाइल बनाता है।

पायथन में फ़ाइल प्रबंधन में आपके कंप्यूटर के फ़ाइल सिस्टम पर फ़ाइलों के साथ काम करना शामिल है। यह आपको फ़ाइलों को पढ़ने और लिखने, उन्हें बनाने, खोलने, संशोधित करने और आवश्यकतानुसार बंद करने की अनुमति देता है। पायथन विभिन्न फ़ाइल हैंडलिंग ऑपरेशन करने के लिए अंतर्निहित फ़ंक्शन और तरीके प्रदान करता है।

यहां बताया गया है कि पायथन में सामान्य फ़ाइल हैंडलिंग ऑपरेशन कैसे करें:

एक फ़ाइल खोलना:

किसी फ़ाइल को खोलने के लिए, आप अंतर्निहित ओपन() फ़ंक्शन का उपयोग करते हैं। इसमें दो तर्क लगते हैं: फ़ाइल पथ और मोड (पढ़ें, लिखें, जोड़ें, आदि)।

```
# किसी फ़ाइल को रीड मोड में खोलना
फ़ाइल = खुला('myfile.txt', 'r')
```

किसी फ़ाइल से पढ़ना:

आप read() विधि का उपयोग करके किसी फ़ाइल की सामग्री को पढ़ सकते हैं:

```
सामग्री = फ़ाइल.पढ़ें()
प्रिंट(सामग्री)
फ़ाइल.बंद करें()
```

किसी फ़ाइल में लिखना:

किसी फ़ाइल में लिखने के लिए, आप इसे राइट मोड ('w') में खोल सकते हैं और राइट() विधि का उपयोग कर सकते हैं:

```
फ़ाइल = खुला('आउटपुट.txt', 'w')
फ़ाइल.लिखें("हैलो, विश्व!")
फ़ाइल.बंद करें()
```

किसी फ़ाइल में जोड़ना:

किसी मौजूदा फ़ाइल में सामग्री जोड़ने के लिए, इसे एपेंड मोड ('ए') में खोलें:

```
फ़ाइल = खुला('myfile.txt', 'a')
फ़ाइल.लिखें('\nयह एक नई पंक्ति है।')
फ़ाइल.बंद करें()
```

कथन के साथ प्रयोग (अनुशंसित):

काम पूरा हो जाने पर फ़ाइल को स्वचालित रूप से बंद करने के लिए with कथन (संदर्भ प्रबंधक) का उपयोग करने की अनुशंसा की जाती है। यह उचित संसाधन प्रबंधन सुनिश्चित करता है:

```
# स्टेटमेंट का उपयोग करके फ़ाइल से पढ़ना
फ़ाइल के रूप में open('myfile.txt', 'r') के साथ:
सामग्री = फ़ाइल.पढ़ें()
प्रिंट(सामग्री)

# with स्टेटमेंट का उपयोग करके किसी फ़ाइल में लिखना
फ़ाइल के रूप में open('output.txt', 'w') के साथ:
फ़ाइल.लिखें("हैलो, विश्व!")

# स्टेटमेंट का उपयोग करके फ़ाइल में जोड़ना
फ़ाइल के रूप में open('myfile.txt', 'a') के साथ:
फ़ाइल.लिखें('\nयह एक नई पंक्ति है।')
```

पंक्ति दर पंक्ति पढ़ना:

आप लूप का उपयोग करके किसी फ़ाइल को पंक्ति दर पंक्ति पढ़ सकते हैं:

```
फ़ाइल के रूप में open('myfile.txt', 'r') के साथ:
फ़ाइल में पंक्ति के लिए:
print(line.strip()) # न्यूलाइन कैरेक्टर को हटाने के लिए स्ट्रिप
```

बाहरी डेटा, कॉन्फ़िगरेशन फ़ाइलों, लॉग और बहुत कुछ के साथ काम करने के लिए फ़ाइल प्रबंधन आवश्यक है। यह सुनिश्चित करने के लिए कि संसाधन उपयोग के बाद जारी किए जाते हैं, क्लोज़() विधि का उपयोग करके या with कथन का उपयोग करके फ़ाइलों को ठीक से बंद करना याद रखें।

फ़ाइल संबंधित विधियाँ

फ़ाइल ऑब्जेक्ट विभिन्न ऑपरेटिंग सिस्टम पर फ़ाइलों में हेरफेर करने के लिए निम्नलिखित तरीके प्रदान करता है।

एस.एन.	तरीका	विवरण
1	फ़ाइल.बंद करें()	यह खुली हुई फाइल को बंद कर देता है। फ़ाइल एक बार बंद हो जाने पर, इसे अब पढ़ा या लिखा नहीं जा सकता।
2	फ़ाइल.फ़्श()	यह आंतरिक बफर को फ्लश करता है।
3	फ़ाइल.फ़ाइलनो()	यह ओएस से I/O का अनुरोध करने के लिए अंतर्निहित कार्यान्वयन द्वारा उपयोग किया गया फ़ाइल डिस्क्रिप्टर लौटाता है।
4	फ़ाइल.इसाट्टी()	यदि फ़ाइल TTY डिवाइस से कनेक्ट है तो यह सत्य लौटाता है, अन्यथा ग़लत लौटाता है।
5	फ़ाइल.अगला()	यह फ़ाइल से अगली पंक्ति लौटाता है।
6	फ़ाइल.पढ़ें([आकार])	यह निर्दिष्ट आकार के लिए फ़ाइल को पढ़ता है।
7	फ़ाइल.रीडलाइन([आकार])	यह फ़ाइल से एक पंक्ति पढ़ता है और फ़ाइल पॉइंटर को नई पंक्ति की शुरुआत में रखता है।
8	फ़ाइल.रीडलाइन([आकारसंकेत])	यह फ़ाइल की सभी पंक्तियों वाली एक सूची लौटाता है। यह फ़ाइल को तब तक पढ़ता है जब तक EOF रीडलाइन() फ़ंक्शन का उपयोग करके नहीं हो जाता।
9	फ़ाइल.खोज(ऑफ़सेट[,से)	यह निर्दिष्ट संदर्भ के साथ फ़ाइल पॉइंटर की स्थिति को निर्दिष्ट ऑफसेट में संशोधित करता है।
10	फ़ाइल.बताओ()	यह फ़ाइल के भीतर फ़ाइल पॉइंटर की वर्तमान स्थिति लौटाता है।
11	फ़ाइल.ट्रंकट([आकार])	यह फ़ाइल को वैकल्पिक निर्दिष्ट आकार में छोटा कर देता है।
12	फ़ाइल.लिखें(str)	यह निर्दिष्ट स्ट्रिंग को एक फ़ाइल में लिखता है
13	फ़ाइल.राइटलाइन(seq)	यह किसी फ़ाइल में स्ट्रिंग्स का अनुक्रम लिखता है।

12.4. नई निर्देशिका बनाएँ

आप अंतर्निहित ओएस मॉड्यूल का उपयोग करके पायथन में एक नई निर्देशिका (फ़ोल्डर) बना सकते हैं। ओएस मॉड्यूल निर्देशिका बनाने सहित ऑपरेटिंग सिस्टम के साथ बातचीत करने के लिए विभिन्न प्रकार के कार्य प्रदान करता है। यहां बताया गया है कि आप एक नई निर्देशिका कैसे बना सकते हैं:

```
ओएस आयात करें

# नई निर्देशिका का नाम निर्दिष्ट करें
new_directory = "my_new_directory"

# जांचें कि क्या निर्देशिका पहले से मौजूद है
यदि नहीं os.path.exists(new_directory):
# निर्देशिका बनाएं
os.makedirs(new_directory)
प्रिंट(f"निर्देशिका '{new_directory}' सफलतापूर्वक बनाई गई।")
अन्य:
प्रिंट(f"निर्देशिका '{new_directory}' पहले से मौजूद है।")
```

इस उदाहरण में, os.makedirs() फ़ंक्शन का उपयोग "my_new_directory" नामक एक नई निर्देशिका बनाने के लिए किया जाता है। निर्देशिका बनाने से पहले, कोड os.path.exists() का उपयोग करके जाँच करता है कि क्या यह पहले से मौजूद है। यदि निर्देशिका मौजूद नहीं है, तो इसे बनाने के लिए os.makedirs() का उपयोग किया जाता है।

याद रखें कि os.makedirs() फ़ंक्शन आवश्यक मध्यवर्ती निर्देशिकाएँ भी बनाता है। उदाहरण के लिए, यदि आप "parent_directory/child_directory" जैसी निर्देशिका संरचना बनाना चाहते हैं, तो फ़ंक्शन पैरेंट और चाइल्ड दोनों निर्देशिकाएं बनाएगा, यदि वे मौजूद नहीं हैं।

सुनिश्चित करें कि आपके पास आपके द्वारा निर्दिष्ट स्थान पर निर्देशिका बनाने के लिए आवश्यक अनुमतियाँ हैं। फॉर्म का शीर्ष

Getcwd() विधि

यह विधि वर्तमान कार्यशील निर्देशिका लौटाती है।

Getcwd() विधि का उपयोग करने का सिंटैक्स नीचे दिया गया है।

वाक्य - विन्यास

ओएस.getcwd()

उदाहरण

आयातओएस

ओएस.getcwd()

आउटपुट:

'सी:\\उपयोगकर्ता\\मनीष सोनी'

वर्तमान कार्यशील निर्देशिका को बदलना

पायथन में chdir() विधि ओएस मॉड्यूल का एक हिस्सा है, जो ऑपरेटिंग सिस्टम के साथ इंटरैक्ट करने के लिए विभिन्न फ़ंक्शन प्रदान करता है। Chdir() विधि का उपयोग विशेष रूप से वर्तमान कार्यशील निर्देशिका को निर्दिष्ट निर्देशिका पथ में बदलने के लिए किया जाता है। वर्तमान कार्यशील निर्देशिका वह निर्देशिका है जिससे आपकी पायथन स्क्रिप्ट वर्तमान में चल रही है।

वाक्य - विन्यास

os.chdir('नई-निर्देशिका-पथ')

ओएस: यह उस ओएस मॉड्यूल को संदर्भित करता है जिसे आपको इसके कार्यों का उपयोग करने से पहले आयात करने की आवश्यकता है।

"नई-निर्देशिका-पथ": यह उस निर्देशिका का पथ है जिसमें आप वर्तमान कार्यशील निर्देशिका को बदलना चाहते हैं।

Chdir() का उद्देश्य:

जब आपकी पायथन स्क्रिप्ट चल रही हो तो chdir() विधि आपको आपके कंप्यूटर के फाइल सिस्टम पर विभिन्न निर्देशिकाओं के भीतर नेविगेट करने और संचालन करने की अनुमति देने के उद्देश्य से कार्य करती है।

Chdir() का उपयोग क्यों करें:

फ़ाइल संचालन: यदि आपकी पायथन स्क्रिप्ट को किसी विशिष्ट निर्देशिका में स्थित फ़ाइलों पर ऑपरेशन (पढ़ना, लिखना, हटाना आदि) करने की आवश्यकता है, तो आप ऑपरेशन करने से पहले उस निर्देशिका पर स्विच करने के लिए chdir() का उपयोग कर सकते हैं।

संगठन: विभिन्न निर्देशिकाओं में स्थित कई फ़ाइलों के साथ काम करते समय, chdir() का उपयोग करने से आपके कोड को व्यवस्थित रखने में मदद मिल सकती है और हर बार जब आप किसी फ़ाइल तक पहुंचते हैं तो पूर्ण पथ प्रदान करने की आवश्यकता को रोका जा सकता है।

सापेक्ष पथ: सापेक्ष पथों (वर्तमान कार्यशील निर्देशिका से संबंधित पथ) के साथ chdir() का उपयोग करने से आपका कोड अधिक पोर्टेबल और विभिन्न वातावरणों में बनाए रखना आसान हो सकता है।

मॉड्यूल और पैकेज आयात: कुछ मामलों में, पायथन मॉड्यूल या पैकेज विशिष्ट निर्देशिकाओं में स्थित हो सकते हैं। कार्यशील निर्देशिका को बदलने से इन मॉड्यूल या पैकेजों को आयात करना सरल हो सकता है।

डाटा प्रासेसिंग: यदि आपकी स्क्रिप्ट विभिन्न निर्देशिकाओं में संग्रहीत डेटा को संसाधित करती है, तो chdir() का उपयोग करने से डेटा प्रोसेसिंग कार्यों को सुव्यवस्थित करने में मदद मिल सकती है।

यह ध्यान रखना महत्वपूर्ण है कि जबकि chdir() उपयोगी हो सकता है, स्पष्टता के लिए और विभिन्न निर्देशिकाओं के साथ काम करते समय अप्रत्याशित व्यवहार से बचने के लिए अक्सर निरपेक्ष पथ (रूट निर्देशिका से पूर्ण पथ) का उपयोग करने की अनुशंसा की जाती है।

याद रखें कि कार्यशील निर्देशिका को बदलने से उस संदर्भ पर असर पड़ता है जिसमें आपकी स्क्रिप्ट संचालित होती है, इसलिए इसे सावधानी से उपयोग करें और सुनिश्चित करें कि आप परिणामों को समझें।

वर्तमान कार्यशील निर्देशिका को बदलने के लिए पायथन में chdir() विधि का उपयोग कैसे करें:

```
ओएस आयात करें
# नई निर्देशिका का पथ निर्दिष्ट करें
new_directory_path = "C:\\Users\\MANISH SONI\\Documents"

# वर्तमान कार्यशील निर्देशिका को नई निर्देशिका में बदलें
os.chdir(new_directory_path)

# वर्तमान कार्यशील निर्देशिका प्राप्त करें और प्रदर्शित करें
current_directory = os.getcwd()
प्रिंट करें ("वर्तमान कार्यशील निर्देशिका:", current_directory)
```

इस उदाहरण में:

- ओएस मॉड्यूल को इसके कार्यों का उपयोग करने के लिए आयात किया जाता है।
- New_directory_path वैरिएबल उस नई निर्देशिका के वांछित पथ पर सेट है जिस पर आप स्विच करना चाहते हैं।
- os.chdir() विधि का उपयोग वर्तमान कार्यशील निर्देशिका को निर्दिष्ट पथ (new_directory_path) में बदलने के लिए किया जाता है।
- फिर os.getcwd() विधि का उपयोग वर्तमान कार्यशील निर्देशिका प्राप्त करने और उसे current_directory चर में संग्रहीत करने के लिए किया जाता है।
- अंत में, वर्तमान कार्यशील निर्देशिका को प्रिंट() का उपयोग करके मुद्रित किया जाता है।

Chdir() विधि का उपयोग करके, आप अपनी पायथन स्क्रिप्ट के भीतर अपने फ़ाइल सिस्टम में विभिन्न निर्देशिकाओं पर नेविगेट कर सकते हैं। यह तब उपयोगी हो सकता है जब आपको विशिष्ट स्थानों में फ़ाइलों के साथ काम करने की आवश्यकता हो।

फ़ाइल संबंधित विधियाँ

फ़ाइल ऑब्जेक्ट विभिन्न ऑपरेटिंग सिस्टम पर फ़ाइलों में हेरफेर करने के लिए निम्नलिखित तरीके प्रदान करता है।

एस.एन.	तरीका	विवरण
1	फ़ाइल.बंद करें()	यह खुली हुई फाइल को बंद कर देता है। फ़ाइल एक बार बंद हो जाने पर, इसे अब पढ़ा या लिखा नहीं जा सकता।
2	फ़ाइल.फ़्श()	यह आंतरिक बफर को फ्लश करता है।
3	फ़ाइल.फ़ाइलनो()	यह ओएस से I/O का अनुरोध करने के लिए अंतर्निहित कार्यान्वयन द्वारा उपयोग किया गया फ़ाइल डिस्क्रिप्टर लौटाता है।
4	फ़ाइल.इसाट्टी()	यदि फ़ाइल TTY डिवाइस से कनेक्ट है तो यह सत्य लौटाता है, अन्यथा ग़लत लौटाता है।
5	फ़ाइल.अगला()	यह फ़ाइल से अगली पंक्ति लौटाता है।
6	फ़ाइल.पढ़ें([आकार])	यह निर्दिष्ट आकार के लिए फ़ाइल को पढ़ता है।
7	फ़ाइल.रीडलाइन([आकार])	यह फ़ाइल से एक पंक्ति पढ़ता है और फ़ाइल पॉइंटर को नई पंक्ति की शुरुआत में रखता है।
8	फ़ाइल.रीडलाइन([आकारसंकेत])	यह फ़ाइल की सभी पंक्तियों वाली एक सूची लौटाता है। यह फ़ाइल को तब तक पढ़ता है जब तक EOF रीडलाइन() फ़ंक्शन का उपयोग करके नहीं हो जाता।
9	फ़ाइल.खोज(ऑफ़सेट[,से)	यह निर्दिष्ट संदर्भ के साथ फ़ाइल पॉइंटर की स्थिति को निर्दिष्ट ऑफसेट में संशोधित करता है।
10	फ़ाइल.बताओ()	यह फ़ाइल के भीतर फ़ाइल पॉइंटर की वर्तमान स्थिति लौटाता है।
11	फ़ाइल.ट्रंकट([आकार])	यह फ़ाइल को वैकल्पिक निर्दिष्ट आकार में छोटा कर देता है।
12	फ़ाइल.लिखें(str)	यह निर्दिष्ट स्ट्रिंग को एक फ़ाइल में लिखता है

13	फ़ाइल.राइटलाइन(seq)	यह किसी फ़ाइल में स्ट्रिंग्स का अनुक्रम लिखता है।

12.6. त्रुटि और अपवाद प्रबंधन

त्रुटि और अपवाद प्रबंधन प्रोग्रामिंग का एक अनिवार्य हिस्सा है, विशेष रूप से पायथन में, जहां प्रोग्राम निष्पादन के दौरान विभिन्न प्रकार की त्रुटियां और अपवाद हो सकते हैं। इन स्थितियों को संभालने का तरीका समझने से आपको मजबूत, दोष-सहिष्णु कोड लिखने में मदद मिल सकती है। यहां पायथन में त्रुटि और अपवाद प्रबंधन के विषयों का अवलोकन दिया गया है:

त्रुटियों के प्रकार

सिंटैक्स त्रुटियाँ: तब होती हैं जब पार्सर गलत कथन का पता लगाता है।

तार्किक त्रुटियाँ: जिन्हें बग के रूप में भी जाना जाता है; ऐसा तब होता है जब कोड अपेक्षानुसार कार्य नहीं करता है।

रनटाइम त्रुटियाँ: प्रोग्राम के निष्पादन के दौरान होती हैं और वाक्यात्मक रूप से गलत नहीं होती हैं, जिन्हें आमतौर पर अपवाद के रूप में जाना जाता है।

बुनियादी अपवाद हैंडलिंग

प्रयास करें और ब्लॉक को छोड़कर: पायथन में अपवादों को पकड़ने के लिए बुनियादी संरचना।

कोशिश करना:

कोड जो अपवाद उत्पन्न कर सकता है

कुछ अपवाद को छोड़कर:

कोड जो SomException उठाए जाने पर चलेगा

अनेक अपवादों को पकड़ना: आप एक ही ब्लॉक में अनेक अपवादों को पकड़ सकते हैं।

कोशिश करना:

#कोड

सिवाय (कुछ अपवाद, अन्य अपवाद):

#कोड

खण्ड को छोड़कर सामान्य: किसी भी अपवाद को पकड़ता है लेकिन आम तौर पर इसकी व्यापक प्रकृति के कारण इसकी अनुशंसा नहीं की जाती है।

कोशिश करना:

#कोड

के अलावा:

#कोड

अन्यथा खंड: यदि प्रयास ब्लॉक अपवाद उत्पन्न नहीं करता है तो निष्पादित होता है।

कोशिश करना:

#कोड

कुछ अपवाद को छोड़कर:

#कोड

अन्य:

#कोड

अंततः खंड: हमेशा चलता है, चाहे कोई अपवाद उठाया गया हो या नहीं।

उन्नत अपवाद हैंडलिंग

अपवाद उठाना: अपवादों को मैन्युअल रूप से ट्रिगर करने के लिए raise कीवर्ड का उपयोग करना।

उपयोगकर्ता-परिभाषित अपवाद: अपने स्वयं के कस्टम अपवाद बनाना।

नेस्टेड एक्सेप्शन हैंडलिंग: नेस्टेड तरीके से अपवादों को संभालने के लिए एकाधिक प्रयास/छोड़कर ब्लॉक का उपयोग करना।

अपवाद गुण और विधियाँ

तर्क गुण: तर्कों को अपवाद में पारित करने के लिए।

with_traceback() विधि: अपवाद के लिए ट्रेसबैक सेट करने के लिए।

अंतर्निहित अपवाद

सामान्य अंतर्निहित अपवाद: वैल्यूएरर, टाइपएरर, इंडेक्सएरर, कीएरर, फाइलनॉटफाउंडएरर, आदि।
अपवाद शृंखला
से का उपयोग करना: अपवादों को श्रृंखलाबद्ध करना और संदर्भ प्रदान करना, उदाहरण के लिए, कुछ अपवाद को कोई नहीं से बढ़ाएं।
अपवाद लॉगिंग
लॉगिंग मॉड्यूल का उपयोग करना: डिबगिंग उद्देश्यों के लिए अपवादों को प्रभावी ढंग से कैसे लॉग करें।
अपवाद सर्वोत्तम प्रथाएँ
अपवादों को न दबाएँ: उन ब्लॉकों को छोड़कर खाली होने से बचें जो सभी अपवादों को पकड़ते हैं लेकिन कुछ नहीं करते हैं।
विशिष्ट बनें: छिपी हुई समस्याओं से बचने के लिए उन अपवादों को पकड़ें जिनकी आप अपेक्षा करते हैं, सभी अपवादों को नहीं।
अंतर्निहित अपवादों का उपयोग करें: जब भी संभव हो, कस्टम अपवाद बनाने के बजाय पायथन के अंतर्निहित अपवादों का उपयोग करें।
वास्तविक दुनिया के अनुप्रयोग
डेटा सत्यापन: अनुप्रयोगों में डेटा इनपुट को मान्य करने के लिए अपवाद हैंडलिंग का उपयोग करना।
फ़ाइल संचालन: I/O संचालन को शानदार ढंग से संभालने के लिए अपवाद हैंडलिंग का उपयोग करना।
नेटवर्क अनुरोध: एपीआई कॉल में नेटवर्क से संबंधित अपवादों को संभालना।
इन विषयों को समझने से आपको पायथन में त्रुटि और अपवाद प्रबंधन का एक व्यापक दृष्टिकोण मिलेगा, जिससे आप लचीला कोड लिखने में सक्षम होंगे जो अप्रत्याशित घटनाओं को खूबसूरती से संभाल सकता है।

सारांश

बुनियादी पढ़ने, लिखने और जोड़ने के संचालन के अलावा, पायथन सीक () और टेल () जैसी विधियों के माध्यम से फ़ाइल पोजिशनिंग के लिए कार्यक्षमता भी प्रदान करता है। सीक () विधि आपको फ़ाइल में एक विशेष बाइट स्थिति पर जाने की अनुमति देती है, और टेल () वर्तमान स्थिति देती है, जो उन परिदृश्यों के लिए उपयोगी है जहां आपको फ़ाइल के किन हिस्सों को पढ़ने या लिखने के लिए अधिक नियंत्रण की आवश्यकता होती है।
पायथन आरबी और डब्ल्यूबी जैसे मोड के साथ बाइनरी फ़ाइलों को पढ़ने और लिखने की सुविधा भी देता है, जो छवियों या निष्पादन योग्य कार्यक्रमों जैसी गैर-पाठ फ़ाइलों से निपटने के लिए आवश्यक है।
अपवाद प्रबंधन मजबूत फ़ाइल संचालन में एक महत्वपूर्ण भूमिका निभाता है, जो प्रोग्राम को गुम फ़ाइलों या अनुमतियों की कमी जैसे मुद्दों को शानदार ढंग से संभालने में सक्षम बनाता है। इसे आमतौर पर प्रयास और सिवाय ब्लॉक का उपयोग करके कार्यान्वित किया जाता है।
ओएस और शटिल मॉड्यूल फ़ाइल और निर्देशिका प्रबंधन के लिए उपयोगिताएँ प्रदान करते हैं, जिससे आप प्रोग्रामेटिक रूप से फ़ाइलें और निर्देशिकाएँ बना सकते हैं, हटा सकते हैं या स्थानांतरित कर सकते हैं। यह वर्कफ़्लो को स्वचालित करने के लिए विशेष रूप से उपयोगी है जिसमें फ़ाइल सिस्टम संचालन शामिल है।
इसके अलावा, पायथन के समृद्ध पारिस्थितिकी तंत्र में पुस्तकालय शामिल हैं जिनका उपयोग अधिक उन्नत फ़ाइल प्रबंधन कार्यों के लिए किया जा सकता है, जैसे संपीड़ित फ़ाइलों (जीज़िप, ज़िपफाइल) के साथ काम करना, एफ़टीपी सर्वर (एफटीपीएलबी) से कनेक्ट करना, और यहां तक कि Google शीट्स या एक्सेल फ़ाइलों को पढ़ना और लिखना (जीस्प्रेड, ओपनपाइक्सएल)।
कुल मिलाकर, पायथन में फ़ाइल प्रबंधन एक व्यापक और लचीला डोमेन है, जो बुनियादी से लेकर उन्नत फ़ाइल हेरफेर तक क्षमताओं की एक विस्तृत श्रृंखला प्रदान करता है, जो इसे कई प्रोग्रामिंग कार्यों के लिए एक महत्वपूर्ण कौशल बनाता है।

अभ्यास 1:

बहुविकल्पीय प्रश्न (एमसीक्यू):

प्रश्न 1:फ़ाइल प्रबंधन में r+ मोड क्या दर्शाता है?

ए) केवल पढ़ने योग्य मोड बी) केवल-लिखें मोड

ग) पढ़ने और लिखने का तरीका डी) मोड जोड़ें

प्रश्न 2:कौन सी विधि संपूर्ण फ़ाइल सामग्री को एक स्ट्रिंग के रूप में पढ़ती है?

ए) रीड() बी) रीडलाइन()

सी) रीडलाइन() डी) रीडफाइल()

प्रश्न 3:कॉपी और मूव जैसे उच्च-स्तरीय फ़ाइल संचालन के लिए किस अंतर्निहित मॉड्यूल का उपयोग किया जाता है?

ए) ओएस बी) sys

ग) शटिल डी) फाइलयूटिल

प्रश्न 4:फ़ाइल पॉइंटर की वर्तमान स्थिति ज्ञात करने के लिए किस विधि का उपयोग किया जाता है?

ए) बताओ() बी) तलाश()

ग) पता लगाएं() घ) खोजें()

प्रश्न 5:निम्नलिखित में से कौन सा मोड टेक्स्ट जोड़ने के लिए फ़ाइल खोलता है?

ए) डब्ल्यू बी) डब्ल्यूबी

सीए डी) आर

प्रश्न 6:ओपन() का उपयोग करके फ़ाइल खोलते समय डिफ़ॉल्ट मोड क्या है?

ए) डब्ल्यू बी) डब्ल्यूबी

सीए डी) आर

प्रश्न 7:कौन सा फ़ंक्शन खुली हुई फ़ाइल को बंद कर देता है?

एक पास() बी) बाहर निकलना()

ग) छोड़ें() डी) शट डाउन()

प्रश्न 8:निम्नलिखित कोड स्निपेट आउटपुट क्या होगा?

f के रूप में open('file.txt', 'r') के साथ:

प्रिंट(f.बंद)

प्रिंट(f.बंद)

क) सच सच है ख) गलत सच

ग) मिथ्या असत्य घ) सत्य असत्य

उत्तर

1. ए 2. ए 3. सी 4. ए 5. सी 6. डी 7. ए 8. बी

व्यायाम 2:

सही/गलत प्रश्न:

प्रश्न 1:किसी फ़ाइल को खोलने के बाद उसे with स्टेटमेंट के साथ बंद करना अनिवार्य है।

प्रश्न 2:रीडलाइन्स () विधि संपूर्ण फ़ाइल सामग्री को पढ़ती है और इसे स्ट्रिंग्स की सूची के रूप में लौटाती है।

प्रश्न 3:पहले से मौजूद फ़ाइल को खोलने के लिए w मोड का उपयोग करने से फ़ाइल ओवरराइट हो जाएगी

प्रश्न 4:तलाश () विधि केवल फ़ाइल पॉइंटर को आगे ले जा सकती है, पीछे नहीं।

प्रश्न 5:ओएस मॉड्यूल का उपयोग टेक्स्ट और बाइनरी फ़ाइलों को पढ़ने और लिखने के लिए किया जा सकता है।

उत्तर

1. गलत 2. सही 3. सही 4. गलत 5. गलत

व्यायाम 3:

समीक्षा प्रश्न:

प्रश्न 1:पायथन मॉड्यूल क्या है और यह स्क्रिप्ट से कैसे भिन्न है?

प्रश्न 2:आप पायथन मॉड्यूल कैसे आयात करते हैं?

प्रश्न 3:__name__ वेरिएबल क्या है और यह मॉड्यूल से कैसे संबंधित है?
प्रश्न 4:आप अपना खुद का पायथन पैकेज कैसे बनाते हैं?
प्रश्न 5:किसी पैकेज में __init__.py फ़ाइल का उद्देश्य क्या है?
प्रश्न 6:क्या आप किसी मॉड्यूल से विशिष्ट फ़ंक्शन या कक्षाएं आयात कर सकते हैं?
प्रश्न 7:मॉड्यूल आयात करते समय as कीवर्ड क्या करता है?
प्रश्न 8:सापेक्ष आयात क्या हैं और पैकेजों में उनका उपयोग कैसे किया जाता है?
प्रश्न 9:पायथन स्टैंडर्ड लाइब्रेरी क्या है?
प्रश्न 10:आप किसी मॉड्यूल में परिभाषित सभी फ़ंक्शंस और वेरिएबल्स को कैसे सूचीबद्ध करेंगे?
प्रश्न 11:आप पढ़ने के लिए पायथन में एक फ़ाइल कैसे खोलते हैं?
प्रश्न 12:पायथन में उपलब्ध विभिन्न फ़ाइल मोड क्या हैं?
प्रश्न 13:आप पायथन में किसी फ़ाइल को कैसे लिखते हैं?
प्रश्न 14:किसी फ़ाइल से पढ़ने के लिए कौन सी विधियाँ उपलब्ध हैं?
प्रश्न 15:आप किसी फ़ाइल को कैसे बंद करते हैं और यह महत्वपूर्ण क्यों है?
प्रश्न 16:आप Python में JSON फ़ाइल कैसे पढ़ते और लिखते हैं?
प्रश्न 17:आप फ़ाइल संचालन के दौरान अपवादों को कैसे संभालते हैं?
प्रश्न 18:विद स्टेटमेंट क्या है और यह फ़ाइल प्रबंधन में कैसे उपयोगी है?
प्रश्न 19:आप पायथन में एक बड़ी फ़ाइल को पंक्ति-दर-पंक्ति कैसे पढ़ते हैं?
प्रश्न 20:आप पायथन का उपयोग करके फ़ाइलों को कैसे स्थानांतरित, कॉपी या हटा सकते हैं?

अध्याय 13: मातपलोटलिब

मैटप्लोटलिब पायथन

मैटप्लोटलिब पायथन प्रोग्रामिंग भाषा के लिए व्यापक रूप से उपयोग की जाने वाली प्लॉटिंग लाइब्रेरी है। 2002 में जॉन हंटर द्वारा विकसित, यह पायथन अनुप्रयोगों में प्लॉट एम्बेड करने के लिए एक ऑब्जेक्ट-ओरिएंटेड एपीआई प्रदान करता है, साथ ही विभिन्न प्रकार के स्थिर, इंटरैक्टिव और एनिमेटेड विज़ुअलाइज़ेशन उत्पन्न करने के लिए एक कार्यात्मक इंटरफ़ेस भी प्रदान करता है। Matplotlib को अक्सर 2D और 3D ग्राफ़, बार चार्ट, स्कैटर प्लॉट, हिस्टोग्राम और कई अन्य प्रकार के विज़ुअलाइज़ेशन बनाने के लिए डेटा विश्लेषण, वैज्ञानिक कंप्यूटिंग और कृत्रिम बुद्धिमत्ता कार्यों में नियोजित किया जाता है।

लाइब्रेरी अत्यधिक अनुकूलन योग्य है, जो आपको मार्करों के आकार और प्रकार से लेकर लेबल और अक्षों की स्टाइलिंग तक, प्लॉट के लगभग हर पहलू को नियंत्रित करने की अनुमति देती है। यह लचीलापन इसे वैज्ञानिक पत्रों के लिए आंकड़े तैयार करने, वेब अनुप्रयोगों के लिए ग्राफ़ बनाने, या बस ग्राफ़िक रूप से डेटा की खोज करने के लिए उपयुक्त बनाता है। Matplotlib का उपयोग अक्सर अन्य डेटा विज्ञान पुस्तकालयों जैसे संख्यात्मक गणना के लिए NumPy और डेटा हेरफेर के लिए पांडा के साथ संयोजन में किया जाता है, जो डेटा का विश्लेषण और प्रस्तुत करने के लिए एक व्यापक टूलकिट प्रदान करता है।

मैटप्लोटलिब का डिज़ाइन MATLAB से प्रेरित था, और यह एक बड़े और सक्रिय समुदाय के साथ पायथन के लिए सबसे मजबूत प्लॉटिंग लाइब्रेरी में से एक बन गया है जो लगातार इसके विकास में योगदान देता है। चाहे आप सरल ग्राफ़ बनाने के इच्छुक शुरुआती हों या जटिल विज़ुअलाइज़ेशन का लक्ष्य रखने वाले एक अनुभवी डेटा वैज्ञानिक हों, मैटप्लोटलिब इसे प्राप्त करने के लिए उपकरण प्रदान करता है।

Matplotlib पायथन में एक लोकप्रिय डेटा विज़ुअलाइज़ेशन लाइब्रेरी है जो विभिन्न प्रारूपों में स्थिर, एनिमेटेड और इंटरैक्टिव विज़ुअलाइज़ेशन बनाने के लिए उपकरणों की एक विस्तृत श्रृंखला प्रदान करती है। इसका व्यापक रूप से चार्ट, प्लॉट, ग्राफ़, हिस्टोग्राम और डेटा के अन्य दृश्य प्रतिनिधित्व बनाने के लिए उपयोग किया जाता है।

यहां मैटप्लोटलिब और इसकी प्रमुख विशेषताओं का संक्षिप्त विवरण दिया गया है:

13.1. इंस्टालेशन: Matplotlib Python मानक लाइब्रेरी में शामिल नहीं है, इसलिए आपको इसे निम्नलिखित कमांड का उपयोग करके इंस्टॉल करना होगा:

पाइप matplotlib स्थापित करें

matplotlib एक ओपन-सोर्स पायथन लाइब्रेरी है जिसका उपयोग ग्राफ़ को प्लॉट करने के लिए किया जाता है। इसकी कल्पना मूल रूप से 2002 में जॉन डी. हंटर द्वारा की गई थी। संस्करण 2003 में जारी किया गया था, और नवीनतम संस्करण 3.1.1 1 जुलाई 2019 को जारी किया गया है।

यह ग्राफ़िकल रूप के माध्यम से डेटा का प्रतिनिधित्व करता है। ग्राफ़िकल रूप स्कैटर प्लॉट, बार ग्राफ़, हिस्टोग्राम, एरिया प्लॉट, पाई प्लॉट आदि हो सकता है। मैटप्लोटलिब लाइब्रेरी का उपयोग आमतौर पर डेटा विज़ुअलाइज़ेशन के लिए किया जाता है। डेटा विज़ुअलाइज़ेशन हमें संगठन के लिए प्रभावी निर्णय लेने की अनुमति देता है।

आइए matplotlib की स्थापना देखें।

matplotlib संस्थापित कर रहा हूँ

मैटप्लोटलिब लाइब्रेरी के साथ काम करने से पहले, हमें इसे पायथन वातावरण में स्थापित करना होगा। आइए matplotlib लाइब्रेरी स्थापित करने की निम्नलिखित विधि देखें।

पायथन के एनाकोंडा वितरण का उपयोग करना

एनाकोंडा वितरण matplotlib लाइब्रेरी को स्थापित करने का सबसे आसान तरीका है क्योंकि इसमें matplotlib पहले से इंस्टॉल है। इसलिए हमें आगे इंस्टालेशन की आवश्यकता नहीं है।

इसकी आधिकारिक साइट पर जाएं और डाउनलोड बटन पर क्लिक करें।

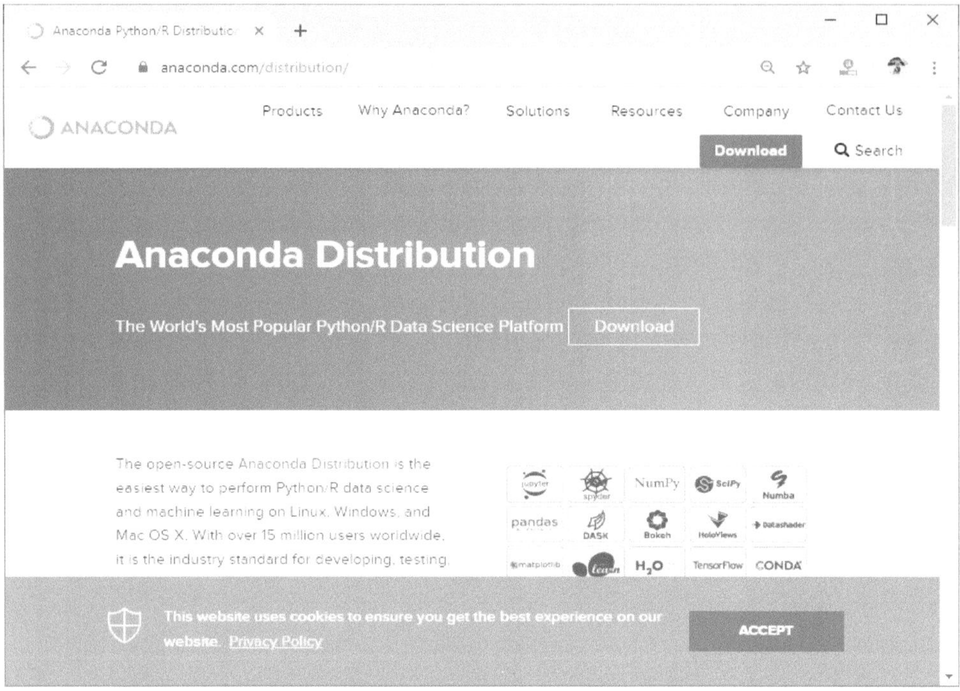

अपने पायथन दुभाषिया कॉन्फ़िगरेशन के अनुसार संस्करण डाउनलोड करें का चयन करें।

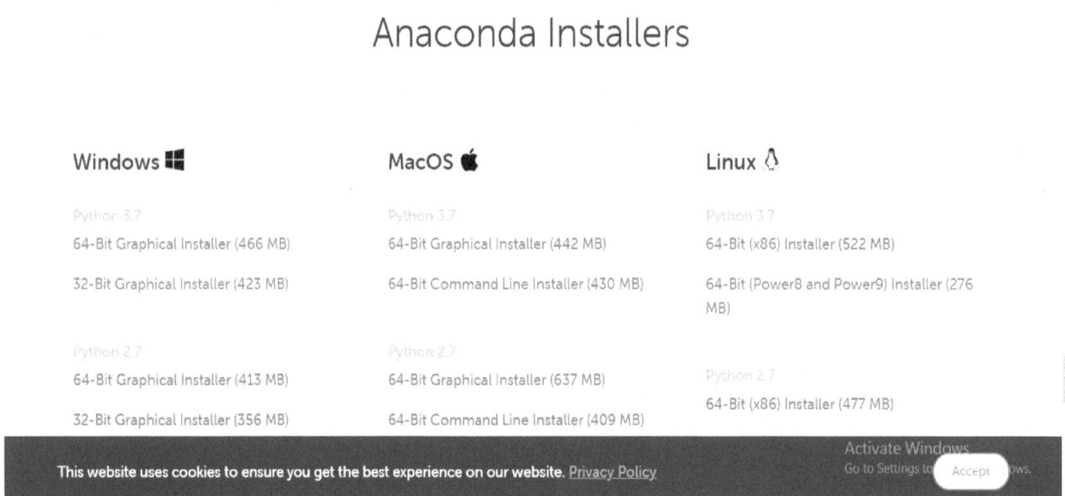

पिप कमांड का उपयोग करना

पिप का उपयोग matplotlib लाइब्रेरी को स्थापित करने के लिए भी किया जा सकता है। कमांड प्रॉम्प्ट खोलें, निम्न कमांड टाइप करें।

पाइप matplotlib स्थापित करें

स्थापना की पुष्टि करें

यह सत्यापित करने के लिए कि matplotlib ठीक से स्थापित है या नहीं, टर्मिनल में निम्न कमांड टाइप करें जिसमें कॉलिंग .__version __ शामिल है।

आयातmatplotlib
matplotlib.__संस्करण__
'3.1.1'

अब, हम matplotlib के साथ काम करने के लिए तैयार हैं।
मूल उदाहरण: यहां Matplotlib का उपयोग करके एक बुनियादी लाइन प्लॉट बनाने का एक सरल उदाहरण दिया गया है:
matplotlib.pyplot को plt के रूप में आयात करें

नमूना डेटा
एक्स = [1, 2, 3, 4, 5]
y = [10, 15, 7, 12, 9]

एक लाइन प्लॉट बनाएं
plt.प्लॉट(x, y)

# लेबल और शीर्षक जोड़ें
plt.xlabel('एक्स-अक्ष')
plt.ylabel('Y-अक्ष')
plt.title('सिंपल लाइन प्लॉट')

कथानक प्रदर्शित करें
plt.शो()

प्रमुख विशेषताऐं:
प्रयोग करने में आसान: Matplotlib विभिन्न प्रकार के प्लॉट और विज़ुअलाइज़ेशन बनाने के लिए एक सरल और सहज इंटरफ़ेस प्रदान करता है।
भूखंडों की विस्तृत श्रृंखला: यह विभिन्न प्रकार के प्लॉट प्रकारों का समर्थन करता है, जिसमें लाइन प्लॉट, स्कैटर प्लॉट, बार प्लॉट, हिस्टोग्राम, पाई चार्ट और बहुत कुछ शामिल हैं।
अनुकूलन: आप रंग, शैली, लेबल, मार्कर, किंवदंतियाँ और एनोटेशन सहित अपने प्लॉट के लगभग हर पहलू को अनुकूलित कर सकते हैं।
एकाधिक अक्ष: Matplotlib आपको एक ही आकृति के भीतर कई अक्ष बनाने की अनुमति देता है, जिससे आप सबप्लॉट के जटिल लेआउट बनाने में सक्षम होते हैं।
डेटा विज़ुअलाइज़ेशन: इसका व्यापक रूप से विभिन्न स्रोतों से डेटा को विज़ुअलाइज़ करने के लिए उपयोग किया जाता है, जैसे सीएसवी फ़ाइलें, डेटाबेस और पांडा जैसे डेटा हेरफेर लाइब्रेरी।
प्रकाशन-गुणवत्ता वाले प्लॉट: मैटप्लोटलिब के प्लॉट अत्यधिक अनुकूलन योग्य हैं और शोध पत्रों, रिपोर्टों और प्रस्तुतियों के लिए प्रकाशन-गुणवत्ता वाले आंकड़े बनाने के लिए उपयुक्त हैं।
इंटरैक्टिव विज़ुअलाइज़ेशन: इंटरैक्टिव प्लॉट बनाने के लिए Matplotlib को अन्य लाइब्रेरी जैसे mplcursors, matplotlib.widgets और अन्य के साथ जोड़ा जा सकता है।
एकीकरण: Matplotlib का उपयोग विभिन्न GUI फ्रेमवर्क में किया जा सकता है, जैसे Tkinter, Qt, और Jupyter नोटबुक।
3डी प्लॉट: Matplotlib 3D डेटा और सतहों को देखने के लिए 3D प्लॉटिंग का भी समर्थन करता है।
Matplotlib बहुत अधिक लचीलापन प्रदान करता है, लेकिन इसकी सभी विशेषताओं में महारत हासिल करने के लिए कुछ सीखने की आवश्यकता हो सकती है। इसके अतिरिक्त, मैटप्लोटलिब के शीर्ष पर सीबॉर्न और प्लॉटली जैसे अन्य पुस्तकालय भी बनाए गए हैं, जो और भी अधिक उन्नत विज़ुअलाइज़ेशन और शैलियाँ प्रदान करते हैं।

13.2. पायथन में matplotlib.pyplot

matplotlib.pyplotपायथन में मैटप्लोटलिब लाइब्रेरी का एक सबमॉड्यूल है, जो विभिन्न प्रकार के प्लॉट और विज़ुअलाइज़ेशन बनाने के लिए एक सुविधाजनक इंटरफ़ेस प्रदान करता है। यह ग्राफ़, चार्ट और डेटा के अन्य दृश्य प्रस्तुतीकरण उत्पन्न करने के लिए एक शक्तिशाली उपकरण है।
सरल लाइन प्लॉट बनाने के लिए matplotlib.pyplot का उपयोग कैसे करें इसका एक बुनियादी उदाहरण यहां दिया गया है:
matplotlib.pyplot को plt के रूप में आयात करें

नमूना डेटा

एक्स = [1, 2, 3, 4, 5]
y = [2, 4, 6, 8, 10]

# एक लाइन प्लॉट बनाएं
plt.plot(x, y, मार्कर='o', लाइनस्टाइल='-', रंग='बी', लेबल='डेटा')

# लेबल और शीर्षक जोड़ें
plt.xlabel('एक्स-अक्ष')
plt.ylabel('Y-अक्ष')
plt.title('सिंपल लाइन प्लॉट')

एक किंवदंती जोड़ें
पीएलटी.लीजेंड()

कथानक दिखाओ
plt.शो()

इस उदाहरण में, लाइन प्लॉट बनाने के लिए plt.plot() का उपयोग किया जाता है। मार्कर पैरामीटर डेटा बिंदुओं के लिए मार्कर शैली निर्दिष्ट करता है, लाइनस्टाइल पैरामीटर लाइन शैली निर्दिष्ट करता है, और रंग पैरामीटर लाइन और मार्कर का रंग निर्धारित करता है। लेजेंड के लिए कथानक को लेबल करने के लिए लेबल पैरामीटर का उपयोग किया जाता है।

अन्य प्रकार के प्लॉट, जैसे स्कैटर प्लॉट, बार प्लॉट, हिस्टोग्राम और बहुत कुछ, matplotlib.pyplot द्वारा प्रदान किए गए विभिन्न कार्यों का उपयोग करके बनाए जा सकते हैं।

यदि आपने पहले से matplotlib इंस्टॉल नहीं किया है तो याद रखें:

पाइप matplotlib स्थापित करें

आप अधिक जानकारी और उदाहरणों के लिए आधिकारिक matplotlib दस्तावेज़ देख सकते हैं: https://matplotlib.org/stable/contents.html

मैटप्लोटलिब लाइन्स, ग्रिड, सबप्लॉट, बार्स, पाईस्चैट, हिस्टोग्राम

पायथन में प्लॉटिंग के लिए Matplotlib सबसे अधिक उपयोग किए जाने वाले टूल में से एक है।

13.3. लाइन प्लॉट, पाई चार्ट, हिस्टोग्राम, बार और स्कैटर प्लॉट

लाइन प्लॉट

तो, चलिए लाइन प्लॉट से शुरुआत करते हैं।

पायथन में प्लॉटिंग के लिए Matplotlib सबसे अधिक उपयोग किए जाने वाले टूल में से एक है। इस लेख में, हम देखेंगे कि लाइन प्लॉट, पाई चार्ट, हिस्टोग्राम, बार और स्कैटर प्लॉट जैसे कुछ बुनियादी प्लॉट बनाने के लिए मैटप्लोटलिब का उपयोग कैसे करें। तो, चलिए लाइन प्लॉट से शुरुआत करते हैं।

ग्रिड के साथ लाइन प्लॉट:

यह उदाहरण दर्शाता है कि plt.plot() का उपयोग करके ग्रिड लाइनों के साथ एक सरल लाइन प्लॉट कैसे बनाया जाए।

एक्सऔर y प्लॉट पर बिंदुओं के x और y निर्देशांक का प्रतिनिधित्व करने वाले डेटा बिंदुओं की सूचियां हैं।

मार्कर पैरामीटर डेटा बिंदुओं के लिए मार्कर शैली निर्दिष्ट करता है, लाइनस्टाइल लाइन शैली सेट करता है, और रंग लाइन और मार्कर का रंग सेट करता है।

plt.xlabel()और plt.ylabel() x और y अक्षों के लिए लेबल सेट करते हैं, और plt.title() प्लॉट का शीर्षक सेट करते हैं।

plt.ग्रिड(सही)प्लॉट में ग्रिड लाइनें जोड़ता है।

पीएलटी.लीजेंड()plt.plot() में दिए गए लेबल के आधार पर कथानक में एक किंवदंती जोड़ता है।

plt.शो()कथानक प्रदर्शित करता है।

पांडा को पीडी के रूप में आयात करें

matplotlib.pyplot को plt के रूप में आयात करें

```
#एक सप्ताह के दौरान बेची गई आइसक्रीम की संख्या
आइसक्रीम = [35,33,65,44,75,88,101]

plt.प्लॉट(आइसक्रीम)

plt.शो()
```

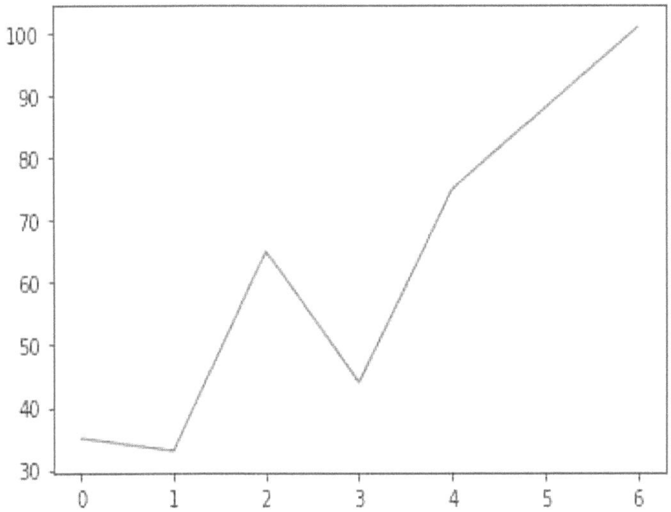

पाई चार्ट

यह उदाहरण दिखाता है कि plt.pie() का उपयोग करके पाई चार्ट कैसे बनाया जाता है।
लेबलपाई चार्ट के प्रत्येक खंड के लिए लेबल शामिल हैं, और आकार में संबंधित आकार या मान शामिल हैं।
plt.पाई()पाई चार्ट तैयार करता है, और प्रदर्शित प्रतिशत को ऑटोपेक्ट स्वरूपित करता है।
plt.axis('बराबर')यह सुनिश्चित करता है कि पाई चार्ट गोलाकार है।
plt.शीर्षक()पाई चार्ट का शीर्षक सेट करता है।
plt.शो()पाई चार्ट प्रदर्शित करता है.

उदाहरण

```
एक्स = [64.73,18.43,3.37,3.36,10.11]
लेबल = ['क्रोम', 'सफ़ारी', 'एज', 'फ़ायरफ़ॉक्स', 'अन्य']

plt.pie(x, labels=labels,autopct='%1f%%')
plt.शो()
```

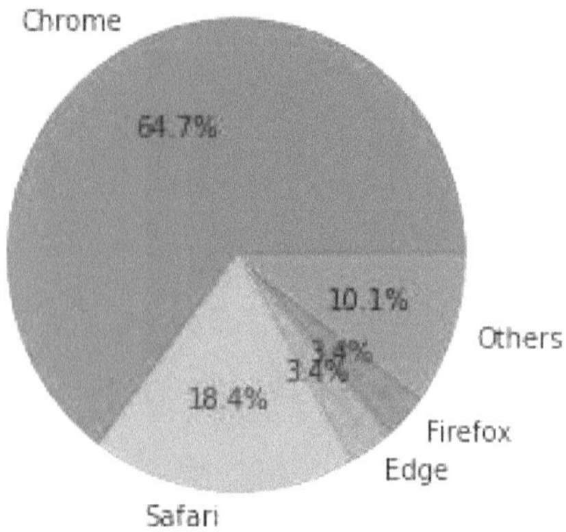

matplotlib में plt.pie() फ़ंक्शन का उपयोग करके पाई चार्ट बनाते समय, आपके पास विस्फोट पैरामीटर का उपयोग करके अलग-अलग स्लाइस को दृश्य रूप से अलग करने का विकल्प होता है। विस्फोट पैरामीटर मानों की एक सूची स्वीकार करता है जो यह निर्धारित करता है कि प्रत्येक टुकड़े को कितना "विस्फोट" किया जाना चाहिए या पाई के केंद्र से ऑफसेट किया जाना चाहिए। यह विशिष्ट स्लाइस को हाइलाइट करने या अधिक स्पष्ट रूप से विशिष्ट पाई चार्ट बनाने के लिए उपयोगी हो सकता है।

उदाहरण

```
plt.pie(x, लेबल्स=लेबल्स,autopct='%.1f%%',विस्फोट=[0.1]*5)
plt.शो()
```

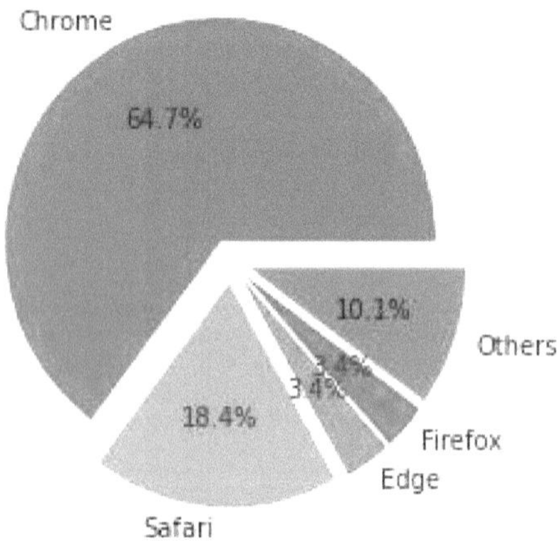

ऐसे परिदृश्यों में जहां आप पाई चार्ट में किसी विशेष श्रेणी की बाजार हिस्सेदारी पर जोर देना चाहते हैं, जैसे वेब ब्राउज़र मार्केट शेयर विश्लेषण के भीतर "सफारी" ब्राउज़र की बाजार हिस्सेदारी को उजागर करना, आप plt.pie में उपलब्ध विस्फोट पैरामीटर का लाभ उठा सकते हैं () matplotlib का कार्य। यह उल्लेख करना महत्वपूर्ण है कि विस्फोट सूची की लंबाई पाई चार्ट में श्रेणियों की संख्या से मेल खाना चाहिए।

उदाहरण

```
plt.pie(x, लेबल्स=लेबल्स,autopct='%%'.1f%%',विस्फोट=[0,0.3,0,0,0])
plt.शो()
```

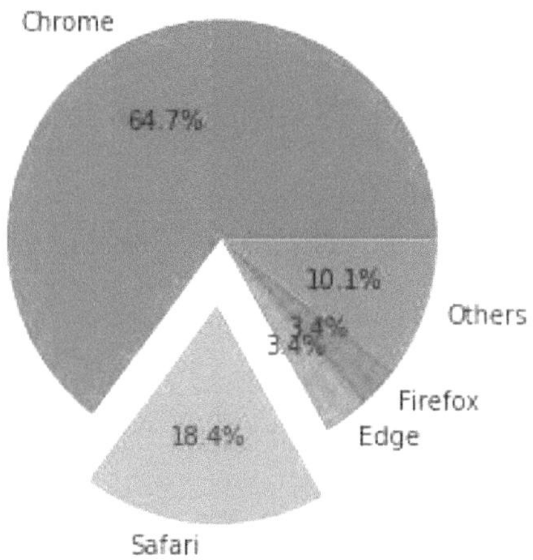

बार प्लॉट

आइए पायथन में matplotlib.pyplot का उपयोग करके बार प्लॉट बनाने के विवरण में गोता लगाएँ।

बार प्लॉट: एक बार प्लॉट (जिसे बार चार्ट या बार ग्राफ के रूप में भी जाना जाता है) आयताकार बार का उपयोग करके डेटा का एक ग्राफिकल प्रतिनिधित्व है। प्रत्येक बार एक श्रेणी का प्रतिनिधित्व करता है, और बार की ऊंचाई या लंबाई उस श्रेणी के मूल्य या आवृत्ति से मेल खाती है।

बार प्लॉट बनाना: यहां matplotlib.pyplot का उपयोग करके बार प्लॉट बनाने का चरण-दर-चरण विवरण दिया गया है:

पुस्तकालय आयात करना: सबसे पहले, आपको आवश्यक पुस्तकालय आयात करने की आवश्यकता है। आपको प्लॉट बनाने के लिए matplotlib.pyplot और डेटा हेरफेर के लिए वैकल्पिक रूप से numpy की आवश्यकता होगी।

matplotlib.pyplot को plt के रूप में आयात करें

डेटा तैयार करना:बार प्लॉट बनाने के लिए आपको श्रेणियों (x-अक्ष) और उनके संबंधित मानों (y-अक्ष) के लिए डेटा की आवश्यकता होगी। इन्हें सूचियों या सारणियों के रूप में प्रदान किया जा सकता है।

श्रेणियाँ = ['श्रेणी ए', 'श्रेणी बी', 'श्रेणी सी', 'श्रेणी डी']

मान = [25, 40, 15, 30]

बार प्लॉट बनाना:बार प्लॉट बनाने के लिए plt.bar() फ़ंक्शन का उपयोग करें। यह फ़ंक्शन श्रेणियों और मानों को तर्क के रूप में लेता है।

plt.bar(श्रेणियाँ, मान)

प्लॉट को अनुकूलित करना:आप विभिन्न पीएलटी फ़ंक्शंस का उपयोग करके कथानक के विभिन्न पहलुओं को अनुकूलित कर सकते हैं:

लेबल और शीर्षक:x और y अक्षों के लिए लेबल सेट करें और अपने प्लॉट को एक शीर्षक दें।

plt.xlabel('श्रेणियाँ')

plt.ylabel('मान')

plt.title('बार प्लॉट उदाहरण')

रंग की:आप रंग पैरामीटर का उपयोग करके बार का रंग निर्दिष्ट कर सकते हैं।

plt.bar(श्रेणियाँ, मान, रंग='नीला')

चौड़ाई:आप चौड़ाई पैरामीटर का उपयोग करके बार की चौड़ाई समायोजित कर सकते हैं।

plt.bar(श्रेणियाँ, मान, चौड़ाई=0.5)

प्लॉट प्रदर्शित करना:प्लॉट को कस्टमाइज़ करने के बाद, इसे प्रदर्शित करने के लिए plt.show() का उपयोग करें।

plt.शो()

यह सब एक साथ डालें:बुनियादी बार प्लॉट बनाने का पूरा कोड यहां दिया गया है:

पांडा को पीडी के रूप में आयात करें

matplotlib.pyplot को plt के रूप में आयात करें

आइसक्रीम = [35,33,65,44,75,88,101]
दिन = ['सोम', 'मंगल', 'बुध', 'गुरु', 'शुक्र', 'शनि', 'रवि']

पीएलटी.बार(दिन, आइसक्रीम)
plt.शो()

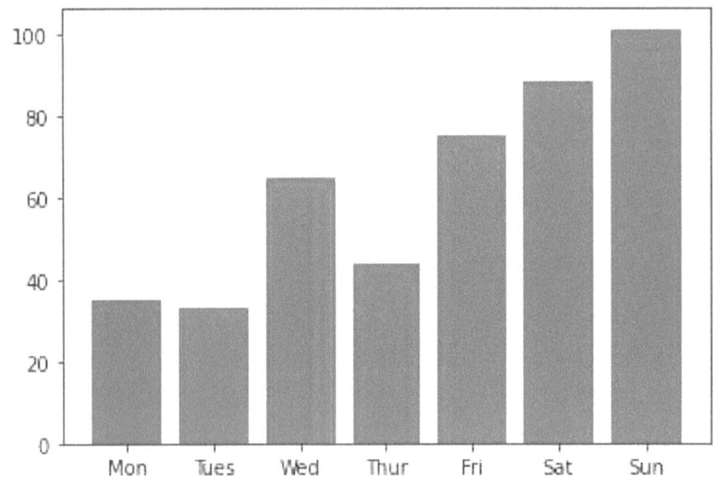

यह कोड चार श्रेणियों और उनके संबंधित मूल्यों के साथ एक बार प्लॉट उत्पन्न करेगा। आप plt.bar() और matplotlib.pyplot के अन्य कार्यों द्वारा प्रदान किए गए अतिरिक्त मापदंडों की खोज करके प्लॉट को और अधिक अनुकूलित कर सकते हैं
क्षैतिज बार ग्राफ़ बनाने के लिए हम barh() फ़ंक्शन का उपयोग कर सकते हैं।
plt.barh(दिन, आइसक्रीम)
plt.शो()

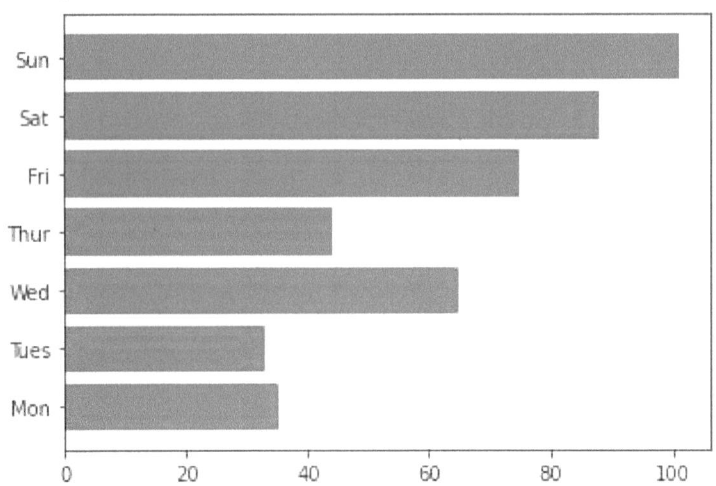

हिस्टोग्राम

हिस्टोग्राम एक दृश्य प्रतिनिधित्व है जो निर्दिष्ट श्रेणियों में डेटा बिंदुओं के एक सेट के वितरण को दर्शाता है।
सरल शब्दों में, यह एक चार्ट है जो दर्शाता है कि किसी दिए गए डेटासेट में कितनी बार विभिन्न मान या मानों की श्रेणियाँ होती हैं। उदाहरण के लिए, यदि आप 250 व्यक्तियों की ऊंचाई एकत्र करते हैं, तो एक हिस्टोग्राम आपको यह कल्पना करने में मदद कर सकता है कि कितने लोग विभिन्न ऊंचाई श्रेणियों में आते हैं Matplotlib में हिस्टोग्राम बनाने के लिए, हिस्ट() फ़ंक्शन का उपयोग किया जाता है। यह फ़ंक्शन वितरण को प्लॉट करने के लिए अपने इनपुट के रूप में संख्यात्मक डेटा की एक सरणी लेता है।
10 के मानक विचलन के साथ 170 के औसत के आसपास केंद्रित 250 डेटा बिंदुओं का एक नमूना सरणी उत्पन्न करने के लिए, NumPy की यादृच्छिक क्षमताओं का आसानी से उपयोग किया जा सकता है।
matplotlib.pyplot को pltimport numpy के रूप में np के रूप में आयात करें

```
x= np.random.सामान्य(170, 10, 250)

plt.hist(x)
plt.शो()
```

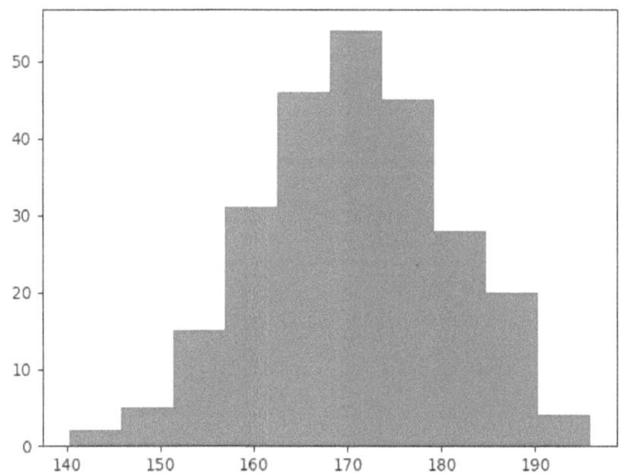

Matplotlib हिस्टोग्राम को अनुकूलित करने के लिए विभिन्न तरीकों की एक श्रृंखला प्रदान करता है। matplotlib.pyplot.hist() फ़ंक्शन स्वयं कई विशेषताएँ प्रदान करता है जिनकी सहायता से हम एक हिस्टोग्राम को संशोधित कर सकते हैं। हिस्ट() फ़ंक्शन एक पैच ऑब्जेक्ट प्रदान करता है जो बनाई गई वस्तुओं के गुणों तक पहुंच प्रदान करता है, इसका उपयोग करके हम प्लॉट को संशोधित कर सकते हैं हमारी इच्छा के अनुसार.

उदाहरण 1

Python3

```
आयातmatplotlib.pyplot पीएलटी के रूप में
आयातएनपी के रूप में सुन्न
सेmatplotlib रंग आयात करता है
सेmatplotlib.ticker प्रतिशतफॉर्मेटर आयात करता है

# डेटासेट बनाना
एनपी.यादृच्छिक.बीज(23685752)
एन_प्वाइंट = 10000
n_bins = 20

# वितरण बनाना
x = np.random.randn(N_points)
y = .8 ** x + np.random.randn(10000) + 25

# हिस्टोग्राम बनाना
अंजीर, axs = plt.subplots(1, 1,
अंजीर का आकार =(10, 7),
टाइट_लेआउट = सत्य)

axs.hist(x, डिब्बे = n_bins)
```

```
# प्लॉट दिखाओ
plt.शो()
```

आउटपुट :

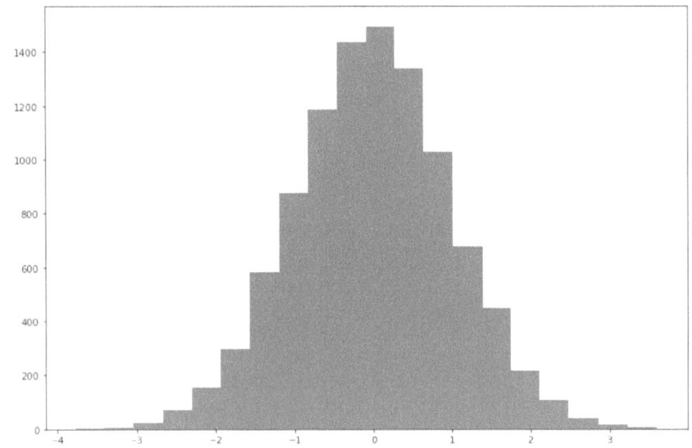

सारांश

मैटप्लोटलिब पायथन के लिए व्यापक रूप से उपयोग की जाने वाली डेटा विज़ुअलाइज़ेशन लाइब्रेरी है जो हिस्टोग्राम, लाइन ग्राफ़, स्कैटर प्लॉट और बहुत कुछ सहित विभिन्न प्रकार के चार्ट और प्लॉट बनाने में सक्षम बनाती है। यह दृश्य तत्वों पर उच्च स्तर का अनुकूलन और नियंत्रण प्रदान करता है, जिससे जटिल और प्रकाशन-गुणवत्ता वाले आंकड़े तैयार करना संभव हो जाता है। मूल रूप से MATLAB की प्लॉटिंग क्षमताओं का अनुकरण करने के लिए डिज़ाइन किया गया, Matplotlib एक व्यापक टूलसेट में विकसित हुआ है जो पायथन के डेटा विज्ञान पारिस्थितिकी तंत्र के साथ अच्छी तरह से एकीकृत होता है, जिसमें NumPy, पांडा और ज्यूपिटर नोटबुक जैसी लाइब्रेरी शामिल हैं। सरल प्लॉट से लेकर जटिल विज़ुअलाइज़ेशन तक, मैटप्लोटलिब पायथन में विज़ुअल डेटा प्रतिनिधित्व के लिए एक मूलभूत पैकेज के रूप में कार्य करता है। चाहे आप खोजपूर्ण डेटा विश्लेषण, मशीन लर्निंग, या वैज्ञानिक अनुसंधान के लिए डेटा प्लॉट कर रहे हों,

अपनी बुनियादी प्लॉटिंग क्षमताओं के अलावा, मैटप्लोटलिब विभिन्न प्रकार के ग्राफ़ प्रस्तुत करने में उत्कृष्टता प्राप्त करता है, जिनमें से प्रत्येक विभिन्न प्रकार के डेटा और विश्लेषण आवश्यकताओं के लिए उपयुक्त है। इसमे शामिल है:

रेखा रेखांकन: समय के साथ परिवर्तनों पर नज़र रखने के लिए आदर्श, लाइन ग्राफ़ का उपयोग अक्सर वित्तीय विश्लेषण और प्रवृत्ति पहचान में किया जाता है।

बार चार्ट: श्रेणियों में मात्राओं की तुलना करने के लिए उपयोगी, बार चार्ट क्षैतिज या लंबवत रूप से उन्मुख हो सकते हैं।

पाइ चार्ट: मुख्य रूप से आनुपातिक प्रतिनिधित्व प्रदर्शित करने के लिए उपयोग किया जाता है, पाई चार्ट संपूर्ण की संरचना को समझने के लिए उपयोगी होते हैं।

तितर बितर भूखंडों: सहसंबंध और वितरण विश्लेषण के लिए उत्कृष्ट, स्कैटर प्लॉट दो-आयामी अक्ष पर व्यक्तिगत डेटा बिंदु दिखाते हैं।

हिस्टोग्राम: संख्यात्मक डेटा के आवृत्ति वितरण को समझने के लिए उपयुक्त, हिस्टोग्राम डेटा को डिब्बे में समूहित करता है और इन्हें बार के रूप में प्रदर्शित करता है।

छोटे भूखंड: ये आउटलेर्स की पहचान करने और आपके डेटा के प्रसार और विषमता को समझने के लिए बहुत अच्छे हैं।

हीटमैप: चरों के घनत्व या तीव्रता को दर्शाने के लिए उपयोग किया जाता है, इन्हें अक्सर वैज्ञानिक विज़ुअलाइज़ेशन में नियोजित किया जाता है।

समोच्च भूखंड: त्रि-आयामी डेटा को दो आयामों में दिखाने के लिए उपयोगी, समोच्च प्लॉट का उपयोग अक्सर भौगोलिक डेटा मैपिंग में या मानचित्र पर विभिन्न ऊंचाई वाले क्षेत्रों को देखने के लिए किया जाता है।

3डी ग्राफ़: हालांकि उनकी जटिलता के कारण कम आम है, सतही प्लॉट और वायरफ्रेम जैसे 3डी ग्राफ़ विशिष्ट उपयोग-मामलों के लिए उपलब्ध हैं।

ध्रुवीय भूखंड: ये गणित और इंजीनियरिंग में विशेष रूप से आवधिक कार्यों को प्रदर्शित करने के लिए उपयोग किए जाने वाले विशेष ग्राफ़ हैं।
त्रुटि आलेख: अक्सर लाइन या बार ग्राफ़ पर ओवरलैड, त्रुटि बार डेटा परिवर्तनशीलता का एक दृश्य प्रतिनिधित्व प्रदान करते हैं।
समय-श्रृंखला भूखंड: क्रमिक समय अंतराल पर डेटा बिंदुओं का प्रतिनिधित्व करने के लिए विशेष रूप से तैयार, ये अर्थशास्त्र और पर्यावरण विज्ञान जैसे डोमेन में महत्वपूर्ण हैं।
मैटप्लोटलिब का लचीलापन इन ग्राफ़ प्रकारों, एनोटेशन और कस्टम स्टाइल के संयोजन के निर्माण की अनुमति देता है, जिससे यह अपने डेटा को दृष्टिगत रूप से समझने वाले किसी भी व्यक्ति के लिए एक अनिवार्य उपकरण बन जाता है।

अभ्यास 1:

बहुविकल्पीय प्रश्न (एमसीक्यू):

प्रश्न 1: Matplotlib में लाइन ग्राफ़ बनाने के लिए आमतौर पर किस फ़ंक्शन का उपयोग किया जाता है?

एक बार() बी) प्लॉट()

ग) तितर बितर() घ) इतिहास()

प्रश्न 2: Plt.show() फ़ंक्शन क्या करता है?

ए) आंकड़ा बचाता है बी) आकृति को बंद करता है

ग) चित्र प्रदर्शित करता है घ) आंकड़ा साफ़ करता है

प्रश्न 3:हिस्टोग्राम बनाने के लिए किस फ़ंक्शन का उपयोग किया जाता है?

एक बार() बी) प्लॉट()

ग) तितर बितर() घ) इतिहास()

प्रश्न 4:आप मैटप्लोटलिब प्लॉट में शीर्षक कैसे जोड़ सकते हैं?

a) plt.title('आपका शीर्षक') बी) plt.add_title('आपका शीर्षक')

ग) plt.set_title('आपका शीर्षक') d) plt.heading('आपका शीर्षक')

प्रश्न 5:स्कैटर प्लॉट बनाने के लिए किस फ़ंक्शन का उपयोग किया जाता है?

एक बार() बी) प्लॉट()

ग) तितर बितर() घ) इतिहास()

प्रश्न 6:आप मैटप्लोटलिब आकृति को कैसे सहेज सकते हैं?

a) plt.show('filename.png') बी) plt.save('filename.png')

ग) plt.savefig('filename.png') घ) plt.export('filename.png')

प्रश्न 7: Plt.subplot() की भूमिका क्या है?

ए) एक ही आकृति में एकाधिक प्लॉट प्रदर्शित करें बी) 3डी प्लॉट बनाएं

ग) किसी आकृति के भीतर सबप्लॉट बनाएं घ) एक ही अक्ष पर अनेक रेखाएँ आलेखित करना

प्रश्न 8:आप किसी कथानक में किंवदंती कैसे जोड़ते हैं?

ए) पीएलटी.लीजेंड() बी) plt.show_legend()

ग) plt.add_legend() घ) plt.set_legend()

उत्तर

1. बी 2. सी 3. डी 4. ए 5. सी 6. सी 7. सी 8. ए

व्यायाम 2:

सही/गलत प्रश्न:

प्रश्न 1: Matplotlib प्लॉट देखने के लिए फ़ंक्शन plt.show() अनिवार्य है।

प्रश्न 2: Matplotlib केवल 2D प्लॉट उत्पन्न कर सकता है और 3D प्लॉट बनाने में सक्षम नहीं है।

प्रश्न 3:आप एक ही Matplotlib आकृति में कई प्रकार के ग्राफ़, जैसे लाइन और बार ग्राफ़, को जोड़ सकते हैं।

प्रश्न 4: Plt.axis() फ़ंक्शन का उपयोग Matplotlib प्लॉट में अक्षों की सीमा निर्धारित करने के लिए किया जाता है।

प्रश्न 5: Matplotlib रीयल-टाइम डेटा प्लॉटिंग को संभालने में असमर्थ है।

उत्तर

1. सही 2. सही 3. गलत 4. गलत 5. सही

व्यायाम 3:

समीक्षा प्रश्न:

प्रश्न 1:मैटप्लोटलिब क्या है और इसका मुख्य रूप से उपयोग किस लिए किया जाता है?

प्रश्न 2:आप Matplotlib कैसे स्थापित करते हैं?

प्रश्न 3:मैटप्लोटलिब प्लॉट के मुख्य घटक क्या हैं?

प्रश्न 4:मैटप्लोटलिब में एक आकृति और एक अक्ष के बीच क्या अंतर है?

प्रश्न 5:आप एक सरल रेखा आलेख कैसे बनाते हैं?

प्रश्न 6:लाइन प्लॉट के अलावा मैटप्लोटलिब में आमतौर पर उपयोग किए जाने वाले कुछ प्लॉट प्रकार क्या उपलब्ध हैं?
प्रश्न 7:आप किसी कथानक में लेबल और शीर्षक कैसे जोड़ते हैं?
प्रश्न 8:मैटप्लोटलिब बैकएंड क्या हैं, और आप उन्हें क्यों बदल सकते हैं?
प्रश्न 9:आप किसी प्लॉट को छवि फ़ाइल के रूप में कैसे सहेजते हैं?
प्रश्न 10:आप लाइन प्लॉट में लाइन शैली और मार्करों को कैसे अनुकूलित करते हैं?
प्रश्न 11:आप एक ही आकृति में एकाधिक सबप्लॉट कैसे बनाते हैं?
प्रश्न 12: Matplotlib शैलियाँ क्या हैं और आप उनका उपयोग कैसे कर सकते हैं?
प्रश्न 13:आप पांडास डेटाफ़्रेम से सीधे डेटा कैसे प्लॉट करते हैं?
प्रश्न 14:आप Matplotlib का उपयोग करके हिस्टोग्राम कैसे बनाते हैं?
प्रश्न 15:शो() फ़ंक्शन का उद्देश्य क्या है?
प्रश्न 16:आप किसी प्लॉट के लिए अक्ष सीमा को कैसे समायोजित करते हैं?
प्रश्न 17:एनोटेशन क्या हैं और आप उन्हें किसी प्लॉट में कैसे जोड़ सकते हैं?
प्रश्न 18:आप Matplotlib में 3D प्लॉट कैसे बनाते हैं?
प्रश्न 19:पिप्लॉट इंटरफ़ेस क्या है, और यह ऑब्जेक्ट-ओरिएंटेड इंटरफ़ेस से कैसे भिन्न है?
प्रश्न 20:आप Matplotlib में रीयल-टाइम डेटा या एनिमेशन को कैसे प्रबंधित करते हैं?

अध्याय 14: पायथन उदाहरण (महत्वपूर्ण कार्यक्रम)

शुरुआती

यहां कुछ बुनियादी पायथन प्रोग्राम दिए गए हैं जो शुरुआती लोगों के लिए उपयुक्त हैं। ये उदाहरण चर, इनपुट/आउटपुट, लूप और स्थितियों जैसी मूलभूत अवधारणाओं को प्रदर्शित करते हैं।

कार्यक्रम 1:हैलो वर्ल्ड!

यह सबसे सरल पायथन प्रोग्राम है जो दिखाता है कि कंसोल पर कुछ कैसे प्रिंट किया जाए।

```
प्रिंट करें ("हैलो, वर्ल्ड!")
```

कार्यक्रम 2:दो नंबर जोड़ना

यह प्रोग्राम इनपुट के रूप में दो नंबर लेता है और उनका योग प्रिंट करता है।

```
# उपयोगकर्ता से इनपुट लें
num1 = फ्लोट(इनपुट("पहला नंबर दर्ज करें:"))
num2 = फ्लोट(इनपुट("दूसरा नंबर दर्ज करें:"))

# संख्याएं जोड़ें
योग = संख्या1 + संख्या2

# योग प्रिंट करें
प्रिंट(f"{num1} और {num2} का योग {sum} है।")
```

कार्यक्रम 3:सम और विषम

यह प्रोग्राम जाँचता है कि कोई संख्या सम है या विषम।

```
# उपयोगकर्ता से इनपुट लें
संख्या = int(इनपुट("एक संख्या दर्ज करें:"))

# जांचें कि संख्या सम है या विषम
यदि संख्या % 2 == 0:
print(f"{num} सम है।")
अन्य:
print(f"{num} विषम है।")
```

कार्यक्रम 4:बेसिक लूप

यह प्रोग्राम फॉर लूप का उपयोग करके 1 से 10 तक की संख्याएँ प्रिंट करता है।

```
# 1 से 10 तक लूप
श्रेणी में i के लिए (1, 11):
प्रिंट(i)
```

कार्यक्रम 5:मूल सूची संचालन

यह प्रोग्राम कुछ बुनियादी परिचालनों को प्रदर्शित करता है जिन्हें आप सूचियों के साथ कर सकते हैं।

```
# एक सूची बनाएं
मेरी_सूची = [1, 2, 3, 4, 5]

# सूची प्रिंट करें
प्रिंट करें ("मूल सूची:", my_list)

# सूची में एक तत्व जोड़ें
मेरी_सूची.जोड़ें(6)
```

प्रिंट करें ("जोड़ने के बाद:", my_list)

सूची से एक तत्व हटाएँ
मेरी_सूची.निकालें(3)
प्रिंट करें ("हटाने के बाद:", my_list)

इंडेक्स द्वारा तत्व तक पहुंचें
प्रिंट करें ("सूचकांक 2 पर तत्व:", my_list[2])
ये सिर्फ सरल कार्यक्रम हैं, लेकिन इन्हें समझने से पायथन में अधिक जटिल विषयों को सीखने के लिए एक अच्छी नींव मिलेगी।
कार्यक्रम 6:एक वृत्त के क्षेत्रफल की गणना करें
त्रिज्या दी गई वृत्त के क्षेत्रफल की गणना करें।

गणित आयात करें

त्रिज्या = फ्लोट (इनपुट ("सर्कल की त्रिज्या दर्ज करें:"))
क्षेत्रफल = गणित.पीआई * (त्रिज्या ** 2)
प्रिंट करें(f"त्रिज्या {त्रिज्या} वाले वृत्त का क्षेत्रफल {क्षेत्र} है।")
कार्यक्रम 7:एक स्ट्रिंग को उल्टा करें
उपयोगकर्ता द्वारा दर्ज की गई स्ट्रिंग को उल्टा करें।
पाठ = इनपुट ("एक स्ट्रिंग दर्ज करें:")। निचला()
स्वर = "aeiou"
num_vowels = योग (पाठ में char के लिए 1 यदि स्वरों में char)
num_consonents = len(text) - num_vowels
प्रिंट(f"स्वर: {num_vowels}")
प्रिंट(f"व्यंजन: {num_consonents}")
कार्यक्रम 8:स्वर और व्यंजन गिनें
एक स्ट्रिंग में स्वरों और व्यंजनों की संख्या गिनें।
पाठ = इनपुट ("एक स्ट्रिंग दर्ज करें:")। निचला()
स्वर = "aeiou"
num_vowels = योग (पाठ में char के लिए 1 यदि स्वरों में char)
num_consonents = len(text) - num_vowels
प्रिंट(f"स्वर: {num_vowels}")
प्रिंट(f"व्यंजन: {num_consonents}")
कार्यक्रम 9:साधारण ब्याज कैलकुलेटर
मूलधन, दर और समय के आधार पर साधारण ब्याज की गणना करें।
प्रिंसिपल = फ्लोट (इनपुट ("मूल राशि दर्ज करें:"))
दर = फ्लोट (इनपुट ("ब्याज दर दर्ज करें:"))
समय = फ्लोट (इनपुट ("वर्षों में समय दर्ज करें:"))

सरल_ब्याज = (मूलधन * दर * समय) / 100
प्रिंट(f"साधारण ब्याज: {simple_interest}")
कार्यक्रम 10:फाइबोनैचि श्रृंखला प्रिंट करें
फाइबोनैचि अनुक्रम में पहले n नंबर प्रिंट करें।
n = int(इनपुट("उत्पन्न करने के लिए फाइबोनैचि संख्याओं की संख्या दर्ज करें:"))
ए, बी = 0, 1

रेंज(n) में _ के लिए:
प्रिंट(ए, अंत='')
ए, बी = बी, ए + बी
प्रिंट()

कार्यक्रम 11:किसी संख्या का भाज्य

किसी दी गई संख्या के भाज्य की गणना करें।

n = int(इनपुट("एक संख्या दर्ज करें:"))
फैक्टोरियल = 1

श्रेणी में i के लिए (1, n + 1):
भाज्य * = मैं

प्रिंट(f"{n} का फैक्टोरियल {फैक्टोरियल} है।")

कार्यक्रम 12:किसी सूची में सबसे बड़ी संख्या खोजें

किसी सूची में सबसे बड़ी संख्या ढूंढें और प्रिंट करें।

संख्याएँ = [4, 2, 9, 1, 5, 6]
प्रिंट(f"सबसे बड़ी संख्या {max(numbers)} है।")

कार्यक्रम 13:किसी संख्या की तालिका

किसी दी गई संख्या की गुणन सारणी प्रिंट करें

num = int(इनपुट("गुणन सारणी बनाने के लिए एक संख्या दर्ज करें:"))
श्रेणी में i के लिए (1, 11):
प्रिंट(f"{num} x {i} = {num*i}")

कार्यक्रम 14:पैलिंड्रोम चेकर

जांचें कि क्या कोई स्ट्रिंग पैलिंड्रोम है।

पाठ = इनपुट ("एक स्ट्रिंग दर्ज करें:")
यदि पाठ == पाठ[::-1]:
print(f"{text} एक पैलिंड्रोम है।")
अन्य:
print(f"{text} एक पैलिंड्रोम नहीं है।")

कार्यक्रम 15:बुनियादी कैलकुलेटर

उपयोगकर्ता इनपुट के आधार पर जोड़, घटाव, गुणा और भाग करें।

ए = फ्लोट (इनपुट ("पहला नंबर दर्ज करें:"))
बी = फ्लोट (इनपुट ("दूसरा नंबर दर्ज करें:"))
ऑपरेशन = इनपुट ("ऑपरेशन दर्ज करें (+, -, *, /):")

यदि ऑपरेशन == '+':
प्रिंट(f"परिणाम: {ए + बी}")
एलिफ़ ऑपरेशन == '-':
प्रिंट करें (f"परिणाम: {ए - बी}")
एलिफ़ ऑपरेशन == '*':
प्रिंट करें (f"परिणाम: {a * b}")
एलिफ़ ऑपरेशन == '/':
यदि बी != 0:
प्रिंट करें (f"परिणाम: {ए / बी}")
अन्य:

```
प्रिंट करें ("त्रुटि: शून्य से विभाजन।")
अन्य:
प्रिंट करें ("अमान्य ऑपरेशन।")
```

कार्यक्रम 16:अभाज्य संख्याएँ खोजें

यह प्रोग्राम किसी दी गई संख्या तक की सभी अभाज्य संख्याओं का पता लगाता है।

```
n = int(इनपुट("इस तक के अभाज्य खोजें:"))
श्रेणी में संख्या के लिए (2, एन + 1):
रेंज में i के लिए (2, int(num ** 0.5) + 1):
यदि संख्या % मैं == 0:
तोड़ना
अन्य:
प्रिंट (संख्या, अंत = '')
प्रिंट()
```

कार्यक्रम 17:औसत की गणना करें

यह प्रोग्राम संख्याओं की सूची के औसत की गणना करता है।

```
संख्याएँ = [10, 20, 30, 40, 50]
औसत = योग(संख्याएं) / लेन(संख्याएं)
प्रिंट करें(f"संख्याओं का औसत {औसत} है।")
```

कार्यक्रम 18:आर्मस्ट्रांग नंबर की जाँच करें

आर्मस्ट्रांग संख्या एक ऐसी संख्या है जो अंकों की संख्या की घात तक बढ़ाए गए प्रत्येक अंक के योग के बराबर होती है।

```
संख्या = int(इनपुट("एक संख्या दर्ज करें:"))
तापमान = संख्या
योग = 0
n = len(str(num))

जबकि तापमान > 0:
अंक = तापमान % 10
योग += अंक ** एन
तापमान //= 10

यदि संख्या == योग:
print(f"{num} एक आर्मस्ट्रांग संख्या है।")
अन्य:
print(f"{num} एक आर्मस्ट्रांग संख्या नहीं है।")
```

मध्यवर्ती

ये प्रोग्राम फ़ंक्शंस, मॉड्यूल, सूची समझ और शब्दकोश जैसी अधिक उन्नत अवधारणाओं के उपयोग को प्रदर्शित करते हैं।

कार्यक्रम 1:संस्मरण के साथ फाइबोनैचि अनुक्रम

फाइबोनैचि संख्याओं की गणना को अनुकूलित करने के लिए संस्मरण का उपयोग करना।

```
मेमो = {}

डीईएफ़ फाइब(एन):
यदि मेमो में n:
वापसी ज्ञापन[n]
यदि n <= 1:
```

```
वापसी एन
मेमो[एन] = फाइब(एन-1) + फाइब(एन-2)
वापसी ज्ञापन[n]

प्रिंट(फ़ाइब(10))
```

कार्यक्रम 2:रिकर्सन का उपयोग करके फैक्टोरियल की गणना करें

किसी संख्या के फैक्टोरियल की गणना करने के लिए एक पुनरावर्ती फ़ंक्शन।

```
डीईएफ़ फैक्टोरियल(एन):
1 लौटाएँ यदि n == 0 अन्यथा n * भाज्य(n-1)

प्रिंट(फैक्टोरियल(5))
```

कार्यक्रम 3: किसी शब्दकोश को मूल्य के आधार पर क्रमबद्ध करें

किसी शब्दकोश को उसके मूल्यों के आधार पर क्रमबद्ध करना।

```
my_dict = {'ए': 3, 'बी': 1, 'सी': 2}
sorted_dict = {k: v for k, v in sorted(my_dict.items(), key=lambda item: item[1])}
प्रिंट(सॉर्टेड_डिक्ट)
```

कार्यक्रम 4:वाक्यों के लिए पैलिंड्रोम चेकर

रिक्त स्थान, केस और विराम चिह्नों को नज़रअंदाज़ करते हुए जांचें कि क्या कोई वाक्य पैलिंड्रोम है।

```
पुनः आयात करें

def is_palindrome(वाक्य):
वाक्य = re.sub(r'[^a-zA-Z0-9]', '', वाक्य).निचला()
वापसी वाक्य == वाक्य[::-1]

प्रिंट(is_palindrome("एक आदमी, एक योजना, एक नहर, पनामा"))
```

कार्यक्रम 5:प्राइम नंबर चेकर

जांचें कि दी गई संख्या अभाज्य है या नहीं।

```
डीईएफ़ is_प्राइम(एन):
यदि n <= 1:
विवरण झूठा है
रेंज में i के लिए (2, int(n ** 0.5) + 1):
यदि n % मैं == 0:
विवरण झूठा है
सत्य लौटें

प्रिंट(is_प्राइम(17))
```

कार्यक्रम 6: सूची समझ

किसी दी गई श्रेणी में संख्याओं के लिए वर्गों की एक सूची बनाएं जो सम हों।

```
वर्ग = [x*x x के लिए श्रेणी (1, 11) में यदि x % 2 == 0]
प्रिंट(वर्ग)
```

कार्यक्रम 7:मैट्रिक्स ट्रांसपोज़िशन

किसी दिए गए मैट्रिक्स को स्थानांतरित करें.

```
मैट्रिक्स = [[1, 2, 3], [4, 5, 6], [7, 8, 9]]
ट्रांसपोज़्ड = [[पंक्ति[i] मैट्रिक्स में पंक्ति के लिए] i के लिए रेंज में (len(matrix[0]))]
प्रिंट(ट्रांसपोज़्ड)
```

कार्यक्रम 8:स्टैक के साथ स्ट्रिंग रिवर्सल

स्टैक डेटा संरचना का उपयोग करके एक स्ट्रिंग को उल्टा करें।

डीईएफ़ रिवर्स_स्ट्रिंग:

ढेर = सूची

वापसी ''.join([stack.pop() for _ inrange(len(stack))])

प्रिंट (रिवर्स_स्ट्रिंग ("पायथन"))

कार्यक्रम 9:दशमलव को बाइनरी में बदलें

दशमलव संख्या को उसके बाइनरी प्रतिनिधित्व में बदलें।

def dec_to_bin(n):

यदि एन == 0:

वापसी '0'

बाइनरी = ''

जबकि n > 0:

बाइनरी = str(n % 2) + बाइनरी

एन //= 2

बाइनरी वापस करें

प्रिंट(dec_to_bin(10))

कार्यक्रम 10:सीज़र सिफर

सरल सीज़र सिफर का उपयोग करके टेक्स्ट को एन्क्रिप्ट और डिक्रिप्ट करें।

डीईएफ़ सीज़र_सिफर(टेक्स्ट, शिफ्ट):

एन्क्रिप्टेड_टेक्स्ट = ''

पाठ में चार के लिए:

यदि char.isalpha():

ऑफसेट = ऑर्ड('ए') यदि char.isupper() अन्यथा ऑर्ड('ए')

एन्क्रिप्टेड_टेक्स्ट += chr((ord(char) - ऑफसेट + शिफ्ट) % 26 + ऑफसेट)

अन्य:

एन्क्रिप्टेड_टेक्स्ट += चार

एन्क्रिप्टेड_टेक्स्ट लौटाएँ

प्रिंट(caesar_cipher("हैलो, वर्ल्ड!", 3))

कार्यक्रम 11:टेक्स्ट फ़ाइल में शब्द आवृत्ति की गणना करें

गणना करें कि प्रत्येक शब्द टेक्स्ट फ़ाइल में कितनी बार दिखाई देता है।

संग्रह आयात काउंटर से

f के रूप में open('file.txt', 'r') के साथ:

टेक्स्ट = एफ.रीड()

शब्द = text.split()

freq_count = काउंटर(शब्द)

प्रिंट(freq_count)

कार्यक्रम 12:मर्ज सॉर्ट कार्यान्वयन

मर्ज सॉर्ट एल्गोरिदम लागू करें।

डीईएफ़ मर्ज_सॉर्ट(एआर):

यदि लेन(arr) <= 1:

वापसी गिरफ्तार

मध्य = लेन(arr) // 2
बाएँ = मर्ज_सॉर्ट(arr[:mid])
दाएँ = मर्ज_सॉर्ट(arr[मध्य:])

वापसी मर्ज (बाएँ, दाएँ)

डीईएफ़ मर्ज (बाएँ, दाएँ):
परिणाम = []
जबकि बाएँ और दाएँ:
यदि बाएँ[0] < दाएँ[0]:
परिणाम.जोड़ें(बाएं.पॉप(0))
अन्य:
परिणाम.जोड़ें(दाएं.पॉप(0))
परिणाम.विस्तार(बाएं)
परिणाम.विस्तार(दाएं)
वापसी परिणाम

प्रिंट(मर्ज_सॉर्ट([5, 2, 9, 1, 5, 6]))
कार्यक्रम 13:अनाग्राम चेकर
जांचें कि क्या दो तार एक दूसरे के विपर्यय हैं।
def check_anagram(str1, str2):
क्रमबद्ध वापसी(str1) == क्रमबद्ध(str2)

प्रिंट (check_anagram ('सुनो', 'चुप'))
कार्यक्रम 14:त्वरित क्रमबद्ध कार्यान्वयन
त्वरित सॉर्ट एल्गोरिदम लागू करें।
डीईएफ़ Quick_sort(arr):
यदि लेन(arr) <= 1:
वापसी गिरफ्तार

धुरी = गिरफ्तार[len(arr) // 2]
बाएं = [x for x in arr यदि x < धुरी]
मध्य = [x for x in arr यदि x == धुरी]
दाएँ = [x for x in arr यदि x > धुरी]

रिटर्न क्विक_सॉर्ट (बाएं) + मध्य + क्विक_सॉर्ट (दाएं)

प्रिंट(क्विक_सॉर्ट([3, 6, 8, 10, 1, 2, 1]))
कार्यक्रम 15:ग्राफ़ में गहराई-पहली खोज (डीएफएस)।
आसन्न सूची के रूप में दर्शाए गए ग्राफ़ में गहराई-पहली खोज लागू करें।
ग्राफ़ = {'ए': ['बी', 'सी', 'ई'],
'बी': ['ए', 'डी', 'ई'],
'सी': ['ए', 'एफ', 'जी'],

'डी': ['बी'],
'ई': ['ए', 'बी', 'डी'],
'एफ': ['सी'],
'जी': ['सी']}

विज़िट किया गया = सेट()

डीईएफ़ डीएफएस (विज़िट किया गया, ग्राफ़, नोड):
यदि नोड विज़िट में नहीं है:
प्रिंट(नोड)
विज़िट किया गया.जोड़ें(नोड)
ग्राफ़[नोड] में पड़ोसी के लिए:
डीएफएस (विज़िट किया गया, ग्राफ़, पड़ोसी)

डीएफएस (विज़िट किया गया, ग्राफ़, 'ए')
कार्यक्रम 16:रेखीय खोज कार्यान्वयन
किसी सूची में लक्ष्य मान खोजने के लिए एक रैखिक खोज एल्गोरिदम लागू करें।
डीईएफ़ रैखिक_खोज(एलएसटी, लक्ष्य):
रेंज में i के लिए (len(lst)):
यदि lst[i] == लक्ष्य:
वापसी मैं
वापसी -1

print(linear_search([1, 2, 3, 4, 5], 3)) # आउटपुट 2 होगा
कार्यक्रम 17:उद्धरण के लिए वेब स्क्रैपर
किसी वेबपेज से उद्धरण निकालने के लिए अनुरोधों और ब्यूटीफुलसूप लाइब्रेरी का उपयोग करें। यदि आपने पैकेज इंस्टॉल नहीं किया है तो आपको इसे इंस्टॉल करना होगा (पाइप इंस्टॉल अनुरोध BeautifulSoup4)।
आयात अनुरोध
बीएस4 से ब्यूटीफुलसूप आयात करें

यूआरएल = "http://quotes.toscrap.com/"
प्रतिक्रिया = अनुरोध.प्राप्त करें(यूआरएल)

सूप = सुंदर सूप (प्रतिक्रिया.पाठ, 'html.parser')
उद्धरण = सूप.फाइंड_ऑल("स्पैन", {"क्लास": "टेक्स्ट"})

i के लिए, गिनती में उद्धरण(उद्धरण):
प्रिंट(f"उद्धरण {i + 1}: {उद्धरण.पाठ}")
कार्यक्रम 18:माध्य, माध्यिका और मोड की गणना करें
संख्याओं की सूची के माध्य, माध्यिका और बहुलक की गणना करें।
संग्रह आयात काउंटर से

डीईएफ़ माध्य (संख्या):
वापसी योग (संख्या) / लेन (संख्या)

```
डीईएफ़ माध्यिका(संख्या):
नंबर.सॉर्ट()
मध्य = लेन(संख्या) // 2
यदि लेन(संख्या) % 2 == 0:
वापसी (संख्याएं[मध्य-1] + संख्याएं[मध्य])/2
अन्य:
वापसी संख्या[मध्य]

डीईएफ़ मोड(संख्या):
गिनती = काउंटर(संख्या)
वापसी [k के लिए k, v in count.items() यदि v == max(count.values())]

संख्याएँ = [1, 2, 3, 4, 4, 4, 5, 5, 6]
प्रिंट करें ("माध्य:", माध्य (संख्याएं))
प्रिंट करें ("माध्यिका:", माध्यिका(संख्याएं))
प्रिंट करें ("मोड:", मोड (संख्याएं))
```

विकसित

नीचे उन्नत स्तर के पायथन प्रोग्राम हैं जो एल्गोरिदम, मशीन लर्निंग, वेब डेवलपमेंट और बहुत कुछ सहित कई विषयों पर आधारित हैं।

कार्यक्रम 1:बाइनरी सर्च ट्री कार्यान्वयन

```
कक्षा नोड:
def __init__(स्वयं, कुंजी):
स्वयं.बाएँ = कोई नहीं
स्वयं.सही = कोई नहीं
सेल्फ.वैल = कुंजी

डीईएफ़ सम्मिलित करें (रूट, कुंजी):
यदि रूट कोई नहीं है:
वापसी नोड(कुंजी)
अन्य:
यदि रूट.वैल <कुंजी:
रूट.राइट = डालें (रूट.राइट, कुंजी)
अन्य:
रूट.बाएं = सम्मिलित करें (रूट.बाएं, कुंजी)
वापसी जड़

डीईएफ़ इनऑर्डर (रूट):
रिटर्न इनऑर्डर (रूट.लेफ्ट) + [रूट.वैल] + इनऑर्डर (रूट.राइट) यदि रूट अन्य है []

जड़ = कोई नहीं
रूट = डालें (रूट, 4)
सम्मिलित करें (रूट, 2)
सम्मिलित करें (रूट, 1)
सम्मिलित करें (रूट, 3)
```

सम्मिलित करें (रूट, 5)

प्रिंट(इनऑर्डर(रूट))
कार्यक्रम 2: LinkedList का उपयोग करके स्टैक को कार्यान्वित करना
कक्षा नोड:
def __init__(स्वयं, डेटा):
स्व.डेटा = डेटा
self.next = कोई नहीं

क्लास स्टैक:
def __init__(स्वयं):
सेल्फ.हेड = कोई नहीं

def is_empty(स्वयं):
रिटर्न सेल्फ.हेड कोई नहीं है

डीईएफ़ पुश (स्वयं, डेटा):
new_node = नोड(डेटा)
new_node.next = self.head
सेल्फ.हेड = न्यू_नोड

डीईएफ़ पॉप(स्वयं):
यदि self.is_empty():
वापसी कोई नहीं
अस्थायी = स्व.सिर
सेल्फ.हेड = सेल्फ.हेड.नेक्स्ट
पॉप्ड = अस्थायी डेटा
वापसी पॉप

उदाहरण उपयोग:
ढेर = ढेर ()
स्टैक.पुश(1)
स्टैक.पुश(2)
स्टैक.पुश(3)
प्रिंट(स्टैक.पॉप()) # आउटपुट: 3
कार्यक्रम 3:दिज्क्स्ट्रा का सबसे छोटा पथ एल्गोरिथम
आयात ढेर

डीईएफ़ डिज्क्स्ट्रा (ग्राफ़, प्रारंभ):
दूरियाँ = {नोड: ग्राफ़ में नोड के लिए फ्लोट ('अनंत')}
दूरियाँ[प्रारंभ] = 0
कतार = [(0, प्रारंभ)]
जबकि कतार:
current_distance, current_node = heapq.heappop(queue)
यदि current_distance > दूरियाँ[current_node]:

```
जारी रखना
पड़ोसी के लिए, ग्राफ़ में वजन[current_node].आइटम():
दूरी = वर्तमान_दूरी + वजन
यदि दूरी <दूरियां[पड़ोसी]:
दूरियाँ[पड़ोसी] = दूरी
heapq.heappush(कतार, (दूरी, पड़ोसी))
वापसी की दूरी

# उदाहरण उपयोग:
ग्राफ = {
'ए': {'बी': 1, 'सी': 4},
'बी': {'ए': 1, 'सी': 2, 'डी': 5},
'सी': {'ए': 4, 'बी': 2, 'डी': 1},
'डी': {'बी': 5, 'सी': 1}
}
प्रिंट (डिज्क्स्ट्रा (ग्राफ, 'ए')) # आउटपुट: {'ए': 0, 'बी': 1, 'सी': 3, 'डी': 4}
```

कार्यक्रम 4:स्क्रैच से नाइव बेयस क्लासिफायर

```
संग्रह से आयात डिफ़ॉल्टडिक्ट, काउंटर
गणित आयात करें

डिफ अलग_बाय_क्लास (डेटासेट):
अलग = डिफ़ॉल्टडिक्ट (सूची)
सुविधाओं के लिए, डेटासेट में लेबल:
पृथक्[लेबल].जोड़ें(विशेषताएं)
अलग होकर लौटें

def संक्षेप_डेटा (डेटासेट):
सारांश = {}
लेबल के लिए, dataset.items() में उदाहरण:
विशेषता_सारांश = [(विशेषता, काउंटर([उदाहरण[विशेषता] उदाहरण के लिए उदाहरणों में]))
श्रेणी में विशेषता के लिए (लेन (उदाहरण [0]))]
सारांश[लेबल] = विशेषता_सारांश
सारांश लौटाएँ

डीईएफ़ गणना_संभावना(x, विशेषता_सारांश, कुल_गिनती):
count_x_given_y = विशेषता_सारांश[x] यदि x विशेषता_सारांश में है अन्यथा 0
p_x_given_y = (count_x_given_y + 1) / (total_count + len(attribute_summary))
वापसी p_x_given_y

def भविष्यवाणी (सारांश, उदाहरण):
best_label, best_prob = कोई नहीं, -1
लेबल के लिए, summaries.items में विशेषता_सारांश():
p_y = len(विशेषता_सारांश[0][1]) / sum(len(विशेषता_सारांश[1]) विशेषता_सारांश में विशेषता_सारांश के लिए)
पी = गणित.लॉग(पी_वाई)
रेंज में i के लिए (लेन (उदाहरण)):
```

```
विशेषता, विशेषता_सारांश = विशेषता_सारांश[i]
पी += गणित.लॉग(गणना_संभावना(उदाहरण[विशेषता], विशेषता_सारांश, लेन(विशेषता_सारांश)))
यदि best_label कोई नहीं है या p > best_prob:
best_prob = पी
best_label = लेबल
best_label लौटाएँ

# उदाहरण उपयोग
डेटासेट = [((1, 0), 'हां'), ((1, 1), 'नहीं'), ((0, 1), 'हां'), ((0, 0), 'नहीं') , ((0, 1), 'हाँ'), ((1, 1), 'नहीं')]

अलग_डेटासेट = अलग_बाय_क्लास (डेटासेट)
सारांश = सारांश_डेटा(पृथक_डेटासेट)

new_instance = (1, 0)
प्रिंट करें ("उदाहरण के लिए अनुमानित लेबल {}: {}"। प्रारूप (नया_इंस्टेंस, पूर्वानुमान (सारांश, नया_इंस्टेंस))) # आउटपुट: 'हां'
new_instance = (0, 1)
प्रिंट करें ("उदाहरण के लिए अनुमानित लेबल {}: {}"। प्रारूप (नया_इंस्टेंस, पूर्वानुमान (सारांश, नया_इंस्टेंस))) # आउटपुट: 'हां'
```

यह एक बुनियादी उदाहरण है और इसमें निरंतर चर या गायब डेटा को संभालने जैसे कई पहलुओं को शामिल नहीं किया गया है। साथ ही, यह शून्य संभावनाओं को संभालने के लिए कैलकुलेट_प्रॉबेबिलिटी() फ़ंक्शन में लाप्लास स्मूथ (+1) का उपयोग करता है।

कार्यक्रम 4:बाइनरी सर्च ट्री कार्यान्वयन

```
कक्षा नोड:
def __init__(स्वयं, कुंजी):
स्वयं.बाएँ = कोई नहीं
स्वयं.सही = कोई नहीं
सेल्फ.वैल = कुंजी

डीईएफ़ सम्मिलित करें (रूट, कुंजी):
यदि रूट कोई नहीं है:
वापसी नोड(कुंजी)
अन्य:
यदि रूट.वैल <कुंजी:
रूट.राइट = डालें (रूट.राइट, कुंजी)
अन्य:
रूट.बाएं = सम्मिलित करें (रूट.बाएं, कुंजी)
वापसी जड़

# इन-ऑर्डर ट्रैवर्सल
डीईएफ़ इनऑर्डर (रूट):
रिटर्न इनऑर्डर (रूट.लेफ्ट) + [रूट.वैल] + इनऑर्डर (रूट.राइट) यदि रूट अन्य है []

जड़ = कोई नहीं
रूट = डालें (रूट, 50)
सम्मिलित करें (रूट, 30)
सम्मिलित करें (रूट, 70)
```

सम्मिलित करें (रूट, 20)
सम्मिलित करें (रूट, 40)
प्रिंट(इनऑर्डर(रूट))

कार्यक्रम 5:त्वरित सॉर्ट एल्गोरिथ्म

```
डीईएफ़ क्विकसॉर्ट(एआर):
यदि लेन(arr) <= 1:
वापसी गिरफ्तार
धुरी = गिरफ्तार[len(arr) // 2]
बाएं = [x for x in arr यदि x < धुरी]
मध्य = [x for x in arr यदि x == धुरी]
दाएँ = [x for x in arr यदि x > धुरी]
वापसी त्वरित सॉर्ट (बाएं) + मध्य + त्वरित सॉर्ट (दाएं)
प्रिंट(क्विकसॉर्ट([3,6,8,10,1,2,1]))
```

कार्यक्रम 6:स्किकिट-लर्न का उपयोग करके रैखिक प्रतिगमन

```
sklearn.linear_model से LinearRegression आयात करें
एनपी के रूप में सुन्न आयात करें

एक्स = एनपी.सरणी([1, 2, 3, 4, 5]).रीशेप(-1, 1)
y = np.array([2, 4, 3, 3, 5])

मॉडल = LinearRegression()
मॉडल.फिट(एक्स, वाई)

भविष्यवाणियाँ = model.predict(np.array([6, 7]).reshape(-1, 1))
प्रिंट(भविष्यवाणियां)
```

कार्यक्रम 7:डायनामिक प्रोग्रामिंग का उपयोग करते हुए फाइबोनैचि अनुक्रम

```
डीईएफ़ फाइबोनैचि(एन, मेमो={}):
यदि मेमो में n:
वापसी ज्ञापन[n]
यदि n <= 2:
वापसी 1
मेमो[एन] = फाइबोनैचि(एन - 1, मेमो) + फाइबोनैचि(एन - 2, मेमो)
वापसी ज्ञापन[n]

प्रिंट(फाइबोनैचि(50))
```

कार्यक्रम 8: ब्यूटीफुलसूप और अनुरोधों का उपयोग करके वेब स्क्रैपिंग

```
बीएस4 से ब्यूटीफुलसूप आयात करें
आयात अनुरोध

प्रतिक्रिया = request.get('http://www.example.com/')
सूप = सुंदर सूप (प्रतिक्रिया.पाठ, 'html.parser')

# पृष्ठ पर सभी अनुच्छेद पाठ निकालें और प्रिंट करें
सूप में p_tag के लिए.find_all('p'):
प्रिंट(p_tag.get_text())
```

कार्यक्रम 9:फ्लास्क का उपयोग कर रेस्टफुल एपीआई सर्वर

```
फ्लास्क आयात फ्लास्क से, jsonify

ऐप = फ्लास्क(__नाम__)

@app.route('/api', मेथड्स=['GET'])
डीईएफ़ एपीआई():
वापसी jsonify({"संदेश": "हैलो, विश्व!"})

यदि __नाम__ == '__मुख्य__':
ऐप.रन(डीबग=सही)
```

कार्यक्रम 10: TensorFlow का उपयोग कर बेसिक न्यूरल नेटवर्क

```
tf के रूप में टेंसरफ़्लो आयात करें

# एक सरल तंत्रिका नेटवर्क बनाएं
मॉडल = tf.keras.models.अनुक्रमिक([
tf.keras.layers.Dense(10, सक्रियण='relu', इनपुट_आकार=(8,)),
tf.keras.layers.Dense(1)
])

# मॉडल संकलित करें
मॉडल.कंपाइल(ऑप्टिमाइज़र='एडम',
हानि='मीन_वर्ग_त्रुटि')

# कुछ नमूना डेटा (8 सुविधाएँ, 1 लेबल)
एक्स = एनपी.रैंडम.रैंड(100, 8)
y = 3*X[:, 0] + 2*X[:, 1] + 4*X[:, 2] # सिर्फ एक उदाहरण संबंध

# मॉडल फिट करें
मॉडल.फिट(एक्स, वाई, युग=100)

# एक भविष्यवाणी करो
प्रिंट(मॉडल.भविष्यवाणी(np.random.rand(1, 8)))
```

इन प्रोग्रामों को चलाने से पहले, पाइप (पाइप इंस्टॉल स्किकिट-लर्न टेंसरफ्लो फ्लास्क रिक्वेस्ट ब्यूटीफुलसूप4) का उपयोग करके आवश्यक लाइब्रेरी स्थापित करना सुनिश्चित करें। ये उन्नत प्रोग्राम हैं जो बाहरी पुस्तकालयों और मॉड्यूल का उपयोग करते हैं। वे मशीन लर्निंग, वेब डेवलपमेंट और डायनेमिक प्रोग्रामिंग जैसे विभिन्न डोमेन में पायथन के अनुप्रयोग को भी प्रदर्शित करते हैं।